齐鲁诸子名家志

齐鲁诸子名家志·曾子志

编纂委员会

第一届（1997.2—1998.2）

主　任　李富山

副主任　季成全

委　员　王瑞功　孙伯学　李常松

李有仁　李洪廷

办公室主任　李常松

副主任　李有仁　李洪廷

第二届（1998.3—1999.3）

主　任　祖卫东

副主任　刘庆玺　刘克贵

委　员　王瑞功　孙伯学　李常松

李有仁　李洪廷

办公室主任　李常松

副主任　李有仁　李洪廷

第三届（1999.3.29）

主　任　祖卫东

副主任　刘克贵

委　员　王瑞功　孙伯学　李常松

李有仁　李洪廷

办公室主任　李常松

副主任　李有仁　李洪廷

总纂人员

总　纂　刘秋增

副总纂　王福航　周春艳

编　纂　蒋庆立

齐鲁诸子名家志

曾子志

主编　王瑞功
副主编　李常松　李洪廷
撰稿　王瑞功　李常松　李洪廷

山东人民出版社

清王定安编《宗圣志》曾子画像

宗圣庙曾子塑像

宗圣庙宗圣殿

山东嘉祥县宗圣庙

山东嘉祥县曾子墓

山东平邑县曾皙墓

山东平邑县曾子墓

齐鲁诸子名家志

总　序

齐鲁,山东古国名,世称山东为齐鲁文明礼仪之邦,历史悠久,文化灿烂,名人名家辈出,他们在政治、经济、军事、思想、文化等多个领域都作出了重大贡献,其思想、言行和业绩对中国乃至世界都产生了广泛而深远的影响,已成为全人类共同的精神财富。

山东人民出版社出版的《齐鲁诸子名家志》丛书,共20卷,收集了山东历史上28位最杰出的代表人物的生平、业绩、影响和后人的研究状况。这套丛书的出版,将进一步推动对齐鲁文化的研究,更加全面地继承和弘扬中国优秀传统文化,为社会主义和谐社会建设服务。同时,也有利于人们更加全面地了解和深入认识山东的历史和文化,激励人们热爱山东,建设山东,进一步扩大山东在国内及海外的影响。

《齐鲁诸子名家志》所收录的人物均为中国历史上著名的思想家、政治家、军事家、科学家、发明家、文学家和艺术家。他们是:姜尚、管仲、晏婴、司马穰苴、孔子、曾参、孙武、吴起、墨子、孟子、孙膑、扁鹊、徐福、淳于意(仓公)、郑玄、诸葛亮、王叔和、王羲之、王献之、刘勰、贾思勰、颜真卿、李清照、辛弃疾、戚继光、王士

禛、蒲松龄、孔尚任。

姜尚，字子牙，世称姜太公，曾辅佐周武王灭商，因大功封于齐，为齐国开创者。他在齐国除继承周的“重农”传统外，又“通商工之业，便渔盐之利”，“尊贤而尚功”，于是“人民多归齐，齐为大国”，奠定了日后齐国东方霸主的地位。

管仲，春秋时期著名政治家，齐国相。他在齐国执政40余年，审时度势、因地制宜，改革政治、经济、军事制度，收到富国强兵的效果。在他辅佐下，齐桓公首建霸业。

晏婴，春秋时期著名政治家、思想家。他在齐国参政50余年，以节俭力行名重于齐。他能礼贤下士，改良政治，省刑薄敛；并且能言善辩，巧于辞令，出使楚国不辱使命。他提出重人事而远鬼神、和而不同的对立统一思想，继承发展了古代朴素的唯物辩证法。

司马穰苴，春秋时期著名军事家，齐国大夫。他的《司马穰苴兵法》以“仁、义、礼、让”为本，论述了军事制度和作战指挥的经验，是我国早期著名兵法之一。

孔子，春秋时期伟大的思想家、教育家，儒家学派的创始人，后世尊为“至圣”。他继承了中国古代优秀的思想文化传统，建立了一个“以仁为中心内容、以礼为表现形式、以中庸为思想方法、以大同为远大理想”的思想体系。他的思想不仅支配了封建时代的中国，而且也给予东亚乃至全世界以重大影响，其中某些思想在今天仍有其积极的现实意义。《论语》一书是现存的研究孔子思想学说的主要依据。

曾参，孔子弟子。他倡导“忠恕”、“孝道”，注重自身修养，一生不懈地实践孔子学说，著有《孝经》和《大学》，是孔子思想的重要继承者之一，被后人尊为“宗圣”。

孙武，春秋时期伟大的军事家，后人尊为“兵圣”。所著《孙子兵法》是我国最早最杰出的兵书，后人称为“兵学圣典”。书中对战略战术、军队指挥与作战、战争规律和战争观都提出了精辟见解，闪耀着哲理和智慧的光辉。不仅在世界军事史上享有崇高的地位，而且在其他领域也受到重视并得到推广与应用。

吴起，战国时期著名军事家。他曾在楚国实行变法，“明法审令”、“废公族疏远者”、“捐不急之官”，堵塞私门请托，加强军队建设，使楚国富强。著有《吴子》兵法，是战国时期兵家学派代表作之一。

墨子，战国时期著名思想家、科学家，墨家学派创始人。他以“兴天下之利，除天下之害”为己任，主张兼相爱、交相利，强调非攻，反对战争；强调节俭，反对奢侈；主张尚贤、尚同，反对贵族世袭制，要求提高劳动者地位。其学说在当时思想界影响很大，与儒家并称“显学”。此外，他在自然科学如数学、力学、几何学、光学以及工艺学等方面，也都有很高的成就，后人称为“科圣”。

孟子，战国时期著名思想家、教育家，儒家学派代表人物之一。他将孔子的“仁”发展为仁政，强调“民为贵，社稷次之，君为轻”。他从性善论出发，为仁政学说提供论证。他将儒学理论发展为一个完整的体系，是孔子学说的继承人，对后世有很大影响，被尊为“亚圣”。

孙膑，战国时期杰出的军事家，兵家代表人物之一。他在齐魏战争中指挥齐军取得著名的桂陵之战与马陵之战的胜利。他

的《孙膑兵法》继承发展了孙武的军事思想,重视战争客观规律,主张“内得民心,外知敌情”,强调战法创新,出奇制胜,赏罚分明,是古代军事学说的重要著作。

扁鹊,战国时期著名医学家。他精通各种医学,反对以巫术治病,采用望、闻、问、切四诊方法诊断疾病,并用针灸、汤药、按摩等方法治病,2000多年来一直为中医传统的治疗方法。所著有《扁鹊内经》、《扁鹊外经》,是中国早期医学名篇。

徐福,秦代齐方士,是中日韩早期友好交流的先驱者。他率领数千童男女、百工等以为秦始皇求仙名义东渡海外,足迹遍及朝鲜半岛与日本列岛,把先进的中国传统文化和生产技术传入东邻,为朝鲜半岛和日本列岛社会进步作出了重要贡献。

淳于意,西汉著名医学家,曾任齐太仓令,故又称仓公。他能辨证审脉,治病灵验。《史记》载其25例治病医案,称为“诊籍”,是我国现存最早的病史记录。

郑玄,东汉著名经学家。他数十年潜心研究经学,成为古文经学派集大成者。他遍注群经,杂糅今古文经学,自成一家,号称“郑学”,对后世经学影响极大。

诸葛亮,三国时期杰出的政治家、军事家。他协助刘备,建立了蜀汉政权,与曹操、孙权形成三国鼎立局面。他在执政期间,实行法治,赏罚分明,抑制豪强,任人唯贤。对西南各族安抚和好,促进边疆开发。他善计谋、通兵法、多巧思,被后人推崇为智慧与谋略的化身。

王叔和,魏晋时期著名医学家,所著《脉经》是我国历史上第一部系统的脉学著作,从理论上分析了生理、病理变化和疾病的

关系，便利了临床治疗，其“寸关尺三部切脉法”，至今仍被中医广泛使用。

王羲之，东晋著名书法家，他的书法博采众长，自成一体，草、隶、正、行皆精，尤擅长正书、行书，其书法“飘若浮云，矫若惊龙”，“为古今之冠”，有“书圣”之称，其代表作有《兰亭序》、《丧乱帖》等。

王献之，东晋著名书法家，王羲之之子。他的书法汇集各派之长，尤擅行草，与其父共称“二王”。其代表作有《洛神赋十三行》、《鸭头丸帖》等。

刘勰，南朝齐梁时著名文艺理论批评家。他撰写的《文心雕龙》是我国历史上第一部文学评论巨著，对有史以来各种体裁文章与作家进行了分析研究，阐述了文学创作的规律和文学批评的标准，对后来的文学评论有重大影响。

贾思勰，北魏著名农业科学家。他的农学名著《齐民要术》系统总结前人农业生产和农学成就，如栽培耕作、畜牧兽医、食品加工等，是我国现存最早的一部完整农书，对后世农学有很大影响。

颜真卿，唐代书法家。他在平定安史之乱中立有大功，被封为鲁郡公。他的书法端庄雄伟，气势恢宏，开创了我国古代书法新风格，人称“颜体”，有多种墨迹、碑文流传，对后世有很大影响。

李清照，南宋著名文学家、词人。她的词作语言清丽，重视音律典雅，前期多写闲情逸致，风光景物，后期感叹身世，怀念故国，为婉约派代表，有《漱玉集》。

辛弃疾，南宋著名爱国词人。一生以抗金收复失地为志，并积极投入抗金斗争。他的词豪情奔放、壮怀激烈，为豪放派代表，著有《稼轩长短句》。

戚继光，明代著名军事家，抗倭民族英雄。他率领戚家军与倭寇数百战，为彻底平定倭乱、保卫人民群众生命财产安全，作出了巨大贡献。其后防守蓟门，使北部边疆安然无事。他的军事著作《纪效新书》、《练兵实纪》是中国古代军事理论史上的重要文献。

王士禛，清代著名文学家、诗人，官至刑部尚书。他为官清正廉洁，多有政绩，以诗文蜚声文坛。他的诗清新蕴藉，刻画工整，首创神韵诗派。又善古文、工词。门生众多，著作宏富，多达500余种，近人编有《王士禛全集》。

蒲松龄，清代著名文学家。他一生怀才不遇，经历坎坷，对政治腐败、社会黑暗有深刻认识，为文学创作提供了有利条件。他一生著述丰富。其代表作《聊斋志异》，为文言文短篇小说集，借写鬼狐花妖，奇人异事，广泛而深刻地影射并抨击现实社会，成为中国历史上有代表性的文学名著，现已有20多种外文译本，流传世界各地。

孔尚任，清代著名戏剧家。他为官多年，对当时官场黑暗和民众疾苦有清醒认识，对南明灭亡有切身感受。他历经10余年，完成揭示南明灭亡的历史悲剧《桃花扇》。上演后，轰动京城，誉满文坛。另有多部诗文集问世。

本丛书所收录的28位齐鲁历史名人，都是他们那个时代的顶尖人物，代表了他们生活的那个时代最先进的思想文化、科学技术和文学艺术。他们为丰富、发展和创造光辉灿烂的齐鲁文化与中华文明都作出了突出的贡献。“见贤思齐”，齐鲁先贤们的思想和精神至今仍有其超时空的普世价值。这里我只想说明几点：

一是这些齐鲁先贤都是爱国主义的杰出代表人物。他们热爱自己的祖国，“忧患不忘国”，“苟利国家，不求富贵”，用毕生的智慧和能力报效祖国。有的为了国家富强而锐意改革，甚至不惜献出自己的生命；有的尽忠报国，“鞠躬尽瘁，死而后已”；有的为了保卫祖国，终生奋战沙场，“封侯非吾意，但愿海波平”。这些都表达了齐鲁先贤的爱国情怀，是永远值得后人学习和纪念的。

二是他们都十分关注民生，关注民间疾苦；反对战乱，反对苛政；主张社会公平，追求社会和谐。如“仁者爱人”，“己欲立而立人，己欲达而达人”，“摩顶放踵，利于天下”的博爱思想；“乐民之乐者，民亦乐其乐；忧民之忧者，民亦忧其忧”的民本思想；以和为贵，和而不同的辩证思想；“天下为公”与“大同”、“小康”的社会理想等等。这些思想影响深远，对于我们今天建设社会主义和谐社会仍有着现实意义。

三是他们对自己所从事的事业都有执著的追求和创新精神，“苟日新，日日新，又日新”。如上述的一些科学家、文学家和艺术家，他们大都历经人生几十年的坎坷，上下求索，排除困难，不断创新，在各自研究的领域，终于登上了一个又一个高峰，在思想文化史上留下了光辉的篇章。这种精神是永远值得后人学习与发扬光大的。

四是他们都重视自身的思想修养，追求道德的最高境界。如“富贵不能淫，贫贱不能移，威武不能屈”的高尚气节，惩恶扬善、

见利思义、恪守诚信的社会美德,“海纳百川、有容乃大”的兼容并包的开放意识和博大胸怀等等。这种品格也是永远值得后人崇敬和学习的。

古人云:“金无足赤,人无完人。”上述齐鲁先贤虽然各自成家,彪炳史册,但却并不一定都是完人。他们如同一方方光华夺目的美玉,由于历史的局限,也不免有其微瑕。这和从整体上看待中国传统文化是一样的。还是那句老话:“取其精华,去其糟粕”,我们对待齐鲁先贤也应取这样的态度。

盛世修史,继往开来。上世纪末,我们省、地、市、县都先后编辑出版了一批大型地方史志,对于存史、资政、育人都起到很重要的作用。但由于时间上限截自1840年鸦片战争以后,这样山东古代的先贤圣哲、名家名人以及优秀的传统文化基本上付之阙如。《齐鲁诸子名家志》的编辑出版,弥补了这一重大空白,其学术价值和现实意义是不言而喻的。

最后,请允许我代表广大读者,感谢各位主编、作者和编辑同志为此丛书付出的辛勤劳动,感谢山东人民出版社和山东省地方史志办公室为我们编辑出版了一套高质量、高品位的好书。祝愿这套丛书在社会主义政治文明、物质文明、精神文明、社会文明的建设中能起到应有的作用。同时,也希望总结经验,再接再厉,编撰出版更好更多的名人名家志书。

是为序。

安作璋

2009年3月于山东师范大学

编纂说明

一、《曾子志》由平邑县人民政府组织承编，山东省地方史志办公室总纂。

二、《曾子志》以志体为主，兼用述、记、传、图、表、录诸体，力求客观、科学地记述曾子的生平、贡献及影响。设《家世生平》、《著作》、《思想学说》、《影响与研究》、《历代崇颂》、《曾子后裔》及《遗址遗迹与纪念性建筑》七篇；后附《轶闻传说》、《曾子故里考文选》、《碑记选录》。

三、文中涉及的历史地名、人名、职官、计量单位等，均按原始资料照录，必要时加以说明。《曾子志》上限起于鲁定公五年（公元前505年）曾子出生，适当追溯其家世。中华民国以前史实年代用历史纪年，括注公元纪年；民国元年以后，用公元纪年。

四、除专用名词外，不论是摘录历史文献还是编者记述，均用规范的简化字（个别易生误解者除外）。

五、需作注之处，在正文中标以注释号，注释置于页下。所引资料皆注明出处。正文中说明文献名称及卷、篇，其版本情况在所附《主要参考书目》中列出。

六、对有争议或众说不一的问题，诸说并存。采今人新见入志，皆注明作者姓名及著作或文章名称。

目录

第三篇　思想学说

第四篇　影响与研究

第五篇　历代崇颂

第六篇　曾子后裔

第七篇　遗址、遗迹与纪念性建筑

附　录

概　述

曾子，名参，字子舆，春秋末战国初鲁国南武城人。[1]生于鲁定公五年（公元前505），约卒于鲁悼公三十五年（公元前432）。他是继孔子之后著名的教育家和思想家。

曾子的祖先曾是鄫国国君，但其曾祖父巫失国，迁至鲁国。祖父曾阜当过叔孙氏家臣，到了父亲曾点，成为薄有田产的庶民。所以，曾参从少年时起就参加劳动，自力更生，用劳动所得孝养父母。其父曾点早年即随孔子学习，深知孔子学问渊博，为了让曾参有所成就，便让他拜在孔子门下。曾参反应比较迟钝，入孔门很晚，但他很有毅力，每天都回顾温习老师所教的内容，牢固掌握所学知识。

山东嘉祥县宗圣庙

❶据司马迁《史记·仲尼弟子列传》载：“曾参，南武城人……”今有山东平邑县和山东嘉祥县两说。正文中涉及到南武城和武城两个地名，以所用原始资料的记述为准。

孔子卒后不久，他也招徒办学，把孔子的学问原原本本地传授给学生。他的学生大约有70人，知名者八九人。其中乐正子春成就最大，是战国儒分八派之一的“乐正氏之儒”的代表人物，是曾子整理《论语》的主要助手。曾子一生以授徒为主；他虽然到过卫、魏或者莒、齐、楚等国，但主要时间是在家乡，过着贫苦的生活。曾子跟着孔子学习的时候，与那些早入孔门的师兄相比不够突出，所以孔子所评论的“四科”（德行、言语、政事、文学）弟子中没有他的名字。随着历史的推移，他在宣传孔子学说上始终如一的执着守成及孝顺父母的“至孝”态度，到战国中期以后，开始备受推崇；战国至两汉时期，托名曾子的著作、言论纷纷出现，他成为儒家正统思想的代表人物。唐宋时代，被确定为孔子学说真谛的忠实传人，元代被尊为“宗圣”，明代立专庙祭祀，在儒家思想发展史上，孔子——曾子——子思子——孟子这一体系，得到了从朝廷到一般士大夫的认可。尽管曾子的思想和行为有其时代的局限性，但他对历史的贡献是不能抹煞的。

曾子的著作，《汉书·艺文志》上记有《曾子》十八篇。《隋书·经籍志》称“《曾子》二卷，目一卷”，《新唐书·艺文志》记为“《曾子》二卷”，而“目一卷”亡佚。这二卷本的《曾子》是多少篇，没有说明。南宋晁公武见过一本题为“绍述本”的《曾子》，二卷十篇。“绍述”是唐朝人樊宗师的字，故晁公武认定是唐本。经与《大戴礼记》中的卷四十九至卷五十八对勘，《曾子》二卷十篇与此相同，区别仅在于首篇的题目：唐本名《修身》，《大戴礼记》名《曾子立事》。清嘉庆年间，国内已经亡佚而由日本人雕版印刷的唐代魏征纂修的《群书治要》从日本传回，书中摘录了《曾子》四篇的部分内容，篇名为《修身》、《制言》、《立孝》、《疾病》，除个别词语外，都与《大戴礼记》有关篇章相符。所以，可以认定《大戴礼记》中的《曾子》十八篇亡佚了八篇，存下了十篇。先秦及秦汉时期的不少著作引用了曾子的言论，有一些不在十篇之内，可能是在亡佚的八篇之中。这十篇及其佚文，是研究曾子思想最基本的材料（详见第二篇《著作》中《曾子》附二、三）。

另有一部《孝经》，《史记·仲尼弟子列传·曾子传》记载："孔子以为能通孝道，故授之业。作《孝经》。"班固《汉书·艺文志》记为："《孝经》者，孔子为曾参陈孝道也。"对此，后人理解上有分歧：或认为孔子自作，或认为曾子记录了孔子关于孝道的言论。但主旨一样，即《孝经》体现了孔子的孝道观。另有一些学者认为，《孝经》与孔子、曾子无关，是战国末期或西汉儒生伪造，假托孔子、曾子问答形式写成。这两种观点都显偏颇。先秦古籍大多非一人所作，而是代表一个流派之学。《孝经》阐发以孝治天下的义理，是儒家孝治派的传承之学；曾子是孝治派的创始人，故《孝经》与曾子思想有着很多内在的联系，编辑成书当系曾子一派传人，成书时间在战国。《大学》是《礼记》中的一篇，到宋朝，程颐、程颢把它抽出来编次章句，认为是孔子的"遗言"；著名理学家朱熹在此基础上重新编排，即把开头205字的一段叫做"经"，系孔子言论；其后10段为"传"，为曾子所作。对于朱熹的这种做法，提出质疑者不少。1993年在湖北荆门郭店战国楚墓中出土了一批竹简，当代一些学者经过比较研究，认为分"经"与"传"的说法是有根据的，《大学》"传"的作者即曾子。其实《大学》的作者与《孝经》的作者一样，是战国时期曾子一派门人，所以在"传"文中有"曾子曰"的内容。因此，《孝经》与《大学》可视为曾子的著作，或者说是体现曾子思想的著作。

曾子的思想，从整个体系上没有超出孔子思想的范畴，但某些方面，在继承的基础上也有发展。以孝为本是曾子思想的核心内

容。孔子以仁为本,孝是仁的一种表现或组成部分。曾子讲仁,但把孝视为高于一切的东西:“夫孝者,天下之大经也。”(《礼记·祭义》)曾子强调,从空间和时间上说,孝是充满其间而不休止的;从内容上说,孝就是仁,孝就是礼,孝就是义,孝就是信。而“孝本”思想的基点是一切为了父母,是体现父母的价值。曾子说:“孝子之身终,终身也者。非终父母之身,终其身也。”达到国人都羡慕地说“幸哉!有子如此”的境界。曾子以自己的实践去体现自己的思想,被后人誉为“至孝”。同时,以孝为本不仅限于家庭,还扩展到社会。曾子认为,从天子到庶民,只要都能孝悌,国家就会治理好,人与人之间的关系就会融洽。作为孝子,既要孝顺父母,又要忠心事君,作战时,要敢于冲锋陷阵;若“事君不忠,非孝也”,“战阵无勇,非孝也”。

通过“自省”、“慎独”的方法达到自我完善的高尚境界,是曾子修养的重要思想。他的“吾日三省吾身”,是自觉的;在独自相处时也应像在大庭广众中一样严格规范自己的行为(“十手所指,十目所视,其严乎!”),立身行事谨慎小心。曾子的修养标准是达到条件几近苛刻的“君子”境界。既有一套自我修养的方法,又有明确的标准,加之一丝不苟地躬行践履,所以曾子的人格形象是比较高大的。

曾子讲究言行一致,至诚不欺。“杀彘教子”的故事传为千古美谈。他认为言行一致有四个步骤,即思、言、行、复:“君子虑胜气,思而后动,论而后行。行必思言之,言之必思复之。思复之必思无悔言,亦可谓慎矣。人信其言,从之以行;人信其行,从之以复;复宜其类,类宜其年,亦可谓外内合矣。”(《曾子立事》)在这四个阶段中,“行”是“外内合”的交汇点,而在“行”之后还要有一个“复”,即反复,重复。因为“言行一致”并不是目的,只有合乎道义才是好的行为。人们常说有时“好心办了坏事”,那可能是因为方式方法不对,也可能是对情况了解不够，如果有一个“复”的验证过程，就可以避免。曾子加上了这个“复”的概念，比一般的“言行一致”、“知行合一”内容丰富，层次更高，是对孔子认识论的发展。

在很长一段时间内，不少学者认为儒家在战国中期以前没有人涉及自然观与宇宙论，这可能与对曾子著作的认识有关。肯定了《曾子十篇》是曾子的著作，那么，《曾子天圆》一篇就是他关于自然观与宇宙论的认识，而阴阳二气与自然社会的关系这一看法，在中国哲学发展史上有着重要的地位。曾子认为，阴阳的精气是构成天地间万物的本原，而阴阳二气如果各得其所，就会平静；如果一方偏强，就会起风；双方争胜不止，就会打雷；相互交感，就会有闪电……阴阳二气呈现着彼消此长、相得益彰的状态。在阴阳二气学说中，他认为人是阴阳之气的结晶与精华。曾子把动物分作毛类、羽类、鳞类和介壳类；毛类、羽类属阳性，鳞类、介壳类属阴性，人既无毛羽又无鳞介，故是倮类，是精气中的精华。在这种认识的基础上，曾子提出了“圣人”在世界中的作用：毛虫一类最高级的是麒麟，羽虫类最高级的是凤凰，鳞类的精华为龙，介类的精华为龟，人的精华是圣人，圣人控制万物，经理天地、山川、鬼神，制定历法，制作律吕，定出礼仪，管理世界。这些思想，在当时是处于时代前列的，为儒家以后的发展扩充了理论阵地。

曾子属孔门后进，孔子对他的评价是“参也鲁”。但曾子能天天注意温习，有疑难就请教，所以对孔子的教导记忆很牢固。战国至西汉时期儒生们所作的《记》，除孔子的言论外，曾子言论所占比重很大，而且孔子与曾子的对话（曾子问、孔子答）次数多而篇幅长，如《大戴礼记》与《小戴礼记》中的《曾子问》、《王言》（一作《主言》）、《仲尼闲居》等。曾子的学生乐正子春在叙述孔子的话时，经常以

“吾闻诸曾子，曾子闻诸孔子”的方式表述；而且有些本来是孔子的话，流传中误为曾子的话。这些现象说明，曾子在向学生传授时，经常是原封不动地引用孔子的话，这在图书很少、以书面形式流传困难的时代，无疑是准确宣传孔子思想的最佳方式。曾子继承了孔子的思想，理论体系完整；他能以身作则，为人师表，培养出了颇有才华的学生。虽然他的学问不如孔子博大精深，随其学习的人也没有孔子的学生多，佼佼者也无法与孔子弟子相比，但像乐正子春，以恪守诺言为天下所知，到战国中期儒家分而为八时，成为乐正氏之儒的创始人和代表，也足见曾子的教育在当时是很有成就的。

曾子在儒学中的地位，长时间不被人认识，上承孔子道说，下开思孟学派的地位，到了唐宋以后才渐为人们承认。

曾子在战国至魏晋南北朝时期，是孔门中以“至孝”和“明礼”而闻名的弟子。仅先秦及西汉流传至今的著作，其中记录曾子言论和行动内容的就近40部。在孔子弟子中，曾子被广为宣传，知名度之高，少有人及。唐代至宋元时期，曾子在儒家学派中正宗传人的地位得到确立，由孔门后进一跃而为“四配”之一的“宗圣”。发其端者是唐代韩愈。他在《送王秀才序》中首次提出了“孟轲师子思，子思之学盖出于曾子”的观点，建立起孔子——曾子——子思子——孟子这一道统体系。到北宋，程颢与程颐又作了进一步阐发，认定曾子是孔子学说的正宗且是唯一传人：“孔子没，曾子之道日益光大。孔子没，传孔子之道者，曾子而已。”他们认为孔子传道给曾子，“道”即是“忠恕”。苏辙作《古史》，在《孔子弟子列传》的《曾参传》后作《论》，也持同样观点。到了南宋，朱熹明确提出孔子对曾子说“吾道一以贯之”，曾子回答曰“唯”，就是传道之时，谓之“一唯之传”。因此，曾子在孔门弟子中的地位越来越高：由唐初不配享孔子庙庭到开元八年(720)列为“十哲”之后第一名,宋徽宗政和三年(1113)进入“十哲”之中,南宋度宗咸淳三年(1267)则进入“四配”;赠封的官职由唐高宗总章元年(668)的“太子少保”,到唐睿宗太极元年(712)的“太子太保”,唐玄宗开元二十七年(739)追赠“郕伯”,宋真宗大中祥符二年(1009)追封“瑕丘侯”,后因“丘”是孔子之名,宋徽宗政和元年(1111)又诏改为“武城侯”,宋度宗咸淳三年加封“郕国公”,元文宗时又封作“郕国宗圣公”。

明清时期,对曾子的尊崇达到顶点。尤其是明朝成化初年,山东守臣上言,称在嘉祥县南武山西麓之玄寨山,有一渔者陷入穴中,见到了“碣曰‘曾参之墓’”的悬棺,于是嘉靖年间朝廷下令“封树丘陵,筑建飨堂神路”。嘉祥出现了曾子墓并修建了曾子庙。到嘉靖十二年(1533),吏部侍郎顾鼎臣上奏,请求下诏在全国访求曾子后裔“相应者一人”迁到嘉祥,专主曾子庙、墓祭祀事务。江西永丰县曾质粹,据谱载为曾子第59代孙,于是奉诏迁到嘉祥,嘉靖十八年,曾质粹被封为翰林院五经博士,而且“世袭罔替”。为了保证祭祀的规格、用度及人力,朝廷又允许在曾氏后裔中选拔若干奉祀生,在社会上招收礼生,并赐予祭田、庙户。清朝乾隆年间,清高宗弘历到曲阜祭祀,又派朝廷重臣捧着皇帝御撰的祭文前去专祭曾子。

自南宋朱熹将《大学》定为曾子的著作编入《四书》,明清时期的科举考试又从《四书》中出题,所以,孔子——曾子——子思子——孟子这一道统体系之说,深入到读书人中间,牢不可破。在近现代的研究中,特别是哲学史、思想史的研究,把儒家作为一个整体看待,而原始儒学阶段以孔子为代表,弟子们为孔子的光辉所掩,因此,曾子作为原始儒学的继承人之一的事实,较少有人注意。

从事曾子研究的专家极少,专著少见,即便是论文,也仅十几篇而已。

曾子在思想史及社会史上的影响,主要是他的"孝本思想"及孝行表现。中国历来重视"孝道",这与曾子的关系极大。孝养父母,是中华民族的传统美德,曾子做出了表率。但还要看到曾子"孝本思想"客观上产生的消极影响,如"刮骨疗亲"之类的"愚孝"之举等。曾子以父母为中心的孝道观,本身就是片面的。曾子说:"孝子无私忧,无私乐。父母所忧忧之,父母所乐乐之。"(《曾子事父母》)按曾子的观点,儿女完全是父母的附属品,没有独立的人格,包括喜怒哀乐在内。对于父母的过错,曾子主张:"父母有过,谏而不逆。"就是说,发现父母有过错要劝谏,而劝谏不听,也不要违逆,而是"谏而不用,行之如由己",即代亲受过。

曾子强调"免刑全身"才是孝子行为。他说:"孝子不登高,不履危,庳亦弗凭,不苟笑,不苟訾,隐不命,临不指。""险途隘巷,不求先焉,以爱其身,以不敢忘其亲也。"即真正的孝子不要把自己置于危险的境地,要爱护自己的身体,这是因为时刻不敢忘记自己的双亲。曾子一生如临深渊,如履薄冰,直到临死之前,他才松了一口气说"启予足,启予手",终于把父母生养的躯体完整地回归了。曾子还把"孝本思想"扩大到社会,想把"忠君"和"孝亲"有机地结合起来。实际上这二者在很多情况下是难以调和的,即人们常说的"忠""孝"难以两全。

曾子"孝本思想"的消极面,一是单纯强调了为人子的服从与义务,没有对父母一方慈爱与表率的要求;二是压抑了人的个性,人子没有独立的人格,只能是父母的附属品。这些思想,在宗法社会里无疑只能为国君的暴政与父母的威严服务,臣子对国君必须绝对服从,儿女对父母必须绝对服从,曾子"孝本思想"对此起到了

推波助澜的作用。

曾子在修养上的“自省”与“慎独”，对提高人们的自我完善意识是很有价值的。他的“士不可以不弘毅，任重而道远。仁以为己任，不亦重乎？死而后已，不亦远乎”及“可以托六尺之孤，可以寄百里之命，君子人欤？君子人也”等铿锵有力、掷地有声的言语，曾经鼓舞了一代代忠臣义士为国家建功立业。直到今天，仍有其现实意义。但是，曾子修养的标准是“君子”，而“君子”是完人的代称。标准太高，过于完美，就失去了广泛价值，而且现实意义不大。“金无足赤，人无完人”，人的修养应该抓住主导方面而旁及其他。过于苛刻的要求，对人对己都不实际。

曾子以其孝行和自我修养、传播儒学之功，在儒学发展史上乃至中华文化史上都占有承前启后的重要地位。

第一篇　家世　生平

曾子的家世生平资料，流传下来的很少。先秦诸子中的《论语》、《孟子》、《荀子》等书，记有曾参的一些言论或首尾不全的活动;《史记·仲尼弟子列传》中的《曾参传》,仅30余字。汉代及以后问世的《礼记》、《说苑》、《新序》等书,增补了一些内容,但有不少相互矛盾之处,有的是传闻或附会。明清两朝,为曾参作年谱、年表者有数家,也因资料不足而少有建树。本篇对曾参的家世生平作粗线条的介绍。

第一章 家 世

据《世本》等书记载[1]，曾参的远祖是夏朝少康的次子曲烈，即夏禹的后代子孙。夏禹姒姓。禹生启，启生仲康，仲康生帝相，帝相生少康。少康将曲烈封于鄫（国都在今山东省苍山县向城镇鄫城村），是鄫国的始封国君。鄫国的情况，《春秋》与《左传》有些零星记载：《左传》鲁僖公十四年（公元前646）载，鄫子的夫人季姬回鲁国看望父母，季姬的父亲鲁僖公因为女婿鄫子不来拜见他而大为生气，就不让季姬按时返回鄫国。这年夏天，季姬秘密通知鄫子在防地（今曲阜市东南）见面，见面后季姬劝鄫子朝拜了鲁僖公（“鄫季姬来宁，公怒止，以鄫子之不朝也。夏，遇于防而使来朝。”），暂时缓和了两国关系。但季姬直到鲁僖公十五年（公元前645）九月才回到鄫国。鲁僖公十六年（公元前644），“夏四月丙申，鄫季姬卒”。到十二月，鄫国又遭淮夷入侵。鲁僖公十九年（公元前641），宋国国君和曹国、邾国国君在曹国南部举行盟会，鄫子本应与会，但未按时参加，只能赶到邾国与邾子相会，得罪了正在谋求霸权的宋襄公。宋襄公指使邾子将鄫子扣留，竟然要杀掉鄫子来祭祀睢水之神，“欲以属东夷”，即杀一儆百，威胁东夷族诸国臣服。在东夷族诸国中，除莒、邾还有一定势力外，鄫、郯、郮一类小国，基本没有什么独立性。至鲁宣公十八年（公元前591），“秋七月，邾人戕鄫子于鄫”。国

[1]《世本》原书已佚，今存者系后人辑录。

君被暗杀，而鄫国却无力报仇。鲁襄公四年（公元前569），鲁襄公到晋国，晋侯宴请襄公时，襄公请晋国国君同意鄫国作鲁国的附庸。晋侯初不同意，鲁国大夫孟献子解释说，因为鲁国与仇雠之国齐太近，希望长期听命晋国，交纳贡赋；但鲁国国力很弱，所以借助鄫国的贡赋来供应。晋侯听后同意了鲁国的请求。莒、邾知道了这一消息，于十月伐鄫。鲁国臧孙纥"救鄫，侵邾"，结果败于狐骀（地在今山东滕县东南）。第二年，鄫太子巫和鲁国大夫叔孙豹到晋国，完成了鄫国附属于鲁的行动。《春秋》经文："叔孙豹、鄫世子巫如晋。"《左传》解释说："书曰'叔孙豹、鄫太子巫如晋'，言比诸鲁大夫也。"也就是说，《春秋》如此书写，是把鄫太子巫比作鲁国的大夫。但到是年"九月丙午"，晋国作为盟主在戚大会诸侯时，"穆叔以属鄫为不利，使鄫大夫听命于会"，故《春秋》经文书曰："秋……公会晋侯、宋公、陈侯、卫侯、郑伯、曹伯、莒子、邾子、滕子、薛伯、齐世子光、吴人、鄫人于戚。"鲁国自知无力保护鄫国，而此时晋国也徒有霸主之名，国力大不如前。到鲁襄公六年（公元前567）秋天，莒国再次出兵，将鄫国灭掉。[1]尽管晋国派人到鲁国责问为什么莒灭鄫而鲁国袖手旁观，也不过是虚张声势，不了了之。

《世本》记载说，鄫国被莒国灭亡以后，"鄫太子巫仕鲁，去邑为曾氏"，即把"鄫"字去掉邑旁，改称曾氏，这种说法长期流行，唐人林宝《元和姓纂》及曾氏族谱等俱采用。

南宋人郑樵《通志·氏族略》于"曾氏"条称：曾，"亦作鄫，亦作缯，姒姓，子爵"。又于"缯氏"条谓："出自姒姓曾子之后，以国为氏，亦作缯氏。"郑樵认为曾、鄫、缯三氏都是以国为氏，国是曾国。《济宁州志·曾子世家》于"莒灭鄫，世子巫奔鲁，以曾为氏"句下加按语："古人字简，曾之从邑作鄫，不先于曾，故'去邑为曾'之说，不可

[1] 关于"莒人灭鄫"一事，《春秋公羊传》于襄公五年"叔孙豹、鄫世子巫如晋"条下另有一说："莒将灭之，故相与往殆乎晋，取后乎莒也。其取后乎莒奈何？莒女有为鄫夫人者，盖欲立其出也。"意即莒国之女嫁鄫国国君为继室，所生女儿返嫁于莒，女与莒人生子，是为鄫国国君的外孙。莒国人欲立鄫子外孙为鄫国国君，排斥鄫国太子。鲁襄公六年果真这样做了，鄫国绝祀，等于亡国。

据依。”这种观点从出土文物中找到了证明。1959 年上海博物馆收集到一件铭文为“曾子游择其吉金,用铸。彝,惠于刺曲”的曾国“曾子游鼎”,这是曾国后代国君铸造献给开国之君刺曲的。金文中的“刺”即“烈”字,“刺曲”即“烈曲”。[1] 1978 年在湖北随县曾侯乙墓出土了大量曾国器物,如曾侯乙鼎、曾侯乙鬲、曾侯乙簋及编钟、编磬等,也是“曾”字而不是“鄫”字。[2] 曾巫时代,习惯上已将“曾国”写作“鄫国”或“缯国”,曾巫了解自己国家的历史,于是去掉邑旁,来寄托自己的故国之思。

自曲烈(烈曲)至太子巫,世系缺载。[3] 曾巫之子曾阜[4] 为鲁叔孙氏家臣,曾阜生曾点,曾点生曾参。

曾阜之子曾点,字皙(《孔子家语》作“曾点,字子皙”),约生于

---

❶烈曲,即《世本》所称之曲烈,是今山东苍山县的鄫国开国之君,据“曾子游鼎”应作烈曲。

❷湖北随县发掘的曾侯乙墓墓主与苍山县的曾国国君不是一国。据何光岳、马承源等研究,随县的曾为姬姓,苍山的曾为姒姓。

❸清代王定安所修《宗圣志》卷三《传记》引《武城族谱·姓源》称,“曲烈生炫忠,炫忠生坤仁,坤仁生录,录生浩源,浩源生富材,富材生熴,熴生伯基,伯基生锐,锐生汪,汪生志梁,志梁生煌,煌生相奎,相奎生世鑑,世鑑生政治,政治生模,模生瑞焕,瑞焕生垠,垠生锦容,锦容生洪,洪生桂茂,桂茂生熙,熙生培元,培元生铥,铥生允潦,允潦生杞,杞生燋熹,燋熹生埙和,埙和生成锐,成锐生一潽,一潽生椿,椿生炯,炯生垣,垣生销,销生福波,福波生时荣,时荣生炳,炳生均作,均作生铃,铃生泫仁,泫仁生一松,一松生炤,炤生墅,墅生镇玉,镇玉生浥,浥生祥溥,祥溥生炷,炷生方埕,方埕生宇銮,宇銮生沛恩,沛恩生朴,朴生世美,世美生时泰。”录以备参。

❹《世本》曰:“巫生阜,阜生皙,点生参。”《元和姓纂》、《通志·氏族略》皆同,而南宋人钱名世《古今姓氏书辩证》则曰:“巫生夭,为季氏宰;夭生阜,为叔孙氏家臣,阜生点,字点”,比《世本》所记增加了一代曾夭。按:曾夭、曾阜,《左传》皆有其人。鲁昭公元年(公元前 531)春,叔孙豹在虢参加晋、楚、齐诸国的盟会,而其间季武子伐莒夺取了郓地,莒人赴会告状,楚人向晋国建议要杀掉叔孙豹。叔孙豹不卑不亢,又有晋国正卿赵武为之周旋,方安全回到鲁国。曾夭时为季孙氏家臣,为季孙氏驾车慰劳叔孙氏。自早将及中午,叔孙氏因怨季孙氏而不出来见面。曾夭对叔孙氏家臣曾阜说:“旦及日中,吾知罪矣。鲁以相忍为国也,忍其外不忍其内,焉用之?”曾阜则对曾夭说:“一旦于是,庸何伤?贾而欲赢而恶嚣乎?”回去对叔孙氏说:“可以出矣。”曾夭与曾阜是什么关系,《左传》上没有记载,但不是父子关系似可认定。又,曾参生于公元前 505 年,即便当时曾点 20 岁,乃生于前 524 年,自公元前 567 年曾巫居鲁至此仅 40 余年而有四代人,是难以置信的。而钱名世称见于“曾氏旧谱”,清《宗圣志》在辑录《济宁州志·曾子世家》后说:“《族谱·姓源》以巫、夭、阜、点为四世相系。又有崔琳奏云:‘巫一子夭,夭一子阜,阜子点。点,狂者也,有尧舜气象。’按夭、阜并见《左传》,《通志·氏族略》云巫生阜、阜生点,又与崔异,是皆不可据。况‘有尧舜气象’乃程子语,岂崔已言之乎?”表示了对《曾氏族谱》中“巫生夭、夭生阜、阜生点”之说的怀疑和否定。故曾巫之子为曾阜,任过叔孙氏家臣。一说曾巫二子,即曾夭、曾阜(见明人李天植《曾志·曾子世系表》)。

鲁襄公三十一年(公元前542),约卒于鲁哀公二十年(公元前475)。[1]鲁昭公二十年(公元前522)前后,孔子开始收徒讲学,曾点与颜无繇等人就学孔子。孔子周游列国时,曾点没有参加。孔子于鲁哀公十一年(公元前484)结束周游活动回到鲁国以后,曾点又从学。有一次,曾点与子路、冉有、公西华侍坐孔子,孔子问他们的志向,子路、冉有、公西华都做了回答。曾点在一边鼓瑟,似乎充耳不闻。等孔子问"点!尔何如"时,他才放下瑟回答说:"异乎三子者之撰。"孔子说:"何伤乎?亦各言其志也。"曾点说:"莫春者,春服既成,冠者五六人,童子六七人,浴乎沂,风乎舞雩,咏而归。"孔子长叹说:"吾与点也!"东汉王充在《论衡·明雩》中分析了曾点这段话的含义:"鲁设雩祭于沂水之上。暮者,晚也;春,谓四月也;春服既成,谓四月之服成也。冠者、童子,雩祭乐人也;浴乎沂,涉沂水也,像龙之从水中出也;风乎舞雩,风,歌也;咏而馈,[2]咏歌馈祭也,歌咏而祭也。说《论》之家,以为浴者,沂水中也;风,干身也。周之四月,正岁二月也,尚寒,安得浴而风干身?由此言之,涉水不浴,雩祭审矣。"又曰:"孔子曰'吾与点也',善点之言,欲以雩祭调和阴阳,故与之也。"《孔子家语·七十二弟子解》谓曾点"疾时礼教不行,欲修之,孔子善之",都说明曾点与孔子思想的一致性。孟子把曾点归于"狂放"一类的人物:像琴张、曾点、牧皮等,就是孔子所说的"狂放"(《孟子·尽心下》有"其志嘐嘐然,曰'古之人,古之人'。夷考其行,而不掩焉者也"

❶曾点的生卒年,明清时人所作曾点,曾子年谱、年表中偶有涉及者:明人包大爟《曾点年谱》,定曾点生于周灵王二十七年即公元前545年,但未交代此说依据,可能是以颜回之父颜无繇"少孔子六岁"类推而出;清代学者毛奇龄认为比孔子小"当在八岁以下",《曾氏家谱》称其生于周景王三年己未(公元前542)九月十四日,姑且从之。清人熊赐履《学统·正统》中之《曾子传》称,曾子31岁时其父曾点卒,时当公元前475年,但不知所本。

❷《论语》"馈"字作"归",但王充认为应是"馈赠之馈",即歌舞结束以后,祭神时所献的物品。

之言)。[1]曾点一生未曾出仕,对曾参管教很严。曾点卒后,曾参薄葬其父于南城山。

曾参之母,《曾氏族谱》记为上官氏,生卒年不详。《战国策·秦策二》和陆贾《新语·辨惑第五》都记载她织布的事情。曾参生母病故后,曾点又续娶,姓氏不详。曾参后母对曾参不好,曾参仍然很孝顺她,传为美谈。公元前450年左右,曾参后母病故。[2]

❶《礼记·檀弓下》载有"季武子丧,曾点倚其门而歌"的逸事,后人多引此以作曾点狂放的佐证。但季武子卒于公元前535年,当时孔子才17岁,曾点小于孔子,不过是十几岁的孩子,如有是举,算是儿童的恶作剧,说明不了什么。武子或系平子之讹。季平子卒于公元前505年,即曾参之生年,曾点时当盛年,有此可能。

❷《礼记·檀弓下第四》:"子张死,曾子有母之丧,齐衰而往哭之。或曰:'齐衰不以吊。'曾子曰:'我吊也与哉?'"据钱穆《先秦诸子系年》所附《诸子生卒年世约数》表,子张(颛孙师)卒于公元前450年,故"曾子有母之丧"即在此时。《孔子家语·七十二弟子解》:"参后母遇之无恩,而供养不衰",则公元前450年左右去世者为曾参后母。

第二章　生　平

曾子生于鲁定公五年(公元前505)十月十二日,[1]因家道中落,生活贫寒,年少之时就参与生产劳动,维持生计。后师从孔子,因其勤奋好学,颇得师传,是孔子之学的忠实继承者。他以孝立身,对父母极尽孝道,备受赞誉。他效仿老师,收徒授业,传播儒学,成就斐然。约于鲁悼公三十五年(公元前432)辞世,终年74岁。[2]

第一节　从师孔子

曾子的父亲曾点约在公元前522年孔子创办私学的时候就列弟子门墙。鲁定公十三年(公元前497),孔子开始周游列国,曾点并没有随行。到鲁哀公六年(公元前489),孔子离开卫国到陈国、蔡国及楚国的时候,曾点就让曾参离开家乡,去师从孔子。[3]

曾子追随孔子学习,主要是在卫国及孔子结束周游列国回到鲁国以后。孔子教育学生是联系实际,进行启发,答疑解难,并且自己参加各种实践活动,给学生做出榜样。曾子比孔子小46岁,在孔门弟子中是年龄很小的,跟随孔子学习的时间也很晚,加上孔子认为"参也鲁",所以,曾子向孔子学习的时候,总是"多问阙疑"。孔子察觉了曾子的弱点,也因材施教,有意多讲授一些。《大戴礼记·王

❶曾子诞辰,据广西梧州市曾子后裔曾昭暖所藏《曾氏宗谱》。

❷曾子卒年,现存四说,即公元前436年说,公元前435年说,公元前433年说与前432年说,当以后说较确。曾子自己说:"三十四十之间而无艺,即无艺矣,五十而不以善闻,即无闻矣,七十而无德,虽有微过,亦可以勉矣。"(《大戴礼记·曾子立事》)这同孔子"三十而立……七十不逾距"一语十分相似,都是对过去了的人生时光的总结与感悟。另外,《颜氏家训》称曾子"七十乃学",明人宋濂等理解为七十始著书,故从清人冯云鹓及今人李启谦说。

❸曾子师从孔子的时间,史无明文。明清时人所撰曾子年谱、年表者一般定在周敬王三十一年(公元前489),是年曾子17岁,包大爟、冯云鹓、熊赐履皆同。而冯氏用周岁,称年16。《琴操》卷下对《曾子归耕》一曲的来历解释说:"《曾子归耕》者,曾子之所作也。曾子事孔子十有余年,晨觉眷然。念二亲年衰,养之不备,于是援琴而鼓之曰……"考孔子卒于公元前479年,是年曾子27岁。明人包大爟《圣门通考》:"周敬王三十一年(鲁哀公六年),曾点57岁。是年,孔子在楚,曾点遣子参往楚从学。"包氏未说明所据,疑即由上引《琴操》之"曾子事孔子十有余年"及孔子离卫去陈、蔡、楚等地之时间逆推而得。冯云鹓《圣门十六子书》的《曾子书·年谱》则曰:"年十三入孔子之门,见孔子未尝不问安亲之道也……敬王三十一年,孔子自蔡如叶,至楚,年十六,奉父命往楚从学焉。"按:"年十三入孔子之门"之说误。曾子年十三时为鲁哀公二年(公元前493),其时孔子周游列国未归。今人有认为曾子系孔子第二次返鲁后才从学孔子的,可供参考。

言》一篇，[1]记录的全是孔子、曾子问答之语。“孔子闲居，曾子侍”的时候，孔子问：“参，汝可语明王之道与？”曾子回答说：“不敢以为足也，得夫子之闲难也，是以敢问。”当孔子向他陈述“昔者明王内修七教，外行三至”的作用以后，曾子又主动请教“七教”、“三至”的内容。《孝经》、《礼记·曾子问》都是孔子与曾子问答的记录，以孔子的回答为主。

有一次季康子早晨穿着高级丝织品“缟”朝见国君，曾子就问孔子：“季康子的服装符合礼制吗？”孔子回答说：“诸侯着皮弁举行告朔礼，结束以后穿着皮弁来视朝，像这样是礼制允许的。”（《古本家语》：“季康子朝服以缟，曾子问曰：‘礼乎？’孔子曰：‘诸侯皮弁告朔然服之以视朝，若此礼者也。’”）[2]曾子在经常向孔子请教疑难中摸索出了经验，后来他向自己的学生们说：“向老师请教问题一定要按照次序，不要抢先，问了以后没有解决，可以趁着老师有空闲情绪好时再问一次。”（《大戴礼记》卷四《曾子立事》：“问必以其序，问而不决，承间观色而复之。”）

山东嘉祥县宗圣庙曾子塑像

曾子对孔子的教导记得很牢，以后又经常引用，教育自己的学生，指导自己的行动。《论语·学而》篇记有孔子论孝的一段话：“父在观其志，父没观其行。三年无改于父之道，可谓孝矣。”曾子后来说：“吾闻诸

[1]《王言》，亦作《主言》。
[2]转引自明人包大爟《圣门通考》卷六。包氏引此以后又录王肃的话以阐释之。王肃曰：“僭宋礼也。孔子恶指斥康子，但言朝服以视朝，明不用缟也。”

夫子:孟庄子之孝也,其他可能也;其不改父之臣与父之政,是难能也。"(《论语·子张》)孔子说:"后生可畏,焉知来者之不如今也?四十、五十而无闻焉,斯亦不足畏也已。"(《论语·子罕》)曾子则说:"三十、四十之间而无艺,则无艺矣;五十不以善闻,则不闻矣。"(阮元辑《曾子十篇·曾子立事》)曾子如此忠实于孔子的教导,有的言论相同,故出现过此书记为孔子之语,另一书又记为曾子之语的情况:《论语·为政》中载孔子回答孟懿子问孝"无违"之后解释它的含义是:"生,事之以礼;死,葬之以礼,祭之以礼。"《孟子·滕文公上》则将其指为曾子的言论。

孔子在世时,列举弟子中的优秀代表人物四类十人,即德行:颜渊、闵子骞、冉伯牛、仲弓;言语:宰我、子贡;政事:冉有、季路;文学:子游、子夏。曾子谦虚好学,善于吸取他人之长。故而他不仅向孔子请教,也向入师门早的师兄们学习,一旦发现自己的看法、做法不妥,就立即认错改正,找出差距。《孔子家语·六本》记载,"孔子曰:'回有君子之道四焉,强于行义,弱于受练;怵于待禄,慎于治身。史鳍有男子之道三焉:不仕而敬上,不祀而敬鬼,直己而曲人。'曾子侍,曰:'参昔常闻夫子之三言而未之能行也。夫子见人之一善而忘其百非,是夫子之易事也;见人之有善若己有之,是夫子之不争也;闻善必躬行之,然后导之,是夫子之能劳也。学夫子之三言而未能行,以自知终不及二子者也。'"颜渊去世以后,曾子仍然念念不忘其优点:"以能问于不能,以多问于寡;有若无,实若虚,犯而不校——昔者吾友尝从事于斯矣。"(《论语·泰伯》)曾子追随孔子在卫国的时候,和子游一起到负夏这个地方参加葬礼。丧主已经设了祖奠,又撤去,并将柩车转回原位,等曾子诸人吊唁后才让妇人们下堂行遣奠之礼。跟随曾子的人问:"这样做符合礼仪规定吗?"曾子说："祖，是暂且的意思。既是暂且移动柩车，为什么不可以再恢复原位呢？"同行的人又问子游："这样做符合礼仪规定吗？"子游说："在室窗下含饭，在室门内小敛，在阼阶上大敛，在客位上殡棺柩，在庭中设祖奠，在墓圹中安葬，这样来体现由近及远的意思。因此，丧事只有进而没有退的道理。"曾子听后说："子游关于出葬设祖奠的说法，胜过我啊！"[①]又有一次，曾子掩好里面的皮袄而吊丧，子游却袒露出皮袄而吊丧。曾子指着子游对别人说："那个人还是熟悉礼仪的呢，为什么露出皮袄而吊丧呢？"丧主为死者小敛之后，袒露左臂，用麻束发。这时子游快步出来，掩好里面的皮袄，腰系葛带，头系葛绖而后再进去。曾子看了以后说："我错了！我错了！那个人是对的。"[②]

在与同门切磋学问的时候，曾子总是追根求源。有一次，有若向曾子询问："你从先生那里听到过失去官位的人应怎样处置吗？"曾子说："听到过，失去官位就希望尽快贫穷，死了就希望尽快腐朽。"有若认为这不是老师的话，曾子说系亲耳所闻，而且是和子游一起听到的，有若仍然不信，认为应有所特指。曾子把有若的话对子游说了，子游承认有若的话对："从前先生住在宋国，见司马桓魋为自己造石椁，三年还没有造成。先生说：'像这样奢靡，死后还不如尽快腐朽好。'死了就希望快腐朽是针对桓魋说的。南宫敬叔回鲁国，一定要载着财宝到朝中去，先生说：'像这样运用财宝，失去官位还不如尽快贫穷好。''失去官位就希望尽快贫穷'是针对敬叔说的。"曾子把子游的话告诉了有若，有若说："这就对了。我本来就说那不是先生用来教导人的话。"曾子又追问："您是怎么知道的？"有若说："先生当中都宰时为中都定的制度是棺厚四寸，椁厚五寸，所以知道先生不希望人死后尽快腐朽。从前先生失去鲁国司寇官

❶《礼记·檀弓上》："曾子吊于负夏。主人既祖，填池，推柩而反之，降妇人而后行礼。从者曰：'礼与？'曾子曰：'夫祖者，且也。且，胡为其不可以反宿也？'从者又问诸子游曰：'礼与？'子游曰：'饭于牖下，小敛于户内，大敛于阼，殡于客位，祖于庭，葬于墓，所以即远也。故丧事有进而无退。'曾子闻之，曰：'多矣乎，予出祖者。'"

❷《礼记·檀弓上》："曾子袭裘而吊，子游裼裘而吊，曾子指子游而示人曰：'夫夫也，为习于礼者，如之何其裼裘而吊也？'主人既小敛，袒，括发，子游趋而出，袭裘带绖而入。曾子曰：'我过矣，我过矣！夫夫是也。'"

职而将到楚国去，先派子夏去了解情况，接着又派冉有去做进一步观察，因此知道先生不是希望失去官位就尽快贫穷。”[1]通过反复询问，曾子既澄清了自己不准确的认识，又了解了孔子对失去官位等问题的一贯态度。

曾子在学习实践中逐步提高，对孔子思想的实质有了深刻认识。有一次孔子对子贡说：“赐，你认为我是学习广博而能记住的人吗？”回答说：“是这样，难道错了吗？”孔子说：“是错了，我是一以贯之的。”子贡没有说什么。[2]当孔子对曾子说：“曾参啊！我的大道是一以贯之的”，曾子回答说：“是的。”门人问孔子的话是什么意思，曾子说：“先生的大道，就是忠恕。”[3]这就是宋儒所盛称的“一唯之传”。

鲁哀公十六年(公元前479)，孔子病故。曾子与其他弟子一起心丧3年。3年心丧结束以后，子贡又庐墓3年。有一天，子游、子张等人因为有若的相貌酷似孔子，想以有若作孔子的替身，曾子不同意这种类似玩笑的不严肃行为，说：“不行！譬如曾经用江汉之水洗濯过，曾经在夏日的太阳里曝晒过，真是纯洁得无以复加了。”[4]孔

❶《礼记·檀弓上》：“有子问于曾子曰：‘闻丧于夫子乎？’曰：‘闻之矣。丧欲速贫，死欲速朽。’有子曰：‘是非君子之言也。’曾子曰：‘参也闻诸夫子也。’有子又曰：‘是非君子之言也。’曾子曰：‘参也与子游闻之。’有子曰：‘然。然则夫子有为言之也。’曾子以斯言告于子游。子游曰：‘甚哉，有子之言似夫子也！昔者夫子居于宋，见桓司马自为石椁，三年而不成。夫子曰：‘若是其靡也，死不如速朽之愈也。’‘死之欲速朽’，为桓司马言之也。南宫敬叔反，必载宝而朝。夫子曰：‘若是其货也，丧不如速贫之愈也。’‘丧之欲速贫’，为敬叔言之也。’曾子以子游之言告于有子。有子曰：‘然，吾固曰非夫子之言也。’曾子曰：‘子何以知之？’有子曰：‘夫子制于中都，四寸之棺，五寸之椁，以斯知不欲速朽也。昔者夫子失鲁司寇，将之荆，盖先之以子夏，又申之以冉有，以斯知不欲速贫也。’”

❷见《论语·卫灵公》：“子曰：‘赐也，女以予为多学而识之者与？’对曰：‘然。非与？’曰：‘非也。予一以贯之。’”

❸见《论语·里仁》：“‘参乎！吾道一以贯之。’曾子曰：‘唯。’子出，门人问曰：‘何谓也？’曾子曰：‘夫子之道，忠恕而已矣。’”

❹见《孟子·滕文公上》：“昔者孔子没，三年之外，门人治任将归，入揖于子贡，相向而哭，皆失声，然后归。子贡反，筑室于场，独居三年，然后归。他日，子夏、子张、子游以有若似圣人，欲以所事孔子事之，强曾子。曾子曰：‘不可。江汉以濯之，秋阳以暴之，皜皜乎不可尚已。’”按句中“秋阳”，是以周历称之。周历的七八月为夏历的五六月。“皜”，赵岐释曰“甚白”，乃纯洁意。

子弟子们觉得曾子的话有道理，就此作罢。曾子也归耕故里，供养父母，以尽孝道。

第二节　孝事父母

曾子孝事父母，对父母恭顺。有一次曾子在锄瓜苗时不小心伤了根，父亲十分生气，杖击曾子。曾子苏醒后，对他父亲说："方才我惹您老人家生气，您教训我用的劲很大，没有伤着您吧？"曾点没说话，曾子则"鼓琴而歌"，想让父亲知道自己已经平安无事了。曾点的教育方法很粗暴，曾参却没有怨恨父亲。孔子听说此事后，不赞成曾子的做法，告诉门人说："曾参再来不要叫他进来！"曾参认为自己没有过错，就让别人代表自己向孔子道歉，询问原因。孔子说："你没听说瞽叟有一个儿子叫舜，舜侍奉父亲的时候，找他，派他干什么一叫就到，要想杀他就办不到。见用小棍打就等着挨，见用大棍打就跑，这是来躲避父亲暴怒的方法。现在你用自己的身体来面对暴怒，站着不离开，自己死了而使你父亲陷于不义，还有比这更不孝的吗？"曾子听了孔子的教导，认识到自己的做法有缺点，就做了自我批评(事见《说苑·建本》)。

为了满足父母最基本的生活需要，曾子经常参与劳动，《论衡》中有曾子打柴的说法，《说苑》记载了曾子耕种的情况。曾子平时照顾父母无微不至，早晨、晚上都到父母跟前探望问安，并根据季节变化安排父母的生活，冬天给父母保暖，夏天想法让父母凉快，注意说话声音的大小，尽量让父母吃住都舒服(西汉陆贾《新语·慎微第六》)。曾子供养曾点，每顿饭都有酒有肉。吃完了将要撤掉的时候，曾子就问："剩下的饭菜给谁吃？"曾点问："还有没有剩余的？"

曾子一定回答："有"。曾元奉养曾参也是每顿有酒有肉，撤除的时候不问剩下的给谁了。曾子询问："还有剩余吗？"曾元便说："没有了"，意思是留下以后食用。孟子称曾元供养父母是"养口体"，就是叫父母吃好吃饱；而曾子供养父母的态度是"养志"，即顺从亲意的供养，是更孝的表现（事见《孟子·离娄上》）。

曾子的生母去世以后，曾点续娶。后母对曾参不好，曾参却供养如生母。有一次曾参的妻子为后母煮梨没有煮熟，曾参就将妻子休了。有人说："这不在休妻的七条范围之内。"曾参说："煮梨是件小事，我让她煮熟而她不听我的话，何况是大事呢！"

安身处世以如何能奉养好双亲为出发点的曾子，在出仕方面遵循的原则是"家贫亲老，不择官而仕"。曾子说："吾尝仕为吏，禄不过钟釜，尚犹欣欣而喜者，非以为多也，乐其逮亲也。既没之后，吾尝南游于楚，得尊官焉，堂高九仞，榱题三围，车毂百乘，犹北向而泣涕者，非为贱也，悲不逮吾亲也。"（《韩诗外传》卷七）他在莒国任低级官吏，俸禄仅是三秉小米，却没有嫌弃，因为双亲可以享用；父母去世后，据说齐国、晋国、楚国聘他为官，俸禄优厚，曾子却以父母享用不到为由而婉拒了。[1]

曾参父亲去世的时候，他十分悲恸，攀着丧车拼命哭喊，拉丧车的不忍心只得停了下来（《淮南子·说山训》），"水浆不入于口者七日"（《礼记·檀弓上》）。因为曾点生前喜欢吃羊枣，曾参在父亲去世后再也不吃羊枣，怕睹物思亲，心中难受（《孟子·离娄上》）。他尊敬母亲，听说有个地名叫"胜母"，就不到那里去（《说苑·谈丛》）。有一次他吃生鱼，味道很美，就吐了。别人问为什么，曾参说，母亲活着的时候，不知道生鱼的味道，现在我尝着味道鲜美，所以吐了，从那以后他不再吃生鱼（《孝子传》）。双亲去世后，曾子"每读丧礼，泣

[1] 关于曾子出仕的问题，学术界一般认为曾子可能当过低级小吏。至于什么"齐国迎以为相，楚迎以令尹，晋迎以上卿"等等，不过是夸张之词。而《孔子家语·七十二弟子解》则说："齐尝聘，欲与为卿，而不就，曰：'吾父母老，食人之禄，则忧人之事，故吾不忍远亲而为人役。'"曾子临死前因铺着季孙氏送的席子而不安，也说明他一生未当过高官。

下沾襟”(《尸子》)。

曾子以孝著称于世,成为孝顺父母的典范。到元朝时,被列为“二十四孝子”之一,称“至孝”。

第三节 传播儒学

一、设帐授徒

曾子是孔子之学的忠实继承者,不仅能秉承原义,而且通过设帐授徒、著书等方式传播,扩大影响。

鲁哀公十九年(公元前476),曾子为孔子守丧结束,回到了武城。前475年,其父曾点卒,曾子又为其父守丧。大约在前473年,曾子开始在故乡设帐,讲学授徒。他以其孝行和渊博的知识备受武城人的尊敬。

鲁哀公二十七年(公元前468),越国人攻打武城,曾子率门人

山东嘉祥县宗圣庙宗圣殿

离家躲避,后来又返回武城。此时鲁国处于哀公末年、悼公之世,政局混乱不堪,曾子为了便于教育学生,于鲁悼公元年(公元前466)率领弟子来到了相对安定的卫国。鲁悼公十一年(公元前456)返鲁,曾子在卫国生活了10年。据皇甫谧《高士传》和《庄子》记载:“曾子居卫,缊袍无表,颜色肿哙,手足胼胝,三日不举火,十年不制衣,正冠而缨绝,纳履而踵决。”“褐衣缊絮,未尝完也;粝米之食,未尝饱也。”曾子在卫国生活得十分艰苦,但他仍能安贫乐道,守志不挠,讲学不辍,“曳履而歌《商颂》,声满天下,若出金石”(《素履子·履贫贱》)。以言传和身教师表弟子。

鲁悼公十一年,50岁的曾子从卫国回到鲁国,仍以讲学授徒为业。鲁悼公二十一年(公元前446),同门子夏丧子失明,曾子前往吊问,并与子夏、段干木等在西河一带设帐讲学,时间仅1年左右。鲁悼公二十二年(公元前445),曾子再次返回鲁国,讲学授徒,并与弟子一起开始整理其言论。

二、教育方法

曾子的大半生以讲学授徒为业,在教学方法上既承袭了孔子的启发式教育,又特别注重言传身教。

曾子在跟随孔子学习的时候就坚持“吾日三省吾身”,其中一个内容是自查老师传授的知识是否温习过。因为他能温故而知新,所以对孔子的教导记得很牢,并以此来启发教育学生,他的学生则据此间接承继孔子的衣钵。《孟子·公孙丑上》载孟子论勇时说:“昔者曾子谓子襄曰:‘子好勇乎?吾尝闻大勇于夫子矣:自反而不缩,[1]虽褐宽博[2],吾不惴焉;自反而缩,虽千万人,吾往矣。’”曾子对弟子子襄论勇敢问题,并没有告诉子襄应该如何、不应该如何,而是把

❶缩,直也,此处为曲直之直。
❷褐,低贱者之服;褐宽博,即褐夫。

孔子教导的道理原封不动地转教给子襄："我曾从夫子那里听到过关于大勇的论述：反躬自问，正义不在我，对方纵然是地位低下的人，我不去恐吓他；反躬自问，正义确实在我，对方即便有千军万马，我也冲向前去。"子襄自然就能理解勇敢的真正含义。乐正子春在自己授徒的时候，仍然不厌其烦地追溯师承："吾闻之曾子，曾子闻之仲尼：父母全而生之，子全而归之，不亏其身，不损其形，可谓孝矣。"(《吕氏春秋·孝行》)

曾子自己强调"行"的重要性，教育学生也是如此："君子爱日以学，及时以行。"(《大戴礼记·曾子立事》)他的学生公明宣跟他学习了三年而没有读书，曾子问为什么，公明宣说："怎么敢不学呢？我见老师住在家里，您家老人在的时候，就是对狗、对马也不大声呵斥，我很喜欢，学习这样做还未能办到；我见老师应对宾客，恭敬谦逊而不懈怠，我很喜欢，学习这样做还未能做到；我见老师居官，对下级要求很严而不毁伤他们，我很喜欢，学习这样做还未能做到。我喜欢的这三件学习还不够，我怎么敢既当了先生的学生而不学呢？"曾子听了公明宣的话很高兴，认为自己不如公明宣，承认在实践中学习的重要性。①

曾子让学生在行为上严格要求自己，他本人更是一举手、一投足都循规蹈矩，甚至临死前发现铺的是大夫才能用的席子，也要坚决换掉。据《礼记·檀弓上》载：曾子病危，弟子乐正子春坐在床下边，曾子之子曾元、曾申坐在脚边，童子在角落里拿着烛火。童子说："这漂亮光滑的席子是大夫用的吧？"乐正子春说："别说了！"曾子听到以后，猛然一惊："啊！"童子又问了一遍，曾子说："是的，这是季孙氏送给我的，我没能在病重之前换过来。曾元起来换席子。"曾元说："您老的病已经很厉害了，不能再移动。幸而挨到明天早

①《说苑·反质》载：公明宣学于曾子，三年不读书。曾子曰："宣而居参之门，三年不学，何也？"公明宣曰："安敢不学。宣见夫子居宫廷，亲在，叱咤之声未尝至于犬马，宣悦之，学而未能；宣见夫子之应宾客，恭俭而不懈惰，宣悦之，学而未能；宣见夫子之居朝廷，严临下而不毁伤，宣悦之，学而未能。宣悦此三者，学而未能，宣安敢不学而居夫子之门乎？"曾子避席谢之曰："参不及宣，其学而已。"

晨，一定换掉它。”曾子说：“你爱护我不如童子。君子是从道德上爱护别人，小人是用迁就过错表示爱护。我还要求什么呢？我能合乎正礼死去，这就行了。”扶起曾子换了席子，席子换好后还没有躺安稳，曾子就病故了。[1]

乐正子春目睹了老师临死前一丝不苟的遵礼行为，心灵的震撼是可想而知的。在曾子这样一位严师的言传身教影响下，弟子们也成了优秀人物。

三、教育成就

曾子讲学授徒，有弟子70人。[2]因其要求严格，教育得法，弟子有成就者不乏其人，有名者8位，即乐正子春、单居离、公明仪、公明高、公明宣、子襄、阳肤、沈犹行等。[3]

乐正子春，鲁人。《世本·秦本·氏姓篇》：“乐正氏，周礼乐正，因官氏焉。鲁有乐正子春，曾子弟子。”东汉人郑玄注《礼记》亦从此说。在曾子弟子中，乐正子春是最有名气的一个。（详下）

单居离，《大戴礼记》卢辩注认为系曾子弟子。《大戴礼记》的《事父母》、《天圆》等章，就是以单居离问、曾子答形式写成的。

---

❶《礼记·檀弓上》载：曾子疾病。乐正子春坐于床下，曾元、曾申坐于足。童子隅坐而执烛。童子曰：“华而睆，大夫之箦与？”子春曰：“止！”曾子闻之，瞿然曰：“呼！”曰：“华而睆，大夫之箦与？”曾子曰：“然，斯季孙之赐也，我未之能易也。元起易箦。”曾元曰：“夫子之病革矣，不可以变。幸而至于旦，请敬易之。”曾子曰：“尔之爱我也不如彼。君子之爱人也以德，细人之爱人也以姑息。吾何求哉？吾得正而毙焉，斯已矣。”举扶而易之。反席未安而没。

按：引文中之睆（huǎn），光滑貌；箦（zě），席子；革（jí），急也。

❷见《孟子·离娄下》。沈犹行曰“从先生者七十人”，仅是约数，而且是那一个阶段的；但它无资料可考，姑从之。

❸清代王定安所修《宗圣志》卷十六，列举曾子有名弟子13人，即除乐正子春等8人外，又有孔伋（即子思）、公孟子高、孟仪、檀弓、吴起5人。曾子与孔伋的师生关系之说，始于宋代陆九渊：“而子思独师曾子，则平日夫子为子思择师者可知矣。”《孟子外书》引孟子语“曾子学于孔子，子思学于曾子”，实为杜撰。近人钱基博《古籍举要》、章炳麟《徵信论》已辨其误。公孟子高、孟仪，《说苑》及《大戴礼记》记有与曾子问答语，清修《山东通志》、《济宁州志》等列为曾子门人，并入曾子庙祀。但《济宁州志》则云：“公孟子高疑即公明高，孟仪疑即公明仪。古音明、孟皆读如盟、如芒，长言之为公明、短言之则为孟。”可备一说。檀弓，系南宋人胡寅定其为曾子门人的：“檀弓，曾子门人，其文与《中庸》之文有似《论语》，子思、檀弓皆纂修《论语》之人也。”此说信者极少。《史记·吴起列传》中有吴起“事曾子”的记载，但据后人考订，此曾子乃曾参之子曾申。

公明仪，《礼记》郑玄注认为系曾子弟子。《礼记·祭义》有公明仪问曾子“夫子可以为孝乎”的记载，《礼记·檀弓上》有“子张之丧，公明仪为志焉”的记载。唐人孔颖达《礼记疏》认为，公明仪既是子张弟子，又是曾子弟子。

公明高，东汉赵岐注《孟子》认为是曾子弟子；清人洪颐煊《经义丛钞》则说：“《春秋》家公羊高，亦即《孟子》所谓公明高也。”

公明宣，《说苑·反质》篇载其学于曾子事。

子襄，赵岐《孟子》注认为系曾子弟子。《孟子·公孙丑》载有曾子同其论勇的一段话。

阳肤，包咸《论语》注谓为曾子弟子。《论语·子张》篇载孟氏让阳肤当士师（管司法的官吏），向曾子请教，曾子说：“上失其道，民散久矣。如得其情，则哀矜而勿喜。”

沈犹行，姓沈犹，名行，赵岐《孟子》注曰曾子弟子。沈犹为鲁国大族，《荀子·儒效》：“仲尼将为司寇，沈犹氏不敢朝饮其羊。”《孟子·离娄下》记“曾子居武城，有越寇”事，沈犹行在曾子弟子之列。

在曾子诸弟子中，成就较大的是乐正子春、公明仪等。

近人梁启雄注释《韩非子》中“乐正氏之儒”时，引用了梁启超的看法：“曾子弟子有乐正子春者，此文乐正氏疑即传曾子学者。孟子弟子亦有乐正子，当属孟氏一派。”孟子弟子中的乐正子，是乐正克，在《孟子》一书中多次出现，鲁国国君曾让他出仕。《孟氏外书》称乐正克是乐正子春之孙：“乐正子春年九十矣，使其孙克学于孟子，告之曰：‘昔者圣人之门，颜子以仁，曾子以孝，季路以勇，伯赣[1]以智，各以所得闻于天下，传于后世。汝往矣，庶几有其一得乎？’”《孟氏外书》系明人伪撰，不可信从。而韩非距孟子不远，孟子其时影响甚大，乐正克不会独树一帜；而曾子去世已二百年，其后学分

[1] 伯赣，即子贡。

为数派,乐正子春即是显于世的一支。唐代柳宗元认为,《论语》一书是子思、乐正子春整理的[1],亦可见其影响之大。

据《韩非子·说林下》载,乐正子春是以守信闻名于世的人物。齐国攻伐鲁国,讨要"谗鼎",鲁国把一个假的送去。齐国人说:"这是假的。"鲁国人说:"是真的。"齐国人说:"让乐正子春来,(他如果说是真的)我就相信您的话。"鲁国国君把乐正子春请来,乐正子春说:"为什么不把真的送去?"鲁君说:"我喜欢它。"乐正子春说:"我也爱护自己守信用的名声。"[2]在齐、鲁两国关于谗鼎真伪问题上,齐国人要凭乐正子春一言裁决,可见他守信用、说真话的名声已超出了鲁国范围,这也正是曾子"杀彘教子"思想的继承。

乐正子春完全承袭了曾子的孝道。有一次他伤了脚,好了以后几个月不出门,神色忧伤。他的弟子问他说:"先生下堂伤了脚,好了几个月不出门还有忧伤之色,请问是什么原因?"乐正子春引用自己的老师曾子从孔子那里学来的理论回答说:"父母给我一个完好的身体,儿子应完好地归还,不损坏自己的身体,不损伤自己的形象,才可称得上孝。君子走每一步路都不能忘记,我忘了孝道,所以才忧伤。"[3]

母亲去世,乐正子春五天没有吃饭。他对自己的行为进行检讨,表示后悔:"连我的母亲都得不到我的真情,我还在哪里用我的真情呢?"因为按照丧礼要求是三天不吃饭,乐正子春为表示特别孝顺,勉强坚持了五天,却并不是出于真情,故而自责。这种敢于从内心自我反省的态度,也与曾子相似。乐正子春继承了曾子的衣钵,又设帐授徒,被称为"乐正氏之儒"。

公明高也设帐授徒。《孟子·万章上》载,万章向孟子请教"舜往于田,号泣于旻天,何为其号泣也"的问题,孟子回答是"怨慕",即一方面怨恨,一方面怀恋。当万章引用曾子"父母爱之,喜而不忘;父母

❶见《柳先生文集·论语辩》上篇:"今所记,独曾子最后死,余是以知之,盖乐正子春、子思之徒与为之尔。或曰:孔子弟子尝杂记其言,然而卒成其书者,曾氏之徒也。"

❷"齐伐鲁,索谗鼎,鲁以其雁往。齐人曰:'雁也。'鲁人曰:'真也。'齐人曰:'使乐正子春来,吾将听子。'鲁君请乐正子春,乐正子春曰:'胡不以其真往也?'君曰:'吾爱之。'答曰:'臣亦爱臣之信。'"

❸《吕氏春秋·孝行》:"乐正子春下堂而伤足,瘳而数月不出,犹有忧色。门人问之曰:'夫子下堂而伤足,瘳而数月不出,犹有忧色,敢问其故?'乐正子春曰:'善乎而问之。吾闻之曾子,曾子闻之仲尼:父母全而生之,子全而归之,不亏其身,不损其形,可谓孝矣。君子无行咫尺而忘之。余忘孝道,是以忧。'"又,《大戴礼记·曾子大孝》亦记其事,文字略异。

恶之，劳而不怨”的话提出“难道舜会怨恨吗”的问题时，孟子举出公明高的学生长息也曾向公明高问过，而公明高说“这不是你所能懂的”，然后孟子解释说：“公明高的意思，以为孝子的心里是不能像这样满不在乎：我尽力耕田好好地尽我做儿子的职责罢了，父母不喜欢我，我有什么办法呢？……只有最孝顺的人才终身怀恋父母。”孟子用公明高对舜的孝行评价回答自己的学生，是对公明高的尊敬。

《孟子》一书中引用公明仪的话三处，都是作为正面论据。如“古之人三月无君则吊”，意思是“古代的人三个月没有君王任用，就要去安慰，给以同情”。(《孟子·滕文公下》)孟子分析他所处的时代“天下之言不归杨，则归墨”，即当时思想界占上风的两大派是极端利己主义的杨朱一派及主张“兼爱”的墨子一派，能够站起来反对杨、墨的是圣人门徒。孟子固然是自比圣人之徒，但他引用公明仪的话作论据：“庖有肥肉，厩有肥马，民有饥色，野有饿殍，此率兽而食人也。”(《孟子·滕文公下》)自然也把公明仪列入“圣人之徒”行列。

曾子门人的重大贡献，是参与了《论语》的整理、编订工作。《论语》记录孔子与门徒的谈话，其中只有曾参、有若二人称“子”而不名，故后人认定曾子及其门人是重要的参与者。《曾子》一书，也是曾子的门人整理的。其中乐正子春、单居离、公明仪等人可能起了较大作用。

附：

一、曾子年表

鲁定公五年(公元前505)

是年十月十二日,曾子出生。父曾点,38岁,母上官氏。孔子47岁,为中都宰。

鲁定公十三年(公元前497)

曾子9岁。孔子开始周游列国,先至卫国。

鲁哀公三年(公元前492)

曾子14岁。[1]

鲁哀公六年(公元前489)

曾子17岁。曾子奉父命离家至楚,从孔子学习。

鲁哀公七年(公元前488)

曾子18岁。随孔子在楚。

❶明人包大燿《曾氏世系·曾参》,将“出薪于野”列入14岁时事,未指所据。有称见于《说苑》及《孝子传》的,但遍查未见。《孝子传》载采薪事,系曾子讲学授徒以后事:“乐正者,曾参门人也,来候参。参采薪在野,母啮右指,旋顷走归,见正不语,入跪问母:‘何患?’母曰:‘无。’参曰:‘负薪,右臂痛,薪堕地,何谓无?’母曰:‘向者客来,无所使,故啮指呼汝耳。’参乃悲然。”《太平御览》引此亦同。故“14岁出薪于野”云云,系后人所加,甚或将《琴操》中之《梁山操》亦列曾子14岁时事,更不可从。

鲁哀公八年(公元前487)

曾子19岁。随孔子周游陈、蔡等国。

鲁哀公九年(公元前486)

曾子20岁。随孔子到卫国。

鲁哀公十年(公元前485)

曾子21岁。在卫国。与子游等一起到负夏参加丧礼,向子游学习。[1]

鲁哀公十一年(公元前484)

曾子22岁。是年春,季康子以币迎孔子,曾子随孔子自卫返鲁。娶公羊氏为妻,约在其时。

鲁哀公十二年(公元前483)

曾子23岁。开始随孔子学习。

鲁哀公十四年(公元前481)

曾子25岁。颜回卒。

鲁哀公十五年(公元前480)

曾子26岁。曾子追思颜回:"朋友之墓,有宿草而不哭焉。"(《礼记·檀弓上》)又说:"以能问于不能,以多问于寡,有若无,实若虚,犯而不校,昔者吾友尝从事于斯矣。"(《韩诗外传》卷一)[2]

❶与子游一起在卫国,只有随孔子周游时可能性最大,故系于此。
❷《孔子家语》认为这两条系针对颜子而发,可从。

鲁哀公十六年(公元前479)

曾子27岁。是年夏四月乙丑(四月十一日),孔子卒于鲁,终年73岁。曾子与孔子其他弟子一起守丧三年。

在孔子病重期间,曾子侍奉身边。孔子曰:“吾死之后,则商也日益,赐也日损。”曾子曰:“何谓也?”孔子曰:“商也好与贤己者处,赐也好说不若己者。”(见《孔子家语·六本》)

鲁哀公十七年(公元前478)

曾子28岁。曾子在曲阜,继续为孔子守丧。

鲁哀公十八年(公元前477)

曾子29岁。为孔子守丧期间,与其他同门交流切磋学问,弄清了孔子“丧欲速贫,死欲速朽”这句话的背景及真实含义。

鲁哀公十九年(公元前476)

曾子30岁。守丧结束,回到南武城。为孝养父母,到莒国做俸禄三秉的小官,或在此时。[1]

鲁哀公二十年(公元前475)

曾子31岁。父曾点卒。殡葬时,曾子“攀柩车,引輴者为之止也”。因心情悲痛,七日不吃不喝。

鲁哀公二十一年(公元前474)

曾子32岁。为父守丧。孔子卒后,弟子心丧三年,惟子贡又庐

[1]《韩诗外传》卷七引曾子语则称“吾尝仕齐为吏,禄不过钟釜”。仕莒、仕齐,传闻异辞。

墓三年。庐墓结束后，几个同门有一次相会，子夏、子张、子游因为有若相貌像孔子，想“以所事孔子事之”，曾子不同意。①

鲁哀公二十二年（公元前473）

曾子33岁。在故乡讲学授徒，约始于是年。

鲁哀公二十七年（公元前468）

曾子38岁。越国人攻打武城，曾子率门人避之；越人退后又返回武城（见清人熊赐履《学统·正统》中之《曾子传》）。②

鲁悼公元年（公元前466）

曾子40岁。率门人自鲁至卫，讲学授徒。③此后十年，生活贫苦，但曾子“曳履而歌《商颂》，声满天下，若出金石”。（《素履子·履贫贱》）

鲁悼公十一年（公元前456）

曾子50岁。自卫返鲁，继续在家乡讲学授徒。

鲁悼公十七年（公元前450）

曾子56岁。后母去世，在家守丧。同门子张病故，前往哀悼。

鲁悼公十八年（公元前449）

曾子57岁。此后四年，继续在家乡讲学授徒。

鲁悼公二十一年（公元前446）

曾子60岁。因同门子夏丧子失明，前往魏国西河慰问子夏（见

①子夏、子张、子游等以有若似孔子，故想“以事孔子事之”。此事《史记·仲尼弟子列传》进一步渲染。一般认为发生于弟子心丧三年之后，然孟子叙述此事是子贡“辞墓”以后。大约是子贡守墓期间，同门来看望他，才有相聚机会；子贡走后，弟子星散，才有此议提出，故系于此。
②熊氏系此事于是年，未说明根据，然去事实未远。今人钱穆将越人攻武城与《说苑》中之“鲁人攻鄪，曾子辞于鄪君”视为一事，可从（详见钱氏《先秦诸子系年考辨》卷二《曾子居武城有越寇考》）。
③参见明人包大燿《曾子世系》。

《礼记·檀弓上》)。[1]

鲁悼公二十二年(公元前445)

曾子61岁。回到武城,此后一直讲学授徒。

鲁悼公三十一年(公元前436)

曾子70岁。与弟子整理其言论,约始于是年。[2]

鲁悼公三十五年(公元前432)

曾子74岁。约于是年,曾子卒,葬于武城。

二、曾子传记要览

出　　处	作者	时代	存佚情况	备　　注
《史记·仲尼弟子列传》	司马迁	西汉	存	中华书局校点本
《孔子家语·七十二弟子解》	王肃	三国·魏	存	《四库全书》本
《高士传》	皇甫谧	西晋	存	《四库全书》本
《曾参传》	不详	不详	亡佚	见《隋书·经籍志》
《古史·孔子弟子列传》	苏辙	北宋	存	《四库全书》本
《四书人物考》卷十六传十三	薛应旂	明	存	明刊本
《阙里志》卷十三	孔承业	明	存	嘉靖三十一年刊本
《兖州府志》卷七	于慎行	明	存	万历二十四年刊本
《圣门志》卷一中	吕元善	明	存	天启三年盐邑志林
《学统·正统》	熊赐履	清	存	清刊本
《道统录》	张伯行	清	存	清刊本
《尚史·孔子弟子传》	李　锴	清	存	《四库全书》本
《阙里述闻》卷四	郑晓如	清	存	清同治七年广州文华堂刊本

[1] 曾子去西河见子夏,有认为曾子在西河讲学时间很久者,不取。
[2]《颜氏家训·勉学》称“曾子七十乃学,名闻天下”。宋祁《宋景文笔记》卷中解为“曾子年七十,文字始就,始能著书”,故系于是年。

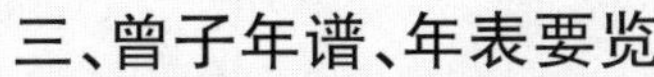

三、曾子年谱、年表要览

出　处	编者	时代	版本	存佚情况	备注
《曾志》	李天植	明	万历二十三年武城刊本	存	考曾子生卒年为公元前505—公元前433年。
《曾子志》	曾承业	明	抄本	不详	见《中国历代人物年谱考录》，编者谢巍称“据天一阁范鹿其见告”。
《圣门志》	吕元善 吕兆祥	明	天启四年盐邑志林本	存	考曾子生于鲁定公五年（公元前505年）。
《圣门通考》	包大燿	明	万历十五年书林清心堂本	存	生年同《曾志》，卒年称七十以上。
《七十子表》	臧　庸	清	清刊本	存	据《中国历代人物年谱考录》。
《孔门师弟年表》	林清溥	清	清刊本	存	同上，此《曾子年表》考曾子生于鲁定公三年（公元前507年）。
《曾子年谱》	查望洋	清	不详	不详	据《江西通志》卷一百二载。
《曾子书》	冯云鹓	清	《圣门十六子书》本	存	考曾子生卒年为公元前505—公元前432年。
《余氏学宫辑略·宗圣曾参年谱》	余丙捷	清	道光十五年《青照堂丛书》本	存	考曾子生卒年为公元前505—公元前436年。
《孔颜曾孟生卒年月表》	胡泽顺	清	道光十七年清华胡氏刊本之《四书一得录》	存	
《曾子年表》	蒋伯潜	现代	《诸子通考》本	存	考曾子生于公元前505年。
《先秦诸子系年通表》	钱　穆	现代	中华书局1985年本	存	考曾子生卒年为公元前505—公元前436年。

第二篇 著作

曾子名下的著作，先后共有 3 种，即《曾子》、《孝经》与《大学》。《曾子》为曾子著作，《汉书·艺文志》有明确记载；但因中间散佚，《大戴礼记》中的四十九至五十八这十篇与《曾子》十八篇是什么关系有争议。《孝经》作者为谁有四五种说法，《大学》是曾子还是子思或汉代儒生所作也是众说纷纭。成书时代，看法也不统一。曾子言论散见于先秦、两汉著作中，对研究曾子颇有价值，因而从南宋始，出现了曾子著作、言行的辑录著作，明清两代到近代学者都有这方面的辑录。

第一章 《曾子》

第一节 《曾子》十八篇与《曾子十篇》

《曾子》一书，《汉书·艺文志》在《儒家类》中有录："《曾子》十八篇。"班固并注明作者"名参，孔子弟子"。到《隋书·经籍志》记为："《曾子》二卷，目一卷，鲁国曾参撰。"未说明篇数。《旧唐书·经籍志》、《新唐书·艺文志》、《宋史·艺文志》所记与《隋书·经籍志》同。宋代私人撰写的目录学著作，如晁公武《郡斋读书志》、陈振孙《直斋书录解题》、高似孙《子略》，有称二卷十篇本者，也有径称十篇本者。晁公武说他所见的二卷十篇本即唐本："《汉艺文志》'《曾子》十八篇'，《隋志》'《曾子》二卷，目一卷'，《唐志》'《曾子》二卷'。今此书亦二卷，凡十篇，盖唐本也。"除了卷数与唐本相同外，晁公武所见的《曾子》一书"有题曰传绍述本"。绍述，是唐朝人樊宗师的字。据《新唐书·樊泽传》，樊泽的儿子宗师，字绍述，先后任国子主簿、著作佐郎、绵州刺史等职。唐时未有刻本，大概是樊宗师传抄的本子。陈振孙著录的是："《曾子》二卷，凡十篇，具《大戴礼》。后人从其中录出别行，慈溪杨简注。"王应麟《汉书艺文志考证》说："《曾子》十八篇，隋、唐《志》二卷，参与弟子公明仪、乐正子春、单居离、曾

元、曾华之徒,论述立身孝行之要,天地万物之理。今十篇,自《修身》至《天圆》,皆见于《大戴礼》,盖后人摭出为二卷。”在《困学纪闻》卷十《诸子》篇中首列《曾子》,认为“《汉志》‘《曾子》十八篇’,今世所传视汉亡八篇矣。十篇见于《大戴礼》”。即是说《曾子》十篇包括在《曾子》十八篇中,也就是《大戴礼记》中的十篇。此前,高似孙作《子略》,已经申述了类似的看法:“《曾子》者,曾参与其弟子公明仪、乐正子春、单居离、曾元、曾华之徒讲论孝行之道,天地事物之原,凡十篇。自《修身》至于《天圆》,已见于《大戴礼》,篇为四十九至五十八,他又杂见于《小戴礼》,略无少异,是固后人掇拾以为之者欤?”“后人”是什么时候的人,各书看法不一。高似孙接着说道:“刘中垒父子秦汉《七略》已不能致辨于斯,况他人乎?然董仲舒《对策》已引其言,有曰‘尊其所闻则高明,行其所知则光大’,则书固在董氏之先乎?”高似孙认为刘向、刘歆父子修《别录》、《七略》时已经辨别不清,何况是后来的人呢?董仲舒引用过《曾子》中的话,其成书当在战国。《四库全书》编者在《大戴礼记》条下所写《提要》,也肯定《大戴礼记》中的《曾子》十篇就是《汉书·艺文志》所记《曾子》十八篇中留存的。

在宋代,《曾子》一书未受学林所重。晁公武的伯父晁说之(号景迂,曾官中书舍人兼太子詹事,故晁公武称为“予从父詹事公”,王应麟尊之曰“景迂公”——编者)“尝病世之人莫不尊事孟子,而知子思《中庸》者盖寡;知子思《中庸》者虽寡,而知读《曾子》者殆未见其人也”;又因为《曾子》一书文字错误甚多,所以将他收藏的《曾子》和司马光收藏的《大戴礼记》参校,将北周卢辩《大戴礼记》注有关内容纳入《曾子》之中。元代的周遏编《古曾子》十篇,参考其他版本进行校勘,并作音训注释。以上诸本都已失传或散佚。唐朝初年魏征等纂修《群书治要》时，于《曾子》一书作了摘引，计有《修身》、《立孝》、《制言》、《疾病》四篇中的部分内容（详见附一），与《大戴礼记》相关篇章文字比较，所摘者除个别字词有异外，其他均同。《群书治要》在《宋史·艺文志》中已不见著录，大约亡于宋。此本传入日本，日本人据此刊行，清嘉庆年间传回中国，于此可见唐代《曾子》传本的一些情况。

阮元于嘉庆三年（1798）将《大戴礼记》中的四十九至五十八共十篇抽出，定名为《曾子十篇》。阮氏在《自序》中指出："百世学者皆取法孔子矣。然去孔子渐远者，其言亦渐异。子思、孟子近孔子而言不异，犹非亲受业于孔子者也。然则七十子亲受业于孔子其言之无异于孔子而独存者，唯《曾子十篇》乎！"阮氏把《曾子十篇》视为孔门弟子中流传至今的著作硕果仅存者，故整理时颇为用力：《大戴礼记》选用好的底本，校以魏征《群书治要》中之《曾子》、马总《意林》中所引《曾子》；在校勘基础上予以注释，吸取北周人卢辩注《大戴礼记》的成果又参以己意。《曾子十篇》现在单行者唯此一种。这十篇的题目是《曾子立事》，《曾子本孝》，《曾子至孝》，《曾子大孝》，《曾子事父母》，《曾子制言》上、中、下三篇，《曾子疾病》，《曾子天圆》，分四卷。是书首刻于嘉庆三年，重刻于道光二十五年（1845）。有《皇清经解》本及《文选楼丛书》本，《文选楼丛书》本收入中华书局所编印的《丛书集成·初编》之中。蒋伯潜《诸子通考》下编《诸子著述考》在《〈曾子〉考》中说："似《曾子》传本有两种：一种为十八篇本，一种为二卷十篇本也。"对于《群书治要》引《曾子》，蒋氏又说："魏征《群书治要》中之《曾子》，见引于马总《意林》者，均与《大戴记》合。似《大戴记》之十篇原在《曾子》十八篇中。自唐至宋之二卷十篇本，亦皆与《大戴记》之十篇同。殆《汉志》所录之十八篇，亡其

八篇，仅存十篇，而此十篇即为大戴录入《记》中者也。”此说与南宋王应麟《困学纪闻》中的说法一致。魏征《群书治要》所引《曾子》第一篇为《修身》，《大戴礼记》则作《曾子立事》；宋人晁公武等所见二卷十篇本，第一篇也是《修身》而不作《曾子立事》。

对于《曾子》十八篇或《曾子十篇》是否是曾子的著作，亦有提出怀疑者。如宋人黄震在其所著《黄氏日钞·读〈曾子〉》中说道：“曾子之书，不知谁所依仿而为之。言虽杂而衍，然其不合于理者盖寡。若云‘与父言，言畜子；与子言，言孝父；与兄言，言顺弟；与弟言，言承兄’。书皆世俗委曲之语；而‘良贾深藏如虚’，又近于老子之学，殊不类曾宏毅气象。……特以‘天圆地方’之说为非，而谓天之所生上首，上首之谓圆，下首之谓方，虽务博而未必然。”

《曾子十篇》比较集中地表现了曾子的思想。第一篇为《曾子立事》（《群书治要》作《修身》），泛论君子为学及立身行事之道，为《曾子十篇》的纲领。二至五篇分别为《曾子本孝》、《曾子立孝》、《曾子大孝》、《曾子事父母》，阐述了曾子的孝治思想。六篇至八篇为《曾子制言》（上、中、下）。清代学者孔广森说：“制言者，法言也。法言本《孝经》‘非先王之法言不敢道’。”这是后学纂述先师的话，将其视为先王的经典语言。三篇之中主要论述行礼、秉德、居仁、由义及进退不苟等事。第九篇《曾子疾病》，记曾子临终遗言，重点是及身行道，以身行为言行的基础。第十篇《曾子天圆》，反映了曾子的自然观，讲到阴阳、动植物及人的形成与圣人造律历、兴礼乐的道理。

第二节 辑 录

一、刘清之辑《曾子》

辑录曾子的著作、言论始于南宋。《宋史·儒林传》载:“《曾子》内、外、杂篇七,刘清之编。”王应麟《小学绀珠》记其“内篇一,外篇、杂篇各三”。此书已经亡佚,具体篇目不详。从朱熹《书刘子澄集录〈曾子〉后》一文中可知,刘清之(字子澄)所辑录的《曾子》,既有《大戴礼记》中《制言》等篇,也有从《论语》、《孟子》中搜集的曾子言论。

二、汪晫辑《曾子》

南宋人汪晫,字处微,门人私谥为康范先生。南宋庆元、嘉泰年间辑录《曾子》二卷十二篇,于咸淳十年(1274)由他的孙子汪梦斗献给朝廷(同时献出的还有汪晫所辑《子思子》一书)。汪晫所辑《曾子》二卷十二篇,现存十篇,收入《四库全书·子部》,具体篇目是:一、《仲尼闲居》,二、《明明德》,三、《养老》,四、《周礼》,五、《有子问》,六、《丧服》,七、八两篇亡佚,九、《晋楚》,十、《守业》,十一、《三省》,十二、《忠恕》。《仲尼闲居》即《孝经》,因首句为“仲尼闲居,曾子侍”而改题此名;《明明德》即《大学》,用首句“大学之道在明明德”而改。《明明德》标有“内篇”字样,《养老》以下皆称“外篇”,而《仲尼闲居》未标“内”或“外”,故《四库全书》编者“疑本有‘内篇’字样,而传写佚之也”。汪晫时代二卷本《曾子》尚存,可能他没有见到,故旁搜广求,以个人力量辑录此书,对保存资料及研究都有好处。此书“外篇”系从《礼记》、《大戴礼记》、《荀子》、《孟子》、《韩诗外传》、《孔丛子》、《说苑》及《孔子家语》等古籍中辑出的有关曾子的

资料，共72章(条)，[1]皆自拟篇名:《养老》取首句“孝子之养老也”两字，辑《大戴礼记》中的《曾子大孝》、《曾子立孝》、《曾子事父母》、《曾子本孝》及《礼记》、《荀子》等书中关于孝养父母的言行;《周礼》是辑曾子关于礼的言论及向孔子请教礼的问答，以《礼记·曾子问》为主，加以《孟子》、《孔子家语》等书中的内容;《有子问》以首句“有子问于曾子曰”中的三字为篇名，主要采录《礼记·檀弓》中的内容;《丧服》全部录自《礼记·曾子问》;《晋楚》以首句“晋楚之富不可及也”中的二字为篇名，内容颇杂;《守业》全部录自《大戴礼记》中的《曾子立事》;《三省》取首句“吾日三省吾身”中二字为篇名，《忠恕》取“夫子之道，忠恕而已矣”中二字为篇名，内容较杂。蒋伯潜批评其书“选择不慎，割裂古书，不著所自，妄立篇名”，是符合事实的。如《周礼》之名，与“三礼”书之一重名，很易引起误解;辑录资料不注明来源(书名、篇名皆无)，很难查考。而割裂文义，造成典籍混乱，尤不可取。《四库全书》编者指出:汪晫将《礼记·曾子问》辑录入书时，把“曾子问曰:‘古者师行，必以迁庙主行乎?’”至“乃出，盖贵命也。”一段话中的有连贯意义的两个问题割裂开来，自“古者师行，必以迁庙主行乎”至“老聃云”入《丧服》篇，“古者师行无迁主，则何主”至结尾入《周礼》篇，类似情况尚多。

宋时另有赵海鹏、章樵、宋鸣梧辑录过《曾子》，均已亡佚。

三、曾承业辑《曾子》

明代，曾子六十二代孙袭翰林院五经博士曾承业辑《曾子》三卷十一篇，各卷篇第为:卷一《王言》;卷二《修身》，《事父母》，《制言》(上、中、下)，《疾病》，《天圆》;卷三《本孝》，《立孝》，《大孝》。《王言》见于《大戴礼记》第三十九篇(前三十八篇已佚)，是孔子向曾子

[1] 这十几种古籍书名及汪氏所引之具体篇第，是编者一一查对后所知。汪氏《外篇》自注共引曾氏有关资料70章(条)，实为72章(条)。

陈述"明王之道"的。[1]《四库全书》将此书列入《存目》,并指出该书打乱《大戴礼记》中曾子著作的次序而"分合迥异,不知其何所依据",又妄增《王言》一篇,遂失本来面目。

曾承业之父曾继祖失明,曾氏南宗曾衮企图夺袭翰林院五经博士,至万历五年(1577)八月,承业之位才定,所辑《曾子》一书未见。阮元在《曾子十篇》卷首《叙录》中于曾承业其人记曰"盖元末明初人",误。

四、冯云鹓编《曾子书》

《曾子书》八卷,清代崇川冯云鹓编,冯氏于道光间校刻于《冯氏十三种》中。卷一为《年谱》,定曾子生卒年为鲁定公五年(公元前505)至鲁悼公三十五年(公元前432),计谱主年龄用周岁。卷二至卷四为曾子著作,卷二为《王言》,卷三有《立事》、《本孝》、《立孝》、《大孝》及《事父母》五篇,卷四有《制言上》、《制言中》、《制言下》、《疾病》及《天圆》五篇。卷五至卷八为补遗,录曾子轶事及散见他书的言论,较为齐备。

五、魏源编《曾子章句》

《曾子章句》,收入《古微堂集》,清人魏源编纂。该书除收《曾子》十篇外,亦辑录其遗文逸事附篇末。魏源在《自序》中称:"曾氏之以书传,非曾氏之意也,曾子故以身教而不以言教者也。其志盖将以夏道之忠救周文之敝也。"他认为"逃空谷者,闻足音而起;厌稻粱者,易以黍稷而或乐;则兹编之晚显于世也,其亦将天之有意于世乎?其以末学之有幸于迷途乎"?非常看重《曾子》一书的社会教育作用。

[1] 据清人王聘珍《大戴礼记解诂》之《目录》所注,认为《王言》乃《主言》之误。王氏引曾子语"圣人为天地主,为山川主,为鬼神主,为宗庙主"为证,主是君的意思。王氏并认为是"王肃私定《孔子家语》,盗窃此篇,改作《王言》,俗儒反据肃书改窜本经,亦作《王言》,非是"。此说可供参考。

六、王定安辑《曾子家语》

《曾子家语》六卷十八篇，清代东湖王定安辑录，有光绪十六年(1890)金陵刻本。王定安，字鼎丞，曾任山西冀宁水利驿传道署山西布政使，后客居南京，为两江总督曾国荃赏识，修《宗圣志》二十卷。据王定安《曾子家语·叙》称，撰《宗圣志》以后，“复以余闲，旁搜载籍，得五万余言，仿宋薛据《孔子集语》例，编为二十四篇，谓之《曾子集语》”。后来他根据曾国荃的建议，改《集语》为《家语》，将二十四篇合为十八篇，“以复班书《艺文志》之旧”。

该书目次为：卷一《大孝》第一(合《大戴礼记》中的《曾子大孝》、《曾子事父母》、《曾子本孝》、《曾子立孝》五篇为一篇)，《至德要道》第二(即《孝经》)；卷二《养老》第三，《慎终》第四，《大学》第五；卷三《三省》第六，《立事》第七(即《大戴礼记》中的《曾子立事》)；卷四《制言》第八(即《大戴礼记》中的《制言》上、中、下三篇合为一篇)，《全节》第九，《兴仁》第十，《王言》第十一(即《大戴礼记》第三十九篇《王言》)，《闻见》第十二；卷五《吊丧》第十三，《礼问》第十四(即《大戴礼记》中的《曾子问》)；卷六《天圆》第十五(即《大戴礼记》中的《曾子天圆》)，《吾友》第十六，《有疾》第十七，《杂说》第十八。

《曾子家语》所辑资料是历代辑《曾子》中最全的。王氏采唐以前古籍 97 种，摘引资料除《大戴礼记》中的十篇与《王言》、《曾子问》及《孝经》、《大学》外，录自经、史、子、集及纬书等 180 余条，可以说“括囊以尽”。在摘录时，态度严肃，蒋伯潜说：“凡所引必注明出处，原书有异本者，不臆改。采用善本，必注明取此本之故。同一条并见于两种以上古书者，以较古之书为本文，较晚之书为附录。其搜辑之广，采录之慎，远在汪晫之上。”

卷二的《养老》、《慎终》，卷三的《三省》，卷四的《全节》、《兴仁》、《闻见》，卷五的《吊丧》，卷六的《吾友》、《有疾》及《杂说》诸篇，据《凡例》言，题目是“依古例以首章二字名篇，虽或不免于臆断，要之言以类萃，俾读者犁然不淆云”。《杂说》是编者将难入其他篇目的内容汇为一篇，故未遵从“以首章二字名篇”之例，其他都符合凡例之规，如《养老》首句：“孝子之养老也，乐其心，不违其志。”即取首句“养老”二字名篇；但说到“言以类萃”，则不尽然。《三省》一篇，将曾子论勇（“自反而不缩，虽褐宽博……”），“曾子居武城，有越寇”，“子夏见曾子”，“鲁人攻鄪”等与“吾日三省吾身”连类，《闻见》一篇，取“孝子言为可闻，行为可见”句为题，而将“曾参杀人”，“曾子之妻如市”等纳入其中，确有臆断之嫌。

附：

一、唐代魏征《群书治要》所引《曾子》

修身篇

曾子曰：“君子攻其恶求其过，强其所不能，去私欲，从事于义，可谓学矣。君子爱日以学，及时以行，难者弗避，易者弗从，唯义所在。日旦就业，夕而自省，思以没其身，可谓守业矣。君子学必由其业，问必以其序。问而不决，承间观色而复之。君子既学之，患其不博也；既博之，患其不习也；既习之，患其不知也；既知之，患其不能行也；既行之，患其不能以让也；君子之学，致此五者而已矣。君子博学而浅守之，微言而笃行之。行欲先人，言欲后人。见利思辱，见难思诟，嗜欲思耻，忿怒思患，君子终身守此战战也。君子己善，亦乐人之善也；己能，亦乐人之能也。君子好人之为善而弗趋也，恶人

之为不善而弗疾也。不先人以恶，不疑人以信，不说人之过，而成人之美。朝有过，夕改则与之；夕有过，朝改则与之。君子终日言，不在尤之中；小人一言，终身为罪矣。君子之于不善也，身勿为，可能也；色勿为，不可能也；心勿为，不可能也。太上乐善，其次安之，其下亦能自强也。太上不生恶，其次生而能夙绝之，其下复而能改。复而不改，殒身覆家，大者倾社稷。是故君子出言愕愕，行身战战，亦殆免于罪矣。昔者天子日旦思其四海之内，战战唯恐不能乂也；诸侯日旦思其四封之内，战战唯恐失损之也；大夫日旦思其官，战战唯恐不能胜也；庶人日旦思其事，战战唯恐刑罚之至也；是故临事而栗者，鲜不济矣。”

立孝篇

曾子曰：“君子立孝，其忠之用也，礼之贵也。故为人子而不能孝其父者，不敢言人父不能畜其子者；为人弟而不能承其兄者，不敢言人兄不能顺其弟者；为人臣而不能事其君者，不敢言人君不能使其臣者。故与父言，言畜子；与子言，言孝父；与兄言，言顺弟；与弟言，言承兄；与君言，言使臣；与臣言，言事君。君子之孝也，忠爱以敬，反是乱也。尽力而有礼，敬而安之，微谏不倦，听从不怠，欢欣忠信，咎故不生，可谓孝矣。尽力而无礼，则小人也；致敬而不忠，则不入也。是故礼以将其力，敬以入其忠。《诗》言：‘夙兴夜寐，毋忝尔所生。’不耻其亲，君子之孝也。是故未有君而忠臣可知者，孝子之谓也；未有长而顺下可知者，悌弟之谓也；未有治而能仕可知者，先修之谓也。故孝子善事君，悌弟善事长，君子壹孝壹悌，可谓知终矣。”

制言篇

曾子曰：“夫行也者，行礼之谓也。夫礼，贵者敬焉，老者孝焉，幼者慈焉，小者友焉，贱者惠焉，此礼也。弟子毋曰：‘不我知也。’鄙夫鄙妇相会于墙阴，可谓密矣，明日则或扬其言者。故士执仁与义而不闻，行之未笃也。故蓬生麻中，不扶乃直；白沙在泥，与之皆黑。是故人之相与也，譬如舟车然相济达也：己先则援之，彼先则推之。是故人非人不济，马非马不走，土非土不高，水非水不流"。弟子问于曾子曰："夫士何如则可为达矣？"曾子曰："不能则学，疑则问，欲行则比贤，虽有险道，修行达矣。今之弟子病下人，不知事贤，耻不知而又不问，是以惑暗终其世而已矣，是谓穷民。"

疾病篇

曾子曰："君子之务盖有矣。夫华繁而实寡者，天也；言多而行寡者，人也。鹰隼以山为庳而巢其上，鱼鳖黿鼍以川为浅而蹶穴其中，卒其所以得者，饵也。是故君子苟无以利害义，则辱何由至哉？亲戚不悦，不敢外交；近者不亲，不敢求远；小者不审，不敢言大。故人之生也，百岁之中，有疾病焉，故君子思其不可复者而先施焉。亲戚既殁，虽欲孝，谁为孝乎？年既耆艾，虽欲悌，谁为悌乎？故孝有不及，悌有不时，其此之谓与？言不远身，言之主也；行不远身，行之本也。言有主，行有本，谓之有闻也。君子尊其所闻，则高明矣；行其所闻，则广大矣。高明广大，不在于他，加之志而已矣。与君子游，苾乎如入兰芷之室，久而不闻，则与之化矣；与小人游，腻乎如入鱼次之室，久而不闻，则与之化矣。是故君子慎其所去就。与君子游，如长日加益，而不自知也；与小人游，如履薄冰，每履而下，几何而不陷乎哉？"

二、《曾子十篇》[1]

曾子立事

曾子曰：君子攻其恶，求其过，强其所不能，去私欲，从事于义，可谓学矣。

[1] 清阮元整理本。

君子爱日以学,及时以行。难者弗辟,易者弗从,唯义所在。日旦就业,夕而自省,思以没其身,亦可谓守业矣。

君子学必由其业,问必以其序。问而不决,承间观色而复之,虽不说,亦不强争也。

君子既学之,患其不博也;既博之,患其不习也;既习之,患其不知也;既知之,患其不能行也;既能行之,患其不能以让也。君子之学,致此五者而已矣。

君子博学而孱守之,微言而笃行之。行欲先人,言欲后人,君子终身守此悒悒。

行无求数,有名;事无求数,有成。身言之,后人扬之;身行之,后人秉之;君子终身守此惮惮。

君子不绝小,不殄微也。行自微也,不微人,人知之,则愿也;人不知,苟吾自知也;君子终身守此勿勿也。

君子祸之为患,辱之为畏,见善恐不得与焉,见不善者恐其及己也,是故君子疑以终身。

君子见利思辱,见恶思诟,嗜欲思耻,忿怒思患,君子终身守此战战也。

君子虑胜气,思而后动,论而后行,行必思言之,言之必思复之,思复之必思无悔言,亦可谓慎矣。

人信其言,从之以行;人信其行,从之以复;复宜其类,类宜其年,亦可谓外内合矣。

君子疑则不言,未问则不言,两问则不行其难者。

君子患难除之,财色远之,流言灭之,祸之所由生,自纤纤也,是故君子夙绝之。

君子己善,亦乐人之善也;己能,亦乐人之能也;己虽不能,亦不以援人。

君子好人之为善，而弗趣也；恶人之为不善，而弗疾也。疾其过而不补也，饰其美而不伐也，伐则不益，补则不改矣。

君子不先人以恶，不疑人以不信，不说人之过，而成人之美。存往者，在来者，朝有过夕改，则与之；夕有过朝改，则与之。

君子义则有常，善则有邻。见其一，冀其二；见其小，冀其大；苟有德焉，亦不求盈于人也。

君子不绝人之欢，不尽人之礼。来者不豫，往者不慎也；去之不谤，就之不赂；亦可谓忠矣。

君子恭而不难，安而不舒，逊而不谄，宽而不纵，惠而不俭，直而不径，亦可谓无私矣。

君子入人之国，不称其讳，不犯其禁，不服华色之服，不称惧惕之言。故曰：与其奢也，宁俭；与其倨也，宁句。可言而不信，宁无言也。君子终日言，不在尤之中；小人一言，终身为罪矣。

君子乱言而弗殖，神言弗致也，道远日益云。众信弗主，灵言弗与，人言不信，不和。

君子不唱流言，不折辞，不陈人以其所能。言必有主，行必有法，亲人必有方。多知而无亲，博学而无方，好多而无定者，君子弗与也。君子多知而择焉，博学而算焉，多言而慎焉。博学而无行，进给而不让，好直而径，俭而好僿者，君子不与也。夸而无耻，强而无惮，好勇而忍人者，君子不与也。亟达而无守，好名而无体，忿怒而为恶，足恭而口圣，而无常位者，君子弗与也。

巧言而无能，小行而笃，难为仁矣。嗜酤酒，好讴歌，巷游而乡居者乎！吾无望焉耳。出入不时，言语不序，安易而乐暴，惧之而不恐，说之而不听，虽有圣人，亦无若何矣。临事而不敬，居丧而不哀，

祭祀而不畏，朝廷而不恭，则吾无由知之矣。

三十四十之间而无艺，则无艺矣；五十而不以善闻，则无闻矣；七十而无德，虽有微过，亦可以勉矣。其少不讽诵，其壮不论议，其老不教诲，亦可谓无业之人矣。

少称不弟焉，耻也；壮称无德焉，辱也；老称无礼焉，罪也。过而不能改，倦也；行而不能遂，耻也；慕善人而不与焉，辱也；弗知而不问焉，固也；说而不能，穷也；喜怒异虑，惑也；不能行而言之，诬也；非其事而居之，矫也；道言而饰其辞，虚也；无益而厚受禄，窃也；好道烦言，乱也；杀人而不戚焉，贼也。

人言不善而不违，近于说其言；说其言，殆于以身近之也；殆于以身近之，殆于身之矣。人言善而色葸焉，近于不说其言；不说其言，殆于以身近之也；殆于以身近之，殆于身之矣。

故目者，心之浮也；言者，行之指也；作于中则播于外也。故曰：以其见者，占其隐者。故曰：听其言也，可以知其所好矣。观说之流，可以知其术也。久而复之，可以知其信矣。观其所爱亲，可以知其人矣。临惧之而观其不恐也，怒之而观其不惛也，喜之而观其不诬也，近诸色而观其不逾也，饮食之而观其有常也，利之而观其能让也，居哀而观其贞也，居约而观其不营也，勤劳之而观其不扰也。

君子之于不善也，身勿为可能也，色勿为不可能也；色也勿为可能也，心思勿为不可能也。太上乐善，其次安之，其下亦能自强也。仁者乐道，智者利道，愚者从，弱者畏，不愚不弱，执诬以强，亦可谓弃民矣。太上不生恶，其次而能夙绝之，其下复而能改。复而不改，殒身覆家，大者倾社稷。是故君子出言鄂鄂，行身战战，亦殆勉于罪矣。是故君子为小由为大也，居由仕也。备则未为备也，而勿虑存焉。事父可以事君，事兄可以事师长；使子犹使臣也，使弟犹使承嗣也；

能取朋友者，亦能取所予从政者矣。赐与其宫室，亦犹庆赏于国也；忿怒其臣妾，亦犹用刑罚于万民也；是故为善必自内始也。内人怨之，虽外人亦不能立也。

居上位而不淫，临事而栗者，鲜不济矣。先忧事者后乐事，先乐事者后忧事。昔者天子日旦思其四海之内，战战惟恐不能乂也；诸侯日旦思其四封之内，战战唯恐失损之也；大夫士日旦思其官，战战唯恐不能胜也；庶人日旦思其事，战战唯恐刑罚之至也。是故临事而栗者，鲜不济矣。

君子之于子也，爱而勿面也，使而勿貌也，导之以道而勿强也。宫中雍雍，外焉肃肃，兄弟憘憘，朋友切切，远者以貌，近者以情，友以立其所能，而远其所不能，苟无失其所守，亦可与终身矣。

曾子本孝

曾子曰：忠者，其孝之本与！孝子不登高，不履危，庳亦弗凭，不苟笑，不苟訾，隐不命，临不指，故不在尤之中也。孝子恶言死焉，流言止焉，美言兴焉，故恶言不出于口，烦言不及于己。

故孝子之事亲也，居易以俟命，不兴险行以徼幸。孝子游之，暴人违之。出门而使，不以或为父母忧也。险途隘巷，不求先焉，以爱其身，以不敢忘其亲也。

孝子之使人也，不敢肆行，不敢自专也。父死，三年不敢改父之道。又能事父之朋友，又能率朋友以助敬也。

君子之孝也，以正致谏；士之孝也，以德从命；庶人之孝也，以力恶食。任善，不敢臣三德。

故孝子之于亲也，生则有义以辅之，死则哀以莅焉，祭则莅之以敬。如此，而成于孝子也。

曾子立孝

曾子曰:君子立孝,其忠之用也,礼之贵也。故为人子而不能孝其父者,不敢言人父不能畜其子者;为人弟而不能承其兄者,不敢言人兄不能顺其弟者;为人臣而不能事其君者,不敢言人君不能使其臣者。故与父言,言畜子;与子言,言孝父;与兄言,言顺弟;与弟言,言承兄;与君言,言使臣;与臣言,言事君。

君子之孝也,忠爱以敬,反是乱也。尽力而有礼,庄敬而安之。微谏不倦,听从不怠,欢欣忠信,咎故不生,可谓孝矣。尽力而无礼,则小人也;致敬而不忠,则不入也。是故礼以将其力,敬以入其忠,饮食移味,居处温愉,著心于此,济其志也。

子曰:"可人也,吾任其过;不可人也,吾辞其罪。"《诗》云:"有子七人,莫慰母心。"子之辞也;"夙兴夜寐,无忝尔所生",言不自舍也。不耻其亲,君子之孝也。

是故未有君而忠臣可知者,孝子之谓也;未有长而顺下可知者,弟弟之谓也;未有治而能仕可知者,先修之谓也。故孝子善事君,弟弟善事长。君子壹孝壹弟,可谓知终矣。

曾子大孝

曾子曰:"孝有三:大孝尊亲,其次不辱,其下能养。"公明仪问于曾子曰:"夫子可谓孝乎?"曾子曰:"是何言与!是何言与!君子之所谓孝者,先意承志,谕父母以道。参直养者也,安能为孝乎!身者,亲之遗体也。行亲之遗体,敢不敬乎!故居处不庄,非孝也;事君不忠,非孝也;莅官不敬,非孝也;朋友不信,非孝也;战阵无勇,非孝也。五者不遂,灾及乎身,敢不敬乎!故烹熟鲜香,尝而进之,非孝也,养也。君子之所谓孝者,国人皆称愿焉,曰:'幸哉!有子如此!'所谓孝也。民之本教曰孝,其行之曰养。养可能也,敬为难;敬可能也，安为难；安可能也，久为难；久可能也，卒为难。父母既殁，慎行其身，不遗父母恶名，可谓能终也。夫仁者，仁此者也；义者，宜此者也；忠者，中此者也；信者，信此者也；礼者，体此者也；行者，行此者也；强者，强此者也。乐自顺此生，刑自反此作。夫孝者，天下之大经也。夫孝，置之而塞于天地，衡之而衡于四海，施诸后世，而无朝夕。推而放诸东海而准，推而放诸西海而准，推而放诸南海而准，推而放诸北海而准。《诗》云：'自西自东，自南自北，无思不服'，此之谓也。孝有三：大孝不匮，中孝用劳，小孝用力。博施备物，可谓不匮矣；尊仁安义，可谓用劳矣；慈爱忘劳，可谓用力矣。父母爱之，喜而不忘；父母恶之，惧而无怨；父母有过，谏而不逆。父母既殁，以哀祀之，加之如此，谓礼终矣。"

乐正子春下堂而伤其足，伤瘳，数月不出，犹有忧色。门弟子问曰："夫子伤足瘳矣，数月不出，犹有忧色，何也？"乐正子春曰："善如尔之问也。吾闻之曾子，曾子闻诸夫子曰：'天之所生，地之所养，人为大矣，父母全而生之，子全而归之，可谓孝矣；不亏其体，可谓全矣。'故君子顷步之不敢忘也。今予忘夫孝之道矣，予是以有忧色。"故君子一举足不敢忘父母，一出言不敢忘父母。一举足不敢忘父母，故道而不径，舟而不游，不敢以先父母之遗体行殆也；一出言不敢忘父母，是故恶言不出于口，忿言不及于己；然后不辱其身，不忧其亲，则可谓孝矣。

草木以时伐焉，禽兽以时杀焉。夫子曰："伐一木，杀一兽，不以其时，非孝也。"

曾子事父母

单居离问于曾子曰："事父母有道乎？"

曾子曰："有。爱而敬。父母之行，若中道则从，若不中道则谏，

谏而不用，行之如由己。从而不谏，非孝也；谏而不从，亦非孝也。孝子之谏，达善而不敢争辩。争辩者，作乱之所由兴也。由己为无咎则宁，由己为贤人则乱。孝子无私忧、无私乐，父母所忧忧之，父母所乐乐之。孝子唯巧变，故父母安之。若夫坐如尸，立如齐，弗讯不言，言必齐色，此成人之善者也，未得为子之道也。”

单居离问曰：“事兄有道乎？”

曾子曰：“有。尊事之，以为己望也；兄事之，不遗其言。兄之行若中道，则兄事之；兄之行若不中道，则养之。养之内，不养于外，则是越之也；养之外，不养于内，则是疏之也；是故君子内外养之也。”

单居离问曰：“使弟有道乎？”

曾子曰：“有。嘉事不失时也。弟之行若中道，则正以使之；弟之行若不中道，则兄事之。诎事兄之道，若不可，然后舍之矣。”

曾子曰：“夫礼，大之由也，不与小之自也。饮食以齿，力事不让；辱事不齿，执觞觚杯豆而不醉，和歌而不哀。夫弟者，不衡坐，不苟越，不干逆色，趋翔周旋，俯仰从命，不见于颜色，未成于弟也。”

曾子制言（上）

曾子曰：“夫行也者，行礼之谓也。夫礼，贵者敬焉，老者孝焉，幼者慈焉，少者友焉，贱者惠焉。此礼也，行之则行也，立之则义也。今之所谓行者，犯其上，危其下，衡道而强立之。天下无道故若，天下有道，则有司之所求也。故君子不贵兴道之士，而贵有耻之士也。若由富贵兴道者与贫贱，吾恐其或失也；若由贫贱兴道者与富贵，吾恐其羸骄也。夫有耻之士，富而不以道，则耻之；贫而不以道，则耻之。弟子毋曰：‘不我知也’。鄙夫鄙妇相会于墙阴，可谓密矣，明日则或扬其言矣。故士执仁与义而明行之，未笃故也，胡为其莫之闻也？杀六畜不当，及亲，吾信之矣；使民不时，失国，吾信之矣。故蓬生麻中，不扶自直；白沙在泥，与之皆黑。是故人之相与也，譬如舟车然相济达也，己先则援之，彼先则推之。是故人非人不济，马非马不走，土非土不高，水非水不流。君子之为弟也，行则为人负，无席则寝其趾，使之为夫人则否。近市无贾，在田无野，行无据旅，苟若此，则夫杖可因笃焉。富以苟不如贫以誉，生以辱不如死以荣。辱可避，避之而已矣；及其不可避也，君子视死若归。父母之仇，不与同生；兄弟之仇，不与聚国；朋友之仇，不与聚乡；族人之仇，不与聚邻。良贾深藏如虚，君子有盛教如无。”

弟子问于曾子曰：“夫士何如则可以为达矣？”曾子曰：“不能则学，疑则问，欲行则比贤，虽有险道，循行达矣。今之弟子，病下人，不知事贤，耻不知而又不问，欲作则其知不足，是以惑暗，惑暗终其世而已矣，是谓穷民也。”

曾子门弟子或将之晋，曰：“吾无知焉。”曾子曰：“何必然！往矣。有知焉谓之友，无知焉谓之主。且夫君子执仁立志，先行后言，千里之外，皆为兄弟。苟是之不为，则虽汝亲，庸孰能亲汝乎！”

曾子制言(中)

曾子曰：君子进则能达，退则能静。岂贵其能达哉，贵其有功也；岂贵其能静哉，贵其能守也。夫唯进之何功，退之何守，是故君子进退有二观焉。故君子进则能益上之誉，而损下之忧；不得志，不安贵位，不怀厚禄，负耜而行道，冻饿而守仁，则君子之义也。有知之，则愿也；莫之知，苟吾自知也。吾不仁其人，虽独也，吾弗亲也。故周公曰：不如我者，吾不与处，损我者也；与吾等，吾不与处，无益我者也；吾所与处者，必贤于我。故君子不假贵而取宠，不比誉而取食，直行而取礼，比说而取友。有说我则愿也，莫我说，苟吾自说也。故君子无悒悒于贫，无勿勿于贱，无惮惮于不闻，布衣不完，疏食不

饱，蓬户穴牖，日孜孜上仁，知我，吾无欣欣；不知我，吾无悒悒。是以君子直言直行，不宛言而取富，不屈行而取位。畏之见逐，智之见杀，固不难；诎身而为不仁，宛言而为不智，则君子弗为也。君子虽言不受必忠，曰道；虽行不受必忠，曰仁；虽谏不受必忠，曰智。天下无道，循道而行，衡涂而偾，手足不掩，四支不被。《诗》云："行有死人，尚或墐之。"则此非士之罪也，有士者之羞也。是故君子以仁为尊。天下之为富，何为富？则仁为富也；天下之为贵，何为贵？则仁为贵也。昔者，舜匹夫也，土地之厚，则得而有之；人徒之众，则得而使之：舜唯以得之也。是故君子将说富贵，必勉于仁也。昔者，伯夷、叔齐，仁者也，死于沟浍之间，其仁成名于天下。夫二子者，居河济之间，非有土地之厚，货粟之富也；言为文章，行为表缀于天下。是故君子思仁义，昼则忘食，夜则忘寐，日旦就业，夕而自省，以殁其身，亦可谓守业矣。

曾子制言（下）

曾子曰：天下有道，则君子欣然以交同；天下无道，则衡言不革。诸侯不听，则不干其土；听而不贤，则不践其朝。是以君子不犯禁而入人境，不通患而出危邑，则秉德之士不谄矣。故君子不谄富贵，以为己说；不乘贫贱，以居己尊。凡行不义，则吾不事；不仁，则吾不长。奉相仁义，则吾与之聚群；向尔寇盗，则吾与虑。国有道则突若入焉，国无道则突若出焉，如此之谓义。夫有世义者哉？曰："仁者殆，恭者不入，慎者不见使，正直者则迩於刑，弗违则殆于罪。是故君子错在高山之上，深泽之污，聚橡栗藜藿而食之生，耕稼以老十室之邑。是故昔者禹见耕者五耦而式，过十室之邑则下，为秉德之士存焉。"

曾子疾病

曾子疾病，曾元抑首，曾华抱足。曾子曰："微乎！吾无夫颜氏之言，吾何以语汝哉！然而君子之务，盖有之矣。夫华繁而实寡者，天也；言多而行寡者，人也。鹰隼以山为卑，而增巢其上，鱼鳖鼋鼍以渊为浅，而蹶穴其中，卒所以得之者，饵也。是故君子苟无以利害义，则辱何由至哉！亲戚不悦，不敢外交；近者不亲，不敢求远；小者不审，不敢言大。故人之生也，百岁之中，有疾病焉，有老幼焉，故君子思其不可复者而先施焉。亲戚既殁，虽欲孝，谁为孝乎？年既耆艾，虽欲弟，谁为弟乎？故孝有不及，弟有不时，其此之谓与？言不远身，言之主也；行不远身，行之本也。言有主，行有本，谓之有闻矣。君子尊其所闻，则高明矣；行其所闻，则广大矣。高明广大，不在于他，在加之意而已矣。与君子游，苾乎如入兰芷之室，久而不闻，则与之化矣；与小人游，贷乎如入鲍鱼之次，久而不闻，则与之化矣。是故君子慎其所去就。与君子游，如长日加益，而不自知也；与小人游，如履薄冰，每履而下，几何而不陷乎哉！吾不见好学盛而不衰者矣，吾不见好教如食疾子矣，吾不见日省而月考之其友者矣，吾不见孜孜而与来而改者矣。"

曾子天圆

单居离问于曾子曰："天圆而地方者，诚有之乎？"

曾子曰："离！而闻之云乎？"

单居离曰："弟子不察，此以敢问也。"

曾子曰："天之所生上首，地之所生下首。上首之谓圆，下首之谓方。如诚天圆而地方，则是四角之不掩也。且来，吾语汝。参尝闻之夫子曰：天道曰圆，地道曰方，方曰幽，圆曰明。明者，吐气者也，是故外景；幽者，含气者也，是故内景。故火日外景，而金水内景。吐

气者施，而含气者化，是以阳施而阴化也。阳之精气曰神，阴之精气曰灵。神灵者，品物之本也，而礼乐仁义之祖也，而善否治乱所兴作也。阴阳之气各从其所，则静矣。偏则风，俱则雷，交则电，乱则雾，和则雨。阳气胜则散为雨露，阴气胜则凝为霜雪。阳之专气为雹，阴之专气为霰；霰、雹者，一气之化也。毛虫毛而后生，羽虫羽而后生，毛羽之虫，阳气之所生也。介虫介而后生，鳞虫鳞而后生，介鳞之虫，阴气之所生也。唯人为倮匈而后生也，阴阳之精也。毛虫之精者曰麟，羽虫之精者曰凤，介虫之精者曰龟，鳞虫之精者曰龙，倮虫之精者曰圣人。龙非风不举，龟非火不兆，此皆阴阳之际也。兹四者，所以圣人役之也。是故圣人为天地主，为山川主，为鬼神主，为宗庙主。圣人慎守日月之数，以察星辰之行，以序四时之顺逆，谓之历；截十二管，以宗八音之上下清浊，谓之律也。律居阴而治阳，历居阳而治阴，律历迭相治也，其间不容发。圣人立五礼以为民望，制五衰以别亲疏，和五声之乐以导民气，合五味之调以察民情，正五色之位，成五谷之名。序五牲之先后贵贱，诸侯之祭牲牛，曰太牢；大夫之祭牲羊，曰少牢；士之祭特牲豕，曰馈食。无禄者稷馈，稷馈者无尸，无尸者厌也。宗庙曰刍豢，山川曰牺牷，割列禳瘗，是有五牲。此之谓品物之本，礼乐之祖，善否治乱之所由兴作也。”

三、曾子言论辑录

按：战国、秦汉至魏晋南北朝时期的一些著作中，引有曾子的一些言论而不见于《曾子十篇》者，包括《论语》中数条，可视为佚文；有些见于《曾子十篇》，则可见其流传与影响，一并辑之。

《论语》

曾子曰:“吾日三省吾身——为人谋而不忠乎?与朋友交而不信乎?传不习乎?”(《学而》)

曾子曰:“慎终追远,民德归厚矣。”(《学而》)

子曰:“参乎!吾道一以贯之。”曾子曰:“唯。”

子出,门人问曰:“何谓也?”曾子曰:“夫子之道,忠恕而已矣。”(《里仁》)

曾子有疾,召门弟子曰:“启予足!启予手!《诗》云:‘战战兢兢,如临深渊,如履薄冰。’而今而后,吾知免夫!小子!”(《泰伯》)

曾子有疾,孟敬子问之。曾子言曰:“鸟之将死,其鸣也哀;人之将死,其言也善。君子所贵乎道者三:动容貌,斯远暴慢矣;正颜色,斯近信矣;出辞气,斯远鄙倍矣。笾豆之事,则有司存。”(《泰伯》)

曾子曰:“以能问于不能,以多问于寡;有若无,实若虚,犯而不校。昔者吾友尝从事于斯矣。”(《泰伯》)

曾子曰:“可以托六尺之孤,可以寄百里之命,临大节而不可夺也。君子人与?君子人也。”(《泰伯》)

曾子曰:“士不可以不弘毅,任重而道远。仁以为己任,不亦重乎?死而后已,不亦远乎?”(《泰伯》)

曾子曰:“君子以文会友,以友辅仁。”(《颜渊》)

曾子曰:“君子思不出其位。”(《宪问》)

曾子曰:“堂堂乎张也,难与并为仁矣。”(《子张》)

曾子曰:“吾闻诸夫子:人未有自致者也,必也亲丧乎!”(《子张》)

曾子曰:“吾闻诸夫子:孟庄子之孝也,其他可能也;其不改父之臣与父之政,是难能也。”(《子张》)

孟氏使阳肤为士师，问于曾子。曾子曰："上失其道，民散久矣。如得其情，则哀矜而勿喜！"（《子张》）

《孟子》

曾子曰："戒之戒之！出乎尔者，反乎尔者也。"（《梁惠王下》）

昔者曾子谓子襄曰："子好勇乎？吾尝闻大勇于夫子矣：自反而不缩，虽褐宽博，吾不惴焉；自反而缩，虽千万人，吾往矣。"（《公孙丑上》）

曾子曰："晋楚之富，不可及也；彼以其富，我以吾仁；彼以其爵，我以吾义。吾何慊乎哉？"（《公孙丑下》）

昔者孔子没，三年之外，门人治任将归，入揖於子贡，相向而哭，皆失声，然后归。子贡反，筑室于场，独居三年，然后归。他日，子夏、子张、子游以有若似圣人，欲以所事孔子事之，强曾子。曾子曰："不可，江汉以濯之，秋阳以暴之，皓皓乎不可尚已。"（《滕文公上》）

曾子居武城，有越寇。或曰："寇至，盍去诸？"曰："无寓人于我室，毁伤其薪木。"寇退，则曰："修我墙屋，我将反。"（《离娄下》）

曾子曰："父母爱之，喜而不忘；父母恶之，劳而不怨。"（《万章上》）

《庄子》

曾子再仕而心再化，曰："吾及亲仕，三釜而心乐；后仕，三千钟而不洎，吾心悲。"（《寓言》）

《荀子》

曾子曰："是其庭可以搏鼠，恶能与我歌矣！"（《解蔽》）

曾子曰："孝子言为可闻，行为可见。言为可闻，所以说远也；行为可见，所以说近也；近者说则亲，远者说则附。亲近而附远，孝子

之道也。”(《大略》)

曾子食鱼,有余。曰:“泔之。”门人曰:“泔之伤人,不若奥之。”曾子泣涕曰:“有异心乎哉!”伤其闻之晚也。(《大略》)

曾子曰:“无内人之疏而外人之亲。无身不善而怨人。无刑已至而呼天。内人之疏而外人之亲,不亦远乎!身不善而怨人,不亦反乎!刑已至而呼天,不亦晚乎!《诗》曰:‘涓涓源水,不雍不塞。毂已破碎,乃大其辐。事已败矣,乃重大息。’其云益乎!”(《法行》)

曾子曰:“同游而不见爱者,吾必不仁也;交而不见敬者,吾必不长也;临财而不见信者,吾必不信也。三者在身曷怨人!怨人者穷,怨天者无识。失之己而反诸人,岂不亦迂哉!”(《法行》)

《韩非子》

曾子之妻之市,其子随之而泣,其母曰:“女还,顾反为女杀彘。”妻适市来,曾子欲捕彘杀之,妻止之曰:“特与婴儿戏耳。”曾子曰:“婴儿非与戏也。婴儿非有知也,待父母而学者也,听父母之教。今子欺之,是教子欺也。母欺子,子而不信其母,非以成教也。”遂烹彘也。(《外储说左上》)

《吕氏春秋》

曾子曰:“君子行于道路,其有父可知也,其有师可知也。夫无父而无师者,余若夫何哉!”(《孟夏记》)

曾子曰:“先王之所以治天下者五:贵德,贵贵,贵老,敬长,慈幼。此五者,先王之所以定天下也。所谓贵德,为其近于圣也。所谓贵贵,为其近于君也。所谓贵老,为其近于亲也。所谓敬长,为其近于兄也。所谓慈幼,为其近于弟也。”(《孝行》)

曾子曰:“父母生之,子弗敢杀。父母置之,子弗敢废。父母全之,子弗敢阙。故舟而不游,道而不径,能全支体,以守宗庙,可谓孝

矣。养有五道：修宫室，安床笫，洁饮食，养体之道也；树五色，施五采，列文章，养目之道也；正六律，和五声，杂八音，养耳之道也；熟五谷，烹六畜，和煎调，养口之道也；和颜色，说言语，敬进退，养志之道也。此五者代进而厚用之，可谓善养矣。"（《孝行》）

《淮南子》

曾子曰："击舟水中，鸟闻之而高翔，鱼闻之而渊藏。"（《齐俗训》）

《礼记》

曾子曰："朋友之墓，有宿草而不哭焉。"（《檀弓》上）

曾子寝疾，病。乐正子春坐于床下，曾元、曾申坐于足。童子隅坐而执烛。童子曰："华而睆，大夫之箦与？"子春曰："止！"曾子闻之，瞿然曰："呼！"曰："华而睆，大夫之箦与？"曾子曰："然，斯季孙之赐也，我未之能易也。元起易箦。"曾元曰："夫子之病革矣，不可以变。幸而至于旦，请敬易之。"曾子曰："尔之爱我也不如彼。君子之爱人也以德，细人之爱人也以姑息。吾何求哉？吾得正而毙焉，斯已矣。"举扶而易之。反席未安而没。（《檀弓》上）

曾子曰："始死之奠，其余阁也与。"（《檀弓》上）

曾子曰："小功不为位也者，是委巷之礼也。子思之哭嫂也为位，妇人倡踊。申祥之哭言思也亦然。"（《檀弓》上）

曾子谓子思曰："及！吾执亲之丧也，水浆不入于口者七日。"子思曰："先王之制礼也，过之者俯而就之，不至焉者，支而及之。故君子之执亲之丧也，水浆不入于口者三日，杖而后能起。"（《檀弓》上）

曾子曰："小功不税，则是远兄弟终无服也，而可乎？"（《檀弓》上）

曾子曰："丧有疾，食肉饮酒，必有草木之滋焉。"以为姜桂之谓也。（《檀弓》上）

子夏丧其子而丧其明。曾子吊之，曰："吾闻之也，朋友丧明则哭之。"曾子哭，子夏亦哭，曰："天乎！予之无罪也。"曾子怒，曰："商！女何无罪也？吾与女事夫子于洙、泗之间，退而老于西河之上，使西河之民疑女于夫子，尔罪一也。丧尔亲，使民未有闻焉，尔罪二也。丧尔子，丧尔明，尔罪三也。而曰女何无罪与！"子夏投其杖而拜，曰："吾过矣，吾过矣！吾离群而索居，亦已久矣。"（《檀弓》上）

曾子吊于负夏。主人既祖，填池，推柩而反之，降妇人而后行礼。从者曰："礼与？"曾子曰："夫祖者，且也。且，胡为其不可以反宿也？"从者又问诸子游曰："礼与？"子游曰："饭于牖下，小敛于户内，大敛于阼，殡于客位，祖于庭，葬于墓，所以及远也。故丧事有进而无退。"曾子闻之，曰："多矣乎，予出祖者！"

曾子袭裘而吊，子游裼裘而吊。曾子指子游而示人曰："夫夫也，为习于礼者，如之何其裼裘而吊也？"主人既小敛，袒，括发，子游趋而出，袭裘带绖而入。曾子曰："我过矣，我过矣！夫夫是也！"（《檀弓》上）

曾子与客立于门侧，其徒趋而出。曾子曰："尔将何之？"曰："吾父死，将出哭于巷"。曰："反，哭于尔次。"曾子北面而吊焉。（《檀弓》上）

有子问于曾子曰："问丧于夫子乎？"曰："闻之矣：丧欲速贫，死欲速朽。"

有子曰："是非君子之言也。"曾子曰："参也闻诸夫子也。"有子又曰："是非君子之言也。"曾子曰："参也与子游闻之。"有子曰："然，然则夫子有为言之也。"曾子以斯言告于子游，子游曰："甚哉，有子之言似夫子也！昔者夫子居于宋，见桓司马自为石椁，三年而

不成。夫子曰:‘若是其靡也,死不如速朽之愈也。’死之欲速朽,为桓司马言之也。南宫敬叔反,必载宝而朝。夫子曰:‘若是其货也,丧不如速贫之愈也。’丧之欲速贫,为敬叔言之也。”曾子以子游之言告于有子,有子曰:“然。吾固曰非夫子之言也。”曾子曰:“子何以知之?”有子曰:“夫子制于中都,四寸之棺,五寸之椁,以斯知不欲速朽也。昔者夫子失鲁司寇,将之荆,盖先之以子夏,又申之以冉有,以斯知不欲速贫也。”(《檀弓》上)

仲宪言于曾子曰:“夏后氏用明器,示民无知也。殷人用祭器,示民有知也。周人兼用之,示民疑也。”曾子曰:“其不然乎!其不然乎!夫明器,鬼器也;祭器,人器也;夫古之人胡为而死其亲乎?”(《檀弓》上)

曾子曰:“尸未设饰,故帷堂,小敛而撤帷。”仲梁子曰:“夫、妇方乱,故帷堂,小敛而撤帷。”

小敛之奠,子游曰:“于东方。”曾子曰:“于西方,敛斯席矣。”小敛之奠在西方,鲁礼之末失也。(《檀弓》上)

宋襄公葬其夫人,醯醢百瓮。曾子曰:“既曰明器矣,而又实之。”孟献子之丧,司徒旅归四布。夫子曰:“可也。”

读赗,曾子曰:“非古也,是再告也。”(《檀弓》上)

子张死,曾子有母之丧,齐衰而往哭之。或曰:“齐衰不以吊。”曾子曰:“我吊也与哉?”(《檀弓》下)

曾子曰:“晏子可谓知礼也已,恭敬之有焉。”有若曰:“晏子一狐裘三十年,遣车一乘,及墓而反。国君七个,遣车七乘;大夫五个,遣车五乘。晏子焉知礼?”曾子曰:“国无道,君子耻盈礼焉。国奢,则示之以俭;国俭,则示之以礼。”(《檀弓》下)

哀公使人吊蒉尚,遇诸道,辟于路,画宫而受吊焉。曾子曰:“蒉尚不如杞梁之妻之知礼也！”齐庄公袭莒于夺，杞梁死焉。其妻迎其柩于路而哭之哀，庄公使人吊之。对曰：“君之臣不免于罪，则将肆诸市朝，而妻妾执。君之臣免于罪，则有先人之敝庐在。君无所辱命。”（《檀弓》下）

齐大饥，黔敖为食于路，以待饿者而食之。有饿者蒙袂辑屦，贸贸然来。敖左奉食，右执饮，曰：“嗟！来食！”扬其目而视之，曰：“予唯不食嗟来之食，以至于斯也！”从而谢焉，终不食而死。曾子闻之，曰：“微与！其嗟也可去，其谢也可食。”（《檀弓》下）

周坐尸，诏侑武方，其礼亦然，其道一也；夏立尸而卒祭；殷坐尸。周旅酬六尸，曾子曰：“周礼其犹醵与！”（《礼器》）

曾子曰：“孝子之养老也，乐其心，不违其志；乐其耳目，安其寝处，以其饮食忠养之。孝子之身终，终身也者，非终父母之身，终其身也。是故父母之所爱亦爱之，父母之所敬亦敬之，至于犬马尽然，而况于人乎！”（《内则》）

子羔之袭也，茧衣裳，与税衣纁袡为一，素端一，皮弁一，爵弁一，玄冕一。曾子曰：“不袭妇服。”（《杂记》上）

或问于曾子曰：“夫既遣而包其余，犹既食而裹其余与？君子既食则裹其余乎？”曾子曰：“吾子不见大飨乎？夫大飨，既飨，卷三牲之俎归于宾馆。父母而宾客之，所以为哀也。子不见大飨呼？”（《杂记》下）

曾申问于曾子曰：“哭父母有常声乎？”曰：“中路婴儿失其母焉，何常声之有？”（《杂记》下）

曾子曰：“十目所视，十手所指，其严乎！”（《大学》）

《韩诗外传》

曾子曰：“君子有三言，可贯而佩之。一曰无内疏而外亲，二曰身不善而怨他人，三曰患至而后呼天。”子贡曰：“何也？”曾子曰：

"内疏而外亲,不亦反乎?身不善而怨他人,不亦远乎?患至而后呼天,不亦晚乎?"诗曰:"其泣矣,嗟何及矣!"(《卷二·第九章》)

曾子曰:"往而不可还者亲也。至而不可加者年也。是故孝子欲养,而亲不待也。木欲直,而时不待也。是故椎牛而祭墓,不如鸡豚逮亲存也。故吾尝仕齐为吏,禄不过钟釜,尚犹欣欣而喜者,非以为多也,乐其逮亲也。既没之后,吾尝南游于楚,得尊官焉,堂高九仞,榱题三围,转毂百乘,犹北向而泣涕者,非为贱也,悲不逮吾亲也。故家贫亲老,不择官而仕。若夫信其志,约其亲者,非孝也。"《诗》曰:"有母之尸雍。"(《卷七·第七章》)

曾子有过,曾皙引杖击之。仆地,有间乃苏,起曰:"先生得无病乎?"鲁人贤曾子,以告夫子。夫子告门人:"参来勿内也。"曾子自以为无罪,使人谢夫子。夫子曰:"汝不闻昔者舜为人子乎?小棰则待,大杖则逃。索而使之,未尝不在侧;索而杀之,未尝可得。今汝委身以待暴怒,拱立不去,汝非王者之民邪?杀王者之民,其罪何如?"《诗》曰:"优哉柔哉,亦是戾矣。"又曰:"载色负笑,匪怒伊教。"(《卷八·第二十五章》)

子夏过曾子,曾子曰:"入食。"子夏曰:"不为公费乎?"曾子曰:"君子有三费,饮食不在其中。君子有三乐,钟磬琴瑟不在其中。"子夏曰:"敢问三乐。"曾子曰:"有亲可畏,有君可事,有子可遗,此一乐也。有亲可谏,有君可去,有子可怒,此二乐也。有君可喻,有友可助,此三乐也。"子夏曰:"敢问三费。"曾子曰:"少而学,长而忘之,此一费也。事君有功,而轻负之,此二费也。久交友而中绝之,此三费也。"子夏曰:"善哉!谨身事一言,愈于终身之诵,而事一士,愈于治万民之功。夫知人者不可以不知,何也?吾尝卤焉吾田,綦岁不收。土莫不然,何况于人乎?与人以实,虽疏必密。与人以虚,虽戚必疏。夫实之与实，如胶如漆。虚之与虚，如薄冰之见昼日，君子可不留意哉！”《诗》曰：“神之听之，终和且平。”(《卷九·第二十五章》)

《说苑》

曾子衣弊衣以耕，鲁君使人往致邑焉，曰：“请以此修衣。”曾子不受。反复往，又不受。使者曰：“先生非求于人，人则献之，奚为不受？”曾子曰：“臣闻之，受人者畏人，予人者骄人，纵君有赐，不我骄也，我能勿畏乎？”终不受。孔子闻之曰：“参之言，足以全其节也。”(《立节》)

鲁人攻鄪，曾子辞于鄪君曰：“请出，寇罢而后复来。请姑毋使狗豕入吾舍。”鄪君曰：“寡人之于先生也，人无不闻。今鲁人攻我而先生去我，我胡守先生之舍？”鲁人果攻鄪而数之罪十，而曾子之所争者九。鲁师罢，鄪君复修曾子舍而后迎之。(《尊贤》)

曾子有疾，曾元抱首，曾华抱足。曾子曰：“吾无颜氏之才，何以告汝？虽无能，君子务益。夫华多实少者，天也；言多行少者，人也。夫飞鸟以山为卑而层巢其巅，鱼鳖以渊为浅而穿穴其中，然所以得者，饵也。君子苟能无以利害身，则辱安从至乎？官怠于宦成，病加于少愈，祸生于懈惰，孝衰于妻子。察此四者，慎终如始。”《诗》云：“靡不有初，鲜克有终。”(《敬慎》)

曾子曰：“狎甚则相简也，庄甚则不亲。是故君子之狎足以交欢，庄足以成礼而已。”(《说丛》)

曾子曰：“入是国也，言信乎群臣，则留可也；忠行乎群臣，则仕可也；泽施乎百姓，则安可也。”(《说丛》)

曾子曰：“响不辞声，鉴不辞形，君子正一而万物皆成。夫行非为影也而影随之，呼非为响也而响和之。故君子功先成而名随之。”(《杂言》)

曾子曰："吾闻夫子之三言，未之能行也。夫子见人之一善而忘其百非，是夫子之易事也；夫子见人有善，若己有之，是夫子之不争也；闻善必躬亲行之，然后道之，是夫子之能劳也。夫子之能劳也，夫子之不争也，夫子之易事也，吾学夫子之三言而未能行。"（《杂言》）

公孟子高见颛孙子莫曰："敢问君子之礼何如？"颛孙子莫曰："去尔外厉与尔内，色胜而心自取之，去三者而可矣。"公孟不知，以告曾子，曾子愀然逡巡曰："大哉言乎！夫外厉者必内折，色胜而心自取之者，必为人役。是故君子德行成而容不知，闻识博而辞不争，知虑微达而能不愚。"（《修文》）

曾子有疾，孟仪往问之。曾子曰：鸟之将死，必有悲声，君子集大辟，必有顺辞，礼有三仪，知之乎？"对曰："不识也。"曾子曰："坐，吾语汝。君子修礼以立志，则贪欲之心不来；君子思礼以集身，则怠惰慢易之节不至；君子修礼以仁义，则忿争暴乱之辞远。若夫置尊俎，列笾豆，此有司之事也，君子虽勿能，可也。"（《修文》）

《尸子》

曾子曰："取人者必畏，与人者必骄。今说者怀畏，而听者怀骄。以此行义，不亦难乎。非求贤务士，而能致大名于天下者，未之尝闻也。夫士不可妄致也，覆巢破卵，则凤凰不至焉。刳胎焚夭，则麒麟不往焉。竭泽漉鱼，则神龙不下焉。夫禽兽之愚而不可妄致也，而况于火食之民乎！是故曰，待士不敬，举士不信，则善士不往焉。听言耳不瞿，视听不深，则善言不往焉。"（《明堂》）

《白虎通》

《礼·曾子记》曰："大辱加于身，支体毁伤，即君不臣、士不交、祭不得为昭穆之尸、食不得昭穆之牲、死不得昭穆之域也。弟子为师服者，弟子有君臣、父子、朋友之道也。故生则尊敬而亲之，死则

哀痛之。恩深义重，故为之隆服。入则绖，出则否。”（《丧服》）

《中论》

曾子曰：“或言予之善，予惟恐其闻。或言予之不善，惟恐过而见予之鄙色焉。故君子服过也，非徒饰其辞而已。诚发乎中心，形乎容貌，其爱之也深，其更之也速，如追兔惟恐不逮，故有进业无退功。”《诗》曰：“相彼脊令，载飞载鸣。我日斯迈，而月斯征。”迁善不懈之谓也。（《贵验》）

曾子曰：“人而好善，福虽未至，祸其远矣。人而不好善，祸虽未至，福其远矣。”（《修本》）

《孔丛子》

曾子谓子思曰：“昔者，吾从夫子游于诸侯，夫子未尝失人臣之礼，而犹圣道不行。今吾观子，有傲世主之心，无乃不容乎？”子思曰：“时移世异，各有宜也。当吾先君，周制虽毁，君臣固位，上下相持，若一体然。夫欲行其道，不执礼以求之，则不能入也。今天下诸侯方欲力争，竞招英雄以自辅翼，此乃得士则昌，失士则亡之秋也。及于此时不自高，人将下吾；不自贵，人将贱吾。舜、禹揖让，汤、武用师，非故相诡，乃各时也。”（《居卫》）

《博物志》

曾子曰：“好我者，知我美矣；恶我者，知我恶矣。”（《杂说》上）

曾子曰：“弟子不学古知之矣。贫者不胜其忧，富者不胜其乐。”（《杂说》上）

《金楼子》

曾子曰：“患身之不善，不患人之莫知已。”（《立言》）

曾子曰：“昔楚人掩口而言欲以说王，王以为慢，遂加之诛。”（《立言》）

第二章 《孝经》

《孝经》一书在中国思想史上有着不容忽视的地位。特别是自汉文帝立《孝经》博士、汉代统治者宣传“以孝治天下”的思想以后，在漫长的封建社会里，它成为人们修身的必备教科书。但关于《孝经》的作者却众说纷纭，约有以下六说[1]：孔子自作，曾参自作，孔子与曾参共作，七十子之徒作，曾参门人作，汉儒假托。

孔子作《孝经》　《汉书·艺文志》说：“《孝经》者，孔子为曾子陈孝道也。”对于班固的这一记载，郑玄《六艺论》申述说：“孔子以六艺题目不同，指意殊别，恐道离散，后世莫知根源，故作《孝经》以总会之。”唐代史学家刘知几在《史通》中引用汉代纬书《孝经援神契》等的说法：“孔子曰：‘吾志在《春秋》，行在《孝经》。’于是授《春秋》于丘明，授《孝经》于曾子。”对“孔子为曾子陈孝道”而写《孝经》，宋代为《孝经》作疏的邢昺引刘炫《〈孝经〉述义》提出了不同看法：“炫谓孔子自作《孝经》，非曾子请业而对也。……因弟子有请业之道，师儒有教诲之谊，故假弟子之言，以为对扬之体，非曾子实有此问也。”明人姚舜牧《孝经疑问》指出：“余读《孝经》，大都出孔子口吻，而汉儒不无附会其间。如‘则天之经，因地之利，以顺天下’，‘是以其教不肃而成，其政不严而治’以下等语，似类汉儒之言。且各章皆引《诗》、《书》为结，与《韩诗外传》、《天禄阁外史》相类。”

[1] 宋人王应麟《困学纪闻》称，冯氏曰：“子思作《孝经》，追述其祖之说乃称字，是书当成子思之手。”“子思作《孝经》”一说后无赞成者，不单列。

曾子作《孝经》　《史记·仲尼弟子列传》关于曾参情况介绍说:"孔子以为能通孝道,故授之业。作《孝经》。"[1]元人熊禾为董鼎《孝经大义》一书作序称:"孔门之学惟曾氏得其宗。曾氏之书有二,曰《大学》,曰《孝经》。"

孔子、曾参合作　明人吕维祺作《孝经或问》。有人问孔子为什么只把《孝经》传给曾子,吕氏回答说:"曾子平日笃实,又能纯心行孝。此道非曾子不能传,故因闲居而谆谆言之,曾子退而笔记之也。然必有经孔子之笔削者。《史记·曾子传》云:孔子以曾参通孝道,与之共著《孝经》,近是。或谓孔子假曾子之问而自著之,或谓曾子之门人为之,皆非。"

七十子之徒作　清人毛奇龄承认《孝经》是孔子的书,但他认为:"旧谓《孝经》夫子所作以授曾子,又谓夫子口授曾子,俱无此事。此仍是春秋战国间七十子之徒所作,稍后于《论语》,而与《大学》《中庸》《孔子闲居》《仲尼燕居》《坊记》《表记》诸篇同时,如出一手。故每说一章,必有引经数语以为证。"纪昀在《四库全书总目提要》中提出了相似的看法:"《孝经》之文,去二戴所录为近,要为七十子之徒之遗言。向使河间献王采入《记》一百三十一篇中,则亦《礼记》之一篇,与《儒行》、《缁衣》转从其类。"陈东澧《东塾读书记》也说:"《孝经》为七十子之遗书,与《礼记》为近。开首'仲尼居,曾子侍'与《礼记》之'孔子闲居,子夏侍'、'仲尼燕居,子张、子夏、言游侍',文法相同。此已侪《孝经》于《礼记》诸篇矣。但《孔子闲居》未尝称'卜子侍',《仲尼燕居》未尝称'颛孙子、卜子、言子侍'也。窃疑《孝经》之作,又在此二篇之后;作者去孔子日远,而又以轻心掉之,故着此痕迹;然正因着此痕迹,方得据以推知非孔子所作、曾子所记,且未得与《仲尼燕居》、《孔子闲居》二篇比耳。"

[1]《史记》此语为曾子作《孝经》的最早记录,但这段话可以有两种理解:一种是孔子授曾子学业,曾子作《孝经》,中华书局校点本在"故授之业"下加句号,即作如是解;一种是孔子授曾子学业,写作了《孝经》,因"授之业"与"作《孝经》"的主体都是孔子。班固《汉书》吸收《史记》成分甚多,其所言"《孝经》者,孔子为曾子陈孝道也",所据亦是《史记》里的这段话。梁玉绳《史记志疑》卷二十八于《仲尼弟子列传》所加按语,作同样理解:"史公盖以《孝经》为孔子作,故《汉艺文志》云……"

曾子弟子作 与“七十子之徒作”的说法相近的是“曾子弟子作”。宋人司马光《古文孝经指解序》说：“圣人言则为经，动则为法。故孔子与曾参论孝而门人书之，谓之《孝经》。”南宋胡寅、晁公武等也持同一见解。元人董鼎撰《孝经大义》一书，他认为《孝经》一书是“曾子闻于孔子，而曾子门人又以所闻于曾子者合而记之，以为一经”。清代学者崔述《洙泗考信录》卷四有《〈孝经〉非孔子作》一文，阐述了是“曾子门人笔之于书耳，非孔子自为书也”的观点以后，又列举了三条理由：一是如果《孝经》系孔子所作，不能称自己的学生叫“曾子”；二是“经”这一概念，为后人尊崇古代圣人的书籍而起，孔孟时代没有“经”名，“经”之名始于汉，孔子不会把自己的作品称《孝经》；三是圣人谦虚，尽管圣人行孝但“心必不自以为孝”，孔子怎么会说“吾行在《孝经》”这样的话呢？当代学者张岱年说：“《孝经》不是曾参自己所作，而是他的弟子或再传弟子所写的。”(《中国哲学史史料学》)汤祺廷认为“当是属于孔子的教言，经过曾子的口头传述，到了战国的后期，由曾子的门人集录成书的”(《十三经直解》本《孝经直解·前言》)。

汉儒伪托 宋代朱熹《孝经刊误》对《孝经》首段“仲尼闲居，曾子侍”至“自天子以下至于庶人，孝无终始而患不及者未之有也”一段，认为是夫子、曾子问答之言，而由曾氏门人所记，是“经”；以下是“传”。在传文中，如“以顺则逆”以下几句认为是“杂取《左传》所载季文子、北宫文子之言”；在《刊误》之末，朱熹作《记》指出：原来见过胡宏《论语说》中怀疑《孝经》引《诗》不是《孝经》的原文，开始很吃惊，后来才明白胡公的话可信。而且《孝经》可疑之处不只这些，朱熹就写信向程迥求教。程迥回信说：汪应辰也认为此书多出后人附会，“于是乃知前辈读书精审，其论固已及，又窃窃自幸有所因述而得免于凿空妄言之罪也。因欲掇取他书之言可发此经之旨者别为外传,顾未敢耳”。至清代学者姚际恒作《古今伪书考》,于《孝经》一书,定其“出于汉儒,不惟非孔子作,并非周、秦之言也”。姚氏具体指出伪托的根据:其一,《三才章》中“夫孝,天之经”至“因地之义”,抄袭《左传》中子太叔叙述子产的话,只把“礼”字改成“孝”字;《圣治章》“以顺则逆”至“凶德”,抄袭《左传》季文子回答鲁宣公的问话;“君子则不然”以下抄袭《左传》中北宫文子论“仪”方面的言论;《事君章》“进思尽忠”二语,抄袭《左传》士贞子劝告晋景公的话。其二,《论语》中有曾子“吾闻诸夫子,人未有自致者也,必也亲丧乎”的记载,既是曾子亲听孔子所说的话,为什么《孝经》中反而没有呢?其三,孔子说“事父母几谏,见志不从,又敬不违,劳而不怨”,但《孝经》中《谏争章》却说:“父有争子故当不义,子不可不争于父,从父之令,焉得为孝?”与孔子之言不类。其四,诸经书古代不加“经”字,此书名曰《孝经》,可知非古;如去掉“经”字,又不像《易》、《诗》、《书》可以用一个字作书名;班固也似乎知道这个道理,所以说“夫孝,天之经,地之义,民之行也,举大者言,故曰《孝经》”。这是曲折回护之词。其五,篇首称“仲尼居”,明显不是孔子自己所作。姚际恒根据《孝经》的行文风格,认为与《戴记》中《曾子问》、《哀公问》、《仲尼燕居》、《孔子闲居》相似,故是汉儒所作。

蒋伯潜《诸子通考》关于《孝经》系汉儒伪托的问题,同意姚际恒等人的意见。胡适也说:“一部《孝经》,称孔子为‘仲尼’,称曾参为‘曾子’,又夹许多‘诗云’,‘子曰’,可见决不是孔子做的。《孝经·钩命诀》说‘吾志在《春秋》,行在《孝经》’的话,也是汉人假造的诳语,不可信。”(《中国古代哲学史》)黄云眉断言:“此书为汉人伪托,灼然可知。”而伪托的时间,“必在《戴记》后”(《古今伪书考补证》)。

有两条反证很引人注目：一是《吕氏春秋·察微篇》引《孝经》曰："高而不危，所以长守贵也；满而不溢，所以长守富也。富贵不离其身，然后能保其社稷而和其民人。"这是《孝经·诸侯章》中的话。二是有战国时魏文侯曾作《孝经传》之说，魏文侯为战国初年人，并且是孔子弟子子夏的学生。蒋伯潜考证后指出，《吕氏春秋》引《孝经》两处，只有一处称"《孝经》曰"，且汉代高诱注《吕氏春秋》时并不解释《孝经》是何书，故"疑'《孝经》曰'三字乃读者旁注，后乃误入正文者"。蒋氏认为，《吕氏春秋》中这两段文字，"乃作《孝经》者袭《吕氏春秋》，非《吕氏春秋》引《孝经》也"。至于魏文侯作《孝经传》之说，"其事不见于《史记·魏世家》，其书不见于《汉志》、《隋志》、《唐志》，本不足信也"（《诸子通考》下编《诸子著述考》）。蒋氏的这种看法，当今学者多不认同。钟肇鹏指出："《吕氏春秋》为杂家，乃汇集百家之说纂成。《孝行览》显然是儒家孝治派之说，取自《孝经》、《曾子》等书。……如果认为《孝经》后于《吕氏春秋》，则是《孝经》取《吕览》之文伪造而成。这是很难想象的。"他认为，《孝经》之"经"表示"孝是天下的大经大法"，源于《孝经》上"夫孝，天之经也"及《曾子大孝》"夫孝，天下之大经也"，不是"经典"之"经"。在西汉，《孝经》不在儒家经典之列，而被视为"传"，如汉武帝赐翟方进策引"传曰：高而不危，所以长守贵也"。这是《孝经·诸侯章》之文，便是明证。

《孝经》的版本有三个体系，即今文《孝经》、古文《孝经》与"刊误"后的《孝经》。

今文《孝经》，据称出于汉初。汉惠帝时废除"挟书之律"，河间人颜芝原藏《孝经》，他的儿子颜贞拿了出来，河间献王刘德上奏朝廷。因为是用通行的隶书字体书写，所以称今文《孝经》。此书《汉书·艺文志》载称十八章，各章原无标题，到南朝梁时皇侃始加标题；唐玄宗时又召集通儒对标题等作了讨论，成为通行的本子。十八章的篇目为《开宗明义章》、《天子章》、《诸侯章》、《卿大夫章》、《士章》、《庶人章》、《三才章》、《孝治章》、《圣治章》、《纪孝行章》、《五刑章》、《广要道章》、《广至德章》、《广扬名章》、《谏诤章》、《感应章》、《事君章》、《丧亲章》，共1806字。

第一个为今文《孝经》作注的称为“郑氏”，据南朝宋人荀昶说是东汉学者郑玄，也有认为是郑玄之孙郑小同的。

《汉书·艺文志》载有“《孝经》古孔氏一篇，二十二章”。因为是用先秦古文字书写，所以称为古文《孝经》。相传孔子裔孙孔鲋在秦末时藏书于屋壁，武帝时鲁恭王扩建宫舍，推倒孔子故居墙壁，发现了这批先秦古书，[1]其中就有《孝经》。孔安国进行了整理，并作注，献于朝廷。此书在南朝梁末亡佚。清人阮福认为，献古文《孝经》的不是孔安国，而是西汉昭帝时的鲁国三老。根据是东汉文字学家许慎的儿子许冲在献其父所著《说文解字》的表文里称：许慎学过《孝经》孔氏古文，是东汉建武年间给事中议郎东海郯人卫宏传授的，许慎又传授给许冲。原先都是口头传授，许冲把昭帝时鲁国三老献的古文《孝经》用今文记录整理，献于朝廷。据东汉人桓谭在《新论》中说，古文《孝经》共1872字，与今文《孝经》不同的有400余字。到了隋朝开皇十四年(594)，秘书学士王孝逸找到一本古文《孝经》交给了著作郎王邵，王邵又给了刘炫，叫他核定，刘炫于是作了《古文孝经稽疑》。当时学者就指出：所谓的古文《孝经》是刘炫的伪作，《隋书·经籍志》也从此说。刘炫的古文《孝经》，宋刻本为1810字。唐朝开元七年(719)，唐玄宗召集诸儒研讨今、古文及郑注、孔注异同。史官刘知几主张用孔注古文《孝经》，国子祭酒司马

[1] 关于古文《孝经》等出孔氏壁中一事，文献记载各异：一是《孔子家语》说孔滕藏这一批书；《汉书·尹敏传》称为孔鲋所藏；《隋书·经籍志》记为汉武帝时鲁恭王刘余坏孔子宅，得孔子裔孙孔惠所藏之书，《史通》也主张是孔惠所藏。

贞主张用郑注今文《孝经》,后确定用今文而参考古文。

清朝乾隆四十一年丙申(1776),安徽歙县鲍廷博刊印《古文孝经孔氏传》,在跋文中说,此书是他的朋友汪翼沧坐船到日本在长崎见到的,原刊时间是康熙十一年(1672),刊刻者为信阳太宰纯。太宰纯的序言说,此书相传很久,错误很多,所以用力校勘而成定本,字数为 1861 个,而"其经文与宋人所谓古文者亦不全同"。《四库全书》收录,但认为是伪托。

现在流传的今文《孝经》与古文《孝经》略有不同。一是个别地方字句不同,如首章今文为"仲尼居,曾子侍",而古文则是"仲尼闲居,曾子侍坐"。二是分章不同,今文《三才章》"其政不严而治"与"先王见教之可以化民"是一章,古文则分为两章;今文《圣治章》"其所因者本也"与"父子之道,天性也"通为一章,古文则分作两章,又将"故不爱其亲而爱他人者"又分作一章。古文中之《闺门章》22 字,今文全无。总体上说区别很小,无关宏旨。

宋代朱熹认为《孝经》是真假杂糅的一部书。他以古文《孝经》为基础进行整理,认为从开头"仲尼闲居,曾子侍坐"到"自天子以下至于庶人,孝无终始而患不及者,未之有也"是"夫子、曾子问答之言而曾氏门人之所记也",即"所谓《孝经》者,其本文止如此。其下则或者杂引传记以释经文,乃《孝经》之传也"。因此,朱熹将他认为可疑之处作了删节,把《孝经》中所引《诗经》及《尚书》中的句子大都删去,连带其他,共删 223 字,将二十二章合并为十五章,即经文一章,解经之文十四章。其后,元代吴澄作《孝经定本》,也仿照朱熹的办法进行"刊误"。他以今文《孝经》为底本,将开头到"未之有也"合为一章,其他是解经之传,分为十二章,并且改变次序:如将原第十六章"昔者明王事父者"改为传的首章,原第八章"昔者明王以孝治天下也”列为传的第二章，等等。

流传最广的是唐玄宗李隆基注、宋代邢昺疏的《孝经正义》。此本分作十八章，每章字数多寡不等，以孔子、曾子问答方式阐发了孝治思想。第一章《廾宗明义章》指出：“夫孝，德之本也，教之所由生也……身体发肤受之父母，不敢毁伤，孝之始也；立身行道，扬名于后世，以显父母，孝之终也。夫孝，始于事亲，中于事君，终于立身。”这是《孝经》的主旨，此后则分别言之。《天子章》至《庶人章》，以等级观念规定不同的孝道标准；《三才章》突出强调了孝的地位和作用，即“夫孝，天之经也，地之义也，民之行也。天地之经，而民是则之；则天之明，因地之利，以顺天下，是以其教不肃而成，其政不严而治”。《孝经》中的《五刑章》提出了“五刑之属三千而罪莫大于不孝”的论点，把不孝列为诸罪之首；而在《广扬名章》中则把事亲与事君联系在一起，且突出了扬名后世的功利观点：“君子事亲孝，故忠可移于君；事兄悌，故顺可移于长；居家理，故治可移于官。是以行成于内而名立于后世矣”。这些思想，与《曾子》一书中所表达的内容可以互相启发。

附：

历代注疏《孝经》书目

《孝经》一书在西汉中后期就受到朝廷重视，汉文帝时置有《孝经》博士。此后，历代盛传不衰。到了南宋，《孝经》被奉为儒家经典，列入《十三经》中。所以，为《孝经》作注疏及从事《孝经》研究的，代不乏人，成果很多。兹将自汉至清各种书目所记者辑录如下：

一、《汉书·艺文志》

班固对《孝经》的来历、书名及在西汉研究、传授情况作了概括："《孝经》者，孔子为曾子陈孝道也。夫孝，天之经，地之义，民之行也。举大者言，故曰《孝经》。汉兴，长孙氏、博士江翁、少府后苍、谏大夫翼奉、安昌侯张禹传之，各自名家。经文皆同，惟孔氏壁中古文为异。'父母生之，续莫大焉，故亲生之膝下。'诸家说不安处，古文字读皆异。"

《汉书》所记著作主要有：《孝经》古孔氏一篇二十二章；《孝经》一篇十八章；《长孙氏说》二篇十八章，长孙氏撰；《江氏说》一篇，江翁撰；《后氏说》一篇，后苍撰；《杂传》四篇，翼奉撰；《安昌侯说》一篇，张禹撰。

按:班固称“凡《孝经》十一家,五十九篇”。除上引《长孙氏说》等书外,尚有《五经杂议》十八篇,《尔雅》三卷二十篇,《小尔雅》一篇,《古今字》一卷,《弟子职》一篇,《说》三篇。将这些书归于《孝经》类,显系不当,故不录入。

二、《隋书·经籍志》

《隋书》载:“至刘向典校经籍,以颜本比古文,除其繁惑,以十八章为定。郑众、马融并为之注。又有郑氏注,相传或云郑玄,其立义与玄所注余书不同,故疑之。梁代,安国及郑氏二家并立国学,而安国之本亡于梁乱,陈及周、齐,唯传郑氏。至隋,秘书监王劭于京师访得《孔传》,送至河间刘炫,炫因序其得丧,述其义疏,讲于人间。渐闻朝廷,后遂著令与郑氏并立。儒者喧喧,皆云炫自作之,非孔旧本,而秘府又先无其书。又云魏氏迁洛,未达华语,孝文帝命侯伏侯可悉陵以夷言译《孝经》之旨,教于国人,谓之《国语孝经》。”所记主要著作如下:

《古文孝经》一卷,孔安国撰(梁末亡佚,今疑非古本)。

《孝经》一卷,郑氏注(梁有马融、郑众注《孝经》二卷,亡佚)。

《孝经》一卷,王肃解(梁有魏散骑常侍苏林、吏部尚书何晏、光禄大夫刘邵、孙氏等注《孝经》各一卷,亡佚)。

《孝经解赞》一卷,韦昭解。

《孝经默注》一卷,徐整注。

《集解孝经》一卷,谢万集。

《集议孝经》一卷,晋中书郎荀昶撰,亡佚。

《集议孝经》一卷,晋东阳太守袁敬仲集(梁有《孝经皇义》一卷,宋均撰;又有晋给事中杨泓、处士虞槃佐、孙氏、东阳太守殷仲

文、晋陵太守殷淑道、丹阳尹车胤、孔光注《孝经》各一卷。荀昶注《孝经》二卷。宋何承天、费沈、齐光禄大夫王玄载、国子博士明僧绍、梁五经博士严植之、尚书功论郎曹思文、羽林监江系之、江逊等注《孝经》各一卷。释惠始注《孝经》一卷。陶弘景《集注孝经》一卷。诸葛循《孝经序》一卷,亡佚)。

《孝经》一卷,释慧琳注(梁有晋穆帝时《晋孝经》一卷。宋大明中《东宫讲》、齐永明三年《东宫讲》、齐永明中《诸王讲》及贺玚讲、议《孝经义疏》各一卷,齐临沂令李玉之为始兴王讲《孝经义疏》二卷,亡佚)。

《孝经义疏》十八卷,梁武帝萧衍撰(梁有皇太子讲《孝经义》三卷。天监八年皇太子讲《孝经义》一卷。梁简文帝萧纲《孝经义疏》五卷。萧子显《孝经义疏》一卷,亡佚)。

《孝经敬爱义》一卷,梁吏部尚书萧子显撰。

《孝经私记》四卷,无名先生撰。

《孝经义》一卷,无名先生撰人。

《孝经义疏》一卷,赵景韶撰。

《孝经义疏》三卷,梁皇侃撰。

《孝经私记》二卷,周宏正撰。

《古文孝经述义》五卷,刘炫撰。

《孝经讲疏》六卷,徐孝克撰。

《孝经义》一卷,梁扬州文学从事太史叔明撰(梁有《孝经玄》、《孝经图》各一卷,《孝经孔子图》二卷,亡佚)。

《国语孝经》一卷,魏侯伏侯可悉陵译。

三、《旧唐书·经籍志》

《旧唐书·经籍志》载有以下书目:《古文孝经》一卷,孔子说,曾参受，孔安国传；《孝经》一卷，王肃注；《孝经》一卷，郑玄注；《古文孝经》一卷，刘邵注；《孝经》一卷，韦昭注；《孝经》一卷，孙熙注；《孝经》一卷，苏林注；《孝经默注》二卷，徐整撰；《孝经》一卷，谢万注；《孝经》一卷，虞槃佐注；《孝经》一卷，孔光注；《孝经》一卷，殷仲文注；《孝经》一卷，殷叔道注；《孝经》一卷，魏克己注；《孝经》一卷，唐玄宗李隆基注；《讲孝经义》四卷，车胤等注；《讲孝经集解》一卷，荀勖注；《孝经义疏》三卷，皇侃撰；《大明中皇太子讲教经义疏》一卷，何约之执经；《孝经疏》十八卷，梁武帝撰；《孝经发题》四卷，太史叔明撰；《孝经述义》五卷，刘炫撰；《孝经疏》五卷，贾公彦撰；《越王孝经新义》十卷，任希古撰；《孝经应瑞图》一卷，无名氏撰；《演孝经》十二卷，张士儒撰；《孝经疏》三卷，元行冲撰。

四、《新唐书·艺文志》

《新唐书·艺文志》载"《孝经》类二十七家，三十六部，共八十二卷。失姓名一家，尹知章以下不著录六家，一十三卷"。所记书目有：《大明中皇太子讲义疏》一卷，何约之撰；《孝经注》一卷，孙熙撰；《今上孝经制旨》一卷，唐玄宗李隆基撰；《孝经》一卷，魏克己注；《演孝经》十二卷，张士儒撰；《孝经应瑞图》一卷，无名氏撰；《孝经疏》五卷，贾公彦撰；《越王孝经新义》十卷，任希古撰；《御注孝经疏》二卷，元行冲撰；《孝经》一卷，尹知章注；《孝经义疏》，孔颖达撰（卷亡）；《孝经》一卷，王元感注；《孝经指要》一卷，李嗣真撰；《孝经义》，平贞昚撰（卷亡）；《广孝经》十卷，徐浩撰。

五、《宋史·艺文志》

《宋史·艺文志》载"《孝经》类二十六部，三十五卷。袁甫《孝经

说》以下不著录二部，六卷”。除与上重复者，又记有如下著作：《孝经疏》一卷，苏彬撰；《孝经正义》三卷，邢昺撰；《古文孝经指解》一卷，司马光撰；《古文孝经指解》一卷，无名氏撰；《孝经传》一卷，赵克孝撰；《孝经讲疏》一卷，任奉古撰；《孝经讲义》一卷，张元老撰；《古文孝经说》一卷，范祖禹撰；《孝经传》一卷，吕惠卿撰；《孝经新义》一卷（亡佚），吉观国撰；《孝经解义》二卷，家滋撰；《孝经详解》一卷，王文献撰；《孝经全解》一卷，林椿龄撰；《孝经解》一卷，沈处厚撰；《孝经义》一卷，赵湘撰；《孝经通义》三卷，张师尹撰；《孝经解》四卷，张九成撰；《孝经刊误》一卷，朱熹撰；《孝经本旨》一卷，黄榦撰；《孝经说》一卷，项安世撰；《古孝经辑注》一卷，冯椅撰；《古文孝经解》一卷，不著撰者；《孝经说》三卷，袁甫撰；《孝经同异》三卷，王行撰。

六、《补元史艺文志》

清人钱大昕撰《补元史艺文志》中录有以下书目：

《图像孝经》，大德十一年刊行，无撰人；《孝经定本》一卷，又称《孝经章句》，吴澄撰；《孝经图说》一卷，李孝光撰；《直解孝经》一卷（《补辽金元艺文志》作《孝经直解》），小云石海涯撰；《孝经传》（无卷数），白贲撰；《孝经直说》一卷，许衡撰；《孝经外传》二十二卷，江直方撰；《孝经衍义》（无卷数），程榘道撰；《孝经直解》（《补辽金元艺文志》作《孝经经传直解》），钱天佑撰；《孝经口义》一卷，张翌撰；《孝经图解》一卷，林起宗撰；《续孝经衍义》（《补辽金元艺文志》作《读孝经衍义》），杨少愚撰；《孝经刊误》一卷，余芑舒撰；《孝经疏》三卷，元行冲撰；《孝经新说》，陈樵撰；《孝经附录》一卷，吴迂撰；《孝经旁训》一卷，沈易撰；《孝经管见》一卷，钓沧子撰；《孝经大义》

一卷，董鼎撰；《孝经句解》一卷，朱申撰；《孝经注》一卷，许衍撰。

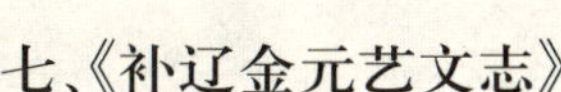

七、《补辽金元艺文志》

清人倪灿撰《补辽金元艺文志》共收《孝经》类十七家二十三卷，除与《补元史艺文志》重复者外，主要著作如下：《孝经说》一卷，成斋撰；《孝经说》一卷，姜氏撰；《孝经集说》一卷（注曰：行中书右丞）；《孝经明解》一卷，无名先生撰。

八、《补三史艺文志》

金文诏撰《补三史艺文志》记有金国天德三年国子监印行唐玄宗《孝经注》，另有《女直字孝经》，共录元朝《孝经》类十一家，除却与上重复者，还有《国字孝经》（大德十一年右丞勃罗铁木儿进）和胡一桂撰《孝经传赞》。

九、《明史·艺文志》

《明史·艺文志》载“《孝经》三十五部，一百二十八卷”，主要是：《孝经新说》一卷，宋濂撰；《孝经集善》一卷，孙蕡撰；《孝经注解》一卷，孙吾与撰；《孝经诫俗》一卷，方孝孺撰；《孝经刊误》一卷，晏璧撰；《孝经述解》，曹端撰；《孝经集解》一卷，刘实撰；《定次孝经今古文》一卷，薛瑄撰；《孝经私钞》八卷，杨守陈撰；《孝经集注》三卷，余本撰；《孝经大义》一卷，王守仁撰；《孝经解诂》一卷，陈深撰；《孝经叙录》一卷，归有光撰；《孝经疏义》一卷，李材撰；《孝经外传》一卷，《孝经引证》二卷，杨起元撰；《孝经迩言》九卷、《孝经集灵》一卷，虞淳熙撰；《注解孝经》一卷，胡时化撰；《重定孝经列传》七卷，吴牞谦撰；《孝经质疑》一卷、《集解》一卷，朱鸿撰；《孝经汇注》三卷，王元

祚撰;《孝经小学详解》八卷,陈仁锡撰;《孝经集传》二卷,黄道周撰;《孝经集传》二卷,何楷撰;《孝经衍义》六卷,张有誉撰;《孝经疏义》一卷,江旭奇撰;《孝经贯注》二十卷、《孝经存余》三卷、《孝经考异》一卷、《孝经对问》三卷,瞿罕撰;《孝经本义》二卷、《孝经大全》二十八卷、《或问》三卷,吕维祺撰。

另《四库全书》编者从《永乐大典》中辑出洪武年间项霖《孝经述注》一部,用《古文孝经》本。又收《孝经集传》四卷(《明史·艺文志》作二卷),黄道周撰。

十、《清史稿·艺文志》

《清史稿·艺文志》载有以下书目(与前重复者不录):

《孝经注》一卷,顺治十三年御撰;《孝经集注》一卷,雍正五年敕撰;《钦定翻译孝经》一卷,雍正五年敕撰;《孝经全注》一卷,李光地撰;《孝经问》一卷,毛奇龄撰;《孝经类解》十八卷,吴之騄撰;《孝经正文》一卷、《内传》一卷、《外传》一卷,李之素撰;《孝经集注》二卷,陆遇霖撰;《孝经详说》二卷,冉觐祖撰;《孝经注》三卷,朱轼撰;《孝经三本管窥》三卷,吴隆元撰;《孝经章句》一卷、《或问》一卷,汪绂撰;《孝经章句》一卷,任启运撰;《孝经通义》一卷,华玉淳撰;《孝经约义》一卷,汪师韩撰;《孝经外传》一卷、《孝经中文》一卷,周春撰;《孝经音义考证》一卷,卢文弨撰;《孝经通释》十卷,曹庭栋撰;《孝经郑注补证》一卷,洪颐煊撰;《孝经义疏补》九卷,阮福撰;《孝经述注》一卷、《孝经征文》一卷,丁晏撰;《孝经曾子大孝》一卷,邵懿辰撰;《孝经指解补正》一卷、《辨异》一卷,伊乐尧撰;《孝经今古文传注辑论》一卷,吴大廷撰;《孝经十八章辑传》一卷,汪宗沂撰;《孝经郑注疏》二卷,皮锡瑞撰。

十一、《四库全书·存目》

在《四库全书·存目》著录中除却《清史稿·艺文志》已收书目，还有下列几部：《孝经注义》一卷，魏裔介撰；《孝经集解》一卷，蒋永修撰；《孝经集解》一卷，张星徽撰；《孝经本义》一卷，姜本锡撰。

第三章 《大学》

《大学》是《礼记》中的一篇，宋代以后居于《四书》之首，为“初学入德之门也”。它阐述的是儒家的思想理论和教育主张，反映出儒家关于做人、立身、治国以及研究学问、探讨真理等方面的宗旨和方法。《大学》的作者，隋、唐以前没有人提及，至宋代方有不同说法。

孔子作　宋朝程颢、程颐兄弟从《礼记》中把《大学》一篇析出，编次章句。至于作者，他们认为是“孔氏之遗言也。学者由是而学，则不违于入德之门也”（《二程粹言》卷一）。

孔子、曾子合作　南宋时，朱熹继承并发展“二程”的理学，将《大学》、《中庸》、《论语》、《孟子》合编注释，称《四书》。他把《大学》分为“经”一章，“传”十章。“经一章盖孔子之言，而曾子述之；其传十章，则曾子之意而门人记之也。”就是说，“经”文是孔子的话，曾子记录下来；“传”文，是曾子解释“经”文的话而由曾子的学生记录下来。朱熹在《大学章句序》中阐述了这一观点的内在联系：孔子“独取先王之法，诵而传之，以诏后世”，然“三千之徒盖莫不闻其说，而曾氏之传独得其宗，于是作为传义，以发其意。及孟子没而其传泯焉，则其书虽存，而知者鲜矣！”直到“宋德隆盛，治教休明，于是河南程氏两夫子出，而有以接乎孟氏之传，实始尊信此篇而表章之，既又为之次其简编，发其归趣，然后古者大学教人之法，圣经贤传之指，灿然复明于世”。

宋汪晫《曾子全书》、清王定安《曾子家语》均辑有《大学》，依据即是朱熹之说。

曾皙、曾参作　宋末元初，黎立武作《大学本旨》一书，不分“经”与“传”，认为朱熹所谓“经”的部分是曾皙的话，其他为曾参的解释。在《大学发微》一书中，黎立武宣称曾参是“传道在‘一贯’，悟道在‘忠恕’，造道在《易》之《艮》”。

子思作　明朝崇祯年间，任国子祭酒的谭贞默作《三经见圣编》一百八十卷，在《序》文中说：《六经》都是孔经，其中《论语》最有名；子思的书现在称作《中庸》、《大学》的，其实就是一部《中庸》，因为《大学》就是《中庸》的后小半；所以平时所说的《四书》实际上是《三书》。

子思作《大学》的说法宋代就有，《四库全书总目提要》称，“考，自宋已有子思作《大学》之传”。明代著名的造伪书专家丰坊，是一个大藏书家，“万卷楼”即是丰氏藏书之号。他用篆隶体伪造曹魏正始石经《大学》，出了一批拓本。上有虞松《校刻石经表》，表文引东汉人贾逵的话说：“孔伋居于宋，惧先圣之说不明，而帝王之道坠，故作《大学》以经之，《中庸》以纬之。”这一假造的文献出来以后，很多研究《大学》的人都信以为真，引为子思作《大学》之说的证据。

汉代博士作　俞正燮《癸巳类稿》：“《大学》本汉时《诗》、《书》博士杂集。”蒋伯潜也同意这种意见，他根据《大学》的内容和文风断定不是孔子、曾子或子思的作品，应该是汉武帝“设庠序兴学校之后”问世的。蒋氏指出：如按朱熹《大学》为曾子所述、曾子门人所记或子思所作之说，《大学》当成书于战国初期。但把《论语》以后战

国诸子文体的演变和《大学》与《论语》、《孟子》、《中庸》等比较,《大学》明显属于后出的作品。《大学》首举三纲("明明德"、"亲民"、"止于至善")、八条目("格物"、"致知"、"诚意"、"正心"、"修身"、"齐家"、"治国"、"平天下"),而后加以申论,为一篇纲举目张、首尾完备、组织严密的论文,不但与《论语》、《孟子》完全为记言体者不同,且与《中庸》全篇半为记言体半为议论体也绝不一样。曾子、子思是春秋战国时期人,诸子文体,战国初年没有出现。另从《大学》篇内容分析,它所列的八条目其实是杂取《中庸》、《孟子》加以组织条理而成。如《孟子》说:"诚身有道,不明乎善,不诚乎身矣。""明善"即"致知","诚身"即"修身"。《孟子》又说:"人有恒言,皆曰'天下国家';天下之本在国,国之本在家,家之本在身。"此即"身修而后家齐,家齐而后治国,治国而后天下平"。《中庸》后半部分,强调一个"诚"字,而对于"恐惧乎其所不睹,戒慎乎其所不闻"、"相在尔室,尚不愧于屋漏"的"慎独"工夫,尤为注意。此即《大学》"十目所视,十手所指"、"君子必慎其独"之"诚意"。《孟子》说:"唯大人为能格君心之非。"《大学》立"正心"一目,置于"诚意"与"修身"之间。《论语》、《孟子》记孔、孟政论之言,东一鳞,西一爪,均为断片。《大学》"三纲领"、"八条目"列出后逐条加以发挥,成为有系统有条理的德治论,系儒家政治哲学的名著。由此看出,《大学》决非战国初期的作品,所以也决非曾子、子思所作。

作《礼记译注》的杨天宇在《大学》篇的《题解》中指出:朱熹"抬出孔子和曾子,不过为了借经学以说理事,欲尊大其学而已,其实并没有什么根据。本篇的作者究系何人,今实不可考"。清代学者戴震小时读《大学章句》,向他的塾师提了一个问题:孔子、曾子是周朝人,朱子是南宋时人,周朝与宋朝相隔极远,那么朱子是怎么知道《大学》的作者是孔子、曾子呢？他的老师回答不上来，因为在朱熹以前没有任何这方面的记载。但中华人民共和国建立以后的考古发现，特别是先秦竹简的成批出土，使人们的认识有了变化。1993年湖北荆门郭店战国楚墓出土了一批竹简，据学者们研究，其中一部分是孔子之孙子思的作品，如《五行》一篇。《五行》曾见于长沙马王堆三号墓所出的帛书，帛书本的《五行》有“经”有“传”，“经”的部分是子思的话，“传”的作者是子思再传弟子世硕。而郭店战国楚墓出土的《五行》则有“经”无“传”，可见早于帛书本。根据“经”、“传”或分或离的情况，李学勤著文认定，朱熹的观点是正确的：“以帛书本论，经传前后连贯，其体例和《礼记》中的《大学》十分近似。《大学》一篇文字有错乱脱漏之处，宋代学者特别是朱子，曾做过细致的分析整理，将篇内经传区别开来，指出‘经’仅一章，‘盖孔子之言而曾子述之’；传共十章，‘则曾子之意而门人记之也’。”[1]认定《大学》的传文系“曾子之意而门人记之”的根据是“传文明记有‘曾子曰’，而曾子的话又和整个传文不能分割。按战国时著书统例，这是曾子门人记录曾子的论点，和孟子著书有与其弟子的讨论相同，所以《大学》的传应认为曾子作品”。这种看法可备一说。

总之，无论《大学》的作者为何人，其阐发的主旨与曾子思想是吻合的。

《大学》的版本主要有两个体系：一是经过朱熹打乱《礼记·大学》次序，主观划分经、传的《大学章句》本；一是按原有次序排列的“古本”，即《礼记》中的《大学》原文。以朱熹《大学章句》本流传最广，影响最大。

《大学》作为《礼记》四十九篇之一，唐以前并未受到儒家的特别重视。唐朝后期韩愈首先从《大学》中挖掘出儒家“格物、致知、诚

[1] 见李学勤《荆门郭店楚简中的〈子思子〉》一文，载《文物天地》1998年第2期。

意、正心、修身、齐家、治国、平天下”的八条目，而这正是《大学》一文的中心，即朱熹称为“经”的核心内容：“大学之道，在明明德，在亲(新)民，在止于至善。知止而后定，定而后能静，静而后能安，安而后能虑，虑而后能得。物有本末，事有终始。知所先后，则近道矣。古之欲明明德于天下者，先治其国；欲治其国者，先齐其家；欲齐其家者，先修其身；欲修其身者，先正其心；欲正其心者，先诚其意；欲诚其意者，先致其知；致知在格物。物格而后知至，知至而后意诚，意诚而后心正，心正而后身修，身修而后家齐，家齐而后国治，国治而后天下平……”由大而小、由小而大反复阐述了“八条目”的内在联系，共 205 字。传分 10 章，计 1346 字，分别解释“明明德”、“亲(新)民”、“止于至善”、“本末”、“格物致知”、“诚意”、“正心修身”、“修身齐家”、“齐家治国”、“治国平天下”的内在含义。这八个条目被称作儒家的“道统”，也是封建社会儒生士子的座右铭。接着提出“尧以是传之舜，舜以是传之禹，禹以是传之汤，汤以是传之文、武、周公，文、武、周公传之孔子，孔子传之孟轲”(《原道》)和“孟轲师从子思，子思之学盖出曾子。自孔子没，群弟子莫不有书，独孟轲氏之传得其宗”(《送王秀才序》)的所谓儒家“道统”。韩愈的学生李翱又将《大学》“正心诚意”与《孟子》“性善论”，《中庸》“天命之谓性，率性之谓道”诸说，煣为一体，作《复性论》，认为只要去掉情欲，回复本来的性，便能达到《大学》至诚的境界。韩愈等人的观点，宋时已引起注意。程颢与程颐作了编次，朱熹作了《大学章句》，又列为《四书》首篇。此后，相关著作日渐丰富。

附：

历代注疏《大学》书目[1]

一、《宋史·艺文志》

《大学》一卷，吕大临撰；《大学解》一卷，喻樗撰；《大学章句》一卷、《或问》二卷，朱熹撰；《大学说》一卷，张九成撰；《中庸大学广义》一卷，司马光撰；《六家中庸大学解义》一卷，司马光等撰；《大学说》十一卷，陈尧道撰；《大学衍义》四十三卷，真德秀撰；《中庸大学解义》一卷，司马光等撰；《中庸大学讲义》三卷，谢兴甫撰。

二、《补元史艺文志》

《大学本末图说》一卷，程时登撰；《大学四传小注》一卷，袁履谦撰；《大学章句疏义》一卷、《大学指义》一卷，金履祥撰；《大学集传》一卷，马端临撰；《大学明解》一卷，李师道撰；《大学发明》一卷，王文焕撰；《大学讲义》一卷（一作《大学口义》），吴浩撰；《大学要略直说》一卷、《大学鲁斋诗解》一卷（据《补辽金元艺文志》），许衡撰；《大学广义》二卷，熊禾撰；《大学指掌图》一卷，胡炳文撰；《大学治平龟鉴》（无卷数），李朝佐撰；《大学释旨》一卷，程仲文撰；《大学辨疑》一卷，吕洙撰；《大学疑问》一卷，吕溥撰；《大学经传直解》（无卷

[1] 所列书目不含书名为《四书》者。

数),钱天佑撰;《大学发微》一卷、《大学本旨》一卷,黎立武撰;《庸学述解》(无卷数),潘迪撰;《庸学提要》六卷,叶瑞撰;《庸学标旨》,曾贯撰;《中庸大学纂述》二卷、《庸学十一图》一卷,饶鲁撰;《大学中庸日录》,袁明善(《补辽金元艺文志》作"元明善")撰;《学庸约说》(无卷数),倪公晦撰;《大学中庸双说》(无卷数),黄文杰撰;《中庸大学章旨》(无卷数),郑奕夫撰;《大学中庸日录》(无卷数),秦玉撰;《大学章图纂释》(据《补辽金元艺文志》),程复心撰;《大学中庸集说启蒙》二卷(据《补辽金元艺文志》),景星撰。

三、《明史·艺文志》

《大学疑义》一卷,丁玑撰;《古本大学注》一卷,王守仁撰;《大学指归》一卷,魏校撰;《大学亿》一卷,王道撰;《大学千虑》一卷,穆孔晖撰;《大学通考》一卷,《大学质言》一卷,顾宪成撰;《学庸义》二卷,金贲亨撰;《学庸口义》三卷,马森撰;《论语学庸述》四卷,许孚远撰;《学庸商求》二卷,邹元标撰;《学庸正说》三卷,赵南星撰(《四库全书》收录);《大学管窥》一卷,廖纪撰(《四库全书·四书类存目》);《大学稽中传》三卷,李经纶撰(《四库全书·四书类存目》);《大学注》一卷,蔡悉撰(《四库全书·四书类存目》);《大学新编》五卷,刘元卿撰(《四库全书·四书类存目》);《大学中庸读》二卷,姚应仁撰(《四库全书·四书类存目》);《大学古今通考》十二卷,刘斯源撰;《学庸切己录》二卷,谢文洊撰(《四库全书·四书类存目》)。

四、《清史稿·艺文志》

《大学翼真》七卷,胡渭撰;《大学古本说》一卷,李光地撰;《大学证文》四卷、《大学问》一卷、《大学知本图说》一卷,毛奇龄撰;《大学讲义》二卷，杨名时撰；《大学困学录》一卷、《大学本文》一卷、《大学古本》一卷，王澍撰（后两种见《四库全书·四书类存目》）；《大学讲义》一卷，朱用纯撰；《大学传注》四卷，李塨撰；《大学说》一卷，惠士奇撰；《大学古义说》二卷，宋翔凤撰；《大学旧文考证》一卷，朱曰佩撰；《大学臆古》一卷，附《古今文附证》一卷，王定柱撰；《大学质疑》一卷，郭嵩焘撰；《读大学中庸笔记》二卷，方宗诚撰；《读大学中庸日录》二卷，康吕赐撰（见《四库全书·四书类存目》）；《大学偶言》一卷，张文荶撰（《四库全书·四书类存目》）；《古本大学解》二卷，刘醇骥撰（《四库全书·四书类存目》）。

第三篇　思想学说

战国至两汉间问世的许多著作中记录了曾子的言论和行为，这是研究曾子思想的基础资料。但这些资料真伪杂糅，需要慎重取舍。本篇主要依据《论语》、《曾子十篇》、《荀子》、《孟子》、《吕氏春秋》及《礼记》中的有关内容。曾子的思想十分丰富，但还没有构建成一个完整的理论体系。“以孝为本的孝道观”、“自我完善的修养观”与“以阴阳学说为中心的自然社会观”构成了曾子思想的主体内容。其思想是对孔子思想的继承，他在儒学发展史上是承前启后的人物，在中华文化的薪传流变中占有不可或缺的地位。

第一章　以孝为本的孝道观

第一节　以父母为中心

“孝”是儒家学说的重要组成部分。孔子关于“孝”的论述很多，如：“生，事之以礼；死，葬之以礼，祭之以礼。”(《论语·为政》)“父在观其志，父没观其行，三年无改于父之道，可谓孝矣。”(《论语·为政》)“今之孝者，是谓能养，至于犬马，皆能有养，不敬，何以别乎？”(《论语·为政》)孔子的这些思想，曾子都继承了下来，并加以深化和发展。“孝”的观念，在孔子的思想中是包含在“仁”的概念之中。孔子认为，“仁”是政治、思想、道德的基础：“人而不仁，如礼何？人而不仁，如乐何？”(《论语·八佾》)“仁”是“礼”、“乐”的基础，而“孝”又是“礼”的组成部分。曾子拓展了“孝”的内涵和外延，认为“夫孝者，天下之大经也”(《礼记·祭义》)，即孝是天下最主要的根本的法则。孝作为道德范畴，是不受空间和时间限制的：“夫孝，置之而塞于天地，衡之而衡于四海，施诸后世而无朝夕。推而放诸东海而准，推而放诸西海而准，推而放诸南海而准，推而放诸北海而准”(见《曾子十篇·曾子大孝》，下引此书只列篇名——编者)。同时，孝是无所不包的：“仁者，仁此者也；礼者，履此者也；义者，宜此者也；信

者，信此者也，强者，强此者也”(同上)。儒家的“仁、义、礼、智、信”，在曾子这里是“仁、礼、义、信、强”，都被“孝”这一个总纲包罗进去，成为天地间古往今来人的行为的最高准则。

曾子的“孝本”思想，其基点是父母，即孝子的所有言行，包括父母死后自己的言行，都是为父母服务的。曾子对这一点的论述很多：“孝子之养老也……孝子之身终。终身也者，非终父母之身，终其身也。”(《礼记·内则》)“终孝子之身”就是“父母既殁，慎行其身，不遗父母恶名，可谓能终也”(《曾子大孝》)。如果能够达到全国的人都称赞、羡慕地说：“有福气啊，有这样的儿子！”这便是君子所说的孝了。曾子主张：“孝子无私忧，无私乐。父母所忧忧之，父母所乐乐之。”(《曾子事父母》)把“孝本”思想发挥到了极致。

一、孝养要求

曾子说：“民之本教曰孝。其行之曰养。养可能也，敬为难；敬可能也，安为难；安可能也，久为难；久可能也，卒为难。”(《曾子大孝》)在曾子看来，赡养仅仅是孝顺父母最基本的行为，还要尊敬父母，使父母安乐，坚持到底，这是一个完整的过程。在日常孝敬父母的时候，“乐其心，不违其志；乐其耳目，安其寝处，以其饮食忠养之”(《礼记·内则》)，也是很重要的，这是“养体”与“养志”的结合。只让父母有饭吃有衣穿而不知尊敬父母、让父母心情愉快，不是养志，而是小人之孝。他强调：“君子之孝也，忠爱以敬，反是乱也。尽力而有礼，庄敬而安之，微谏不倦，听从不怠，欢欣忠信，咎故不生，可谓孝矣。”(《曾子立孝》)对父母从内心尊敬，如果发现有不合适的地方，反复劝谏也不厌倦，父母听从了，自己更不怠惰，就不会有差错。反过来，“尽力无礼，则小人也。致敬而不忠，则不入也”(同上)。“是故礼以将其力,敬以入其忠,饮食移味,居处温愉,著心于此,济其志也。”(《曾子大孝》)。

曾子根据人的地位把孝划分为三种:“大孝不匮,中孝用劳,小孝用力。博施备物,可谓不匮矣;尊仁安义,可谓用劳矣;慈爱忘劳,可谓用力矣。”(《曾子大孝》)这实际上是说天子、诸侯有条件做到“大孝”:广施仁德,富有四海,就可宗庙享祀而不竭;卿大夫、士这一级有条件做到“中孝”:建立勋劳而取得地位,实行仁义获得民众支持和国君信赖;一般平民凭着对父母的挚爱之情,不顾疲劳地干活获取财物赡养父母。

第二种划分是:“君子之孝,以正致谏;士之孝也,以德从命;庶人之孝也,以力恶食。”(《曾子本孝》)这里的“以正致谏”,是用善言劝谏;“以德从命”,是指能够预先理解父母的意图没有过错而听从;“以力恶食”,是指用力气为父母取得好的饭食而自己吃差的。从效果上说,曾子认为最高层次的孝是父母受人尊敬,次一等的是不受侮辱,第三等是能得到赡养。对于“孝子终身为父母”,曾子将其分作三个阶段,即“生则有义以辅之,死则哀以莅焉,祭则莅之以敬”(《曾子本孝》)。父母去世以后祭祀时,还“必求仁者之粟以祀之”(《礼记·祭义》)。这就是说,父母活着的时候,除了赡养以外,还得用义理辅助父母而免于有过;父母去世的时候,以悲哀的心情亲自埋葬;祭祀的时候,要从仁君那里取得俸禄,恭恭敬敬地献飨。

曾子认为,人只有在自己父母去世的时候才能把真实感情表露出来(据《论语·子张》中曾子曰:“吾闻诸夫子:人未有自致者也,必也亲丧乎?”)。父亲去世后曾子七天不吃饭,就是因为悲痛之极。

对待父母的过错或不合义理的安排,孝子应该怎么办,是曾子论孝道中一个十分重要的问题。曾子的观点是,父母有过要劝谏,

但态度要和颜悦色，一次不听就两次，真不听的话也不要违逆。眼看父母有过而不劝谏不是孝子行为，态度不好也不是孝子行为。曾子说："父母爱之，喜而不忘；父母恶之，惧而无怨；父母有过，谏而不逆。"(《曾子大孝》)他反复强调"以正致谏"、"微谏不倦"。在他的学生单居离请教"事父母有道乎"这个问题时，曾子首先强调的是"有。爱而敬。父母之行，若中道则从；若不中道则谏，谏而不用，行之如由己"(《曾子事父母》)。即父母的行为正确就随从，不正确要劝谏，劝谏而不采纳，就代亲受过。曾子十分强调劝谏的方法和态度："孝子之谏，达善而不敢争辩；争辩者，作乱之所由兴也。"就是在劝谏的时候，只正面表达正确的意见("达善")而不同父母争论；如果同父母争论，就是犯上作乱了。孝子这样做的目的，"由己为无咎则宁，由己为贤人则乱"(《曾子事父母》)。就是说，劝谏父母，是为了让父母免去过错；如果认为是因为自己的劝谏而使有过错的父母变成了贤人，那是宣扬父母的过错而为自己扬名，是大乱之道。

二、免刑全身

在曾子论"孝"的言论中，有相当一部分是谈及孝子如何保护自己身体的，如："故君子一举足不敢忘父母，一出言不敢忘父母。一举足不敢忘父母，故道而不径，舟而不游，不敢以先父母之遗体行殆也。一出言不敢忘父母，是故恶言不出于口，忿言不及于己。然后不辱其身，不忧其亲。"(《曾子大孝》)在《曾子本孝》篇中，也有相似的叙述："孝子不登高，不履危，庳亦弗凭，不苟笑，不苟訾，隐不命，临不指，故不在尤之中也。孝子恶言死焉，流言止焉，美言兴焉，故恶言不出于口，烦言不及于己。故孝子之事亲也，居易以俟命，不兴险行以徼幸。孝子游之，暴人违之。出门而使，不以或为父母忧也。险途隘巷,不求先焉,以爱其身,以不敢忘其亲也。”在曾子看来,孝子不攀登高的地方,不走险的地方,不靠近深的地方。不随便说笑,不随便指责。在幽暗的地方不相命以事,从高处往下看不指手画脚,就不会出差错,对孝子说坏话的就完全消尽,流言飞语不行于世,而赞美的语言兴起。想说坏话的人开不了口,辱人的话不涉及自己。因此,孝子侍奉父母,平静地听从使唤,不去行险而寻求意外之福。孝子到闹市上,要远离粗野的人,奉父母之命出门不要让父母担忧。艰险的路途,狭窄的街巷,不要抢先而过。这样爱护自己的身体,都是因为时刻不敢忘记自己的双亲。曾子的这些话仍是以父母为中心的孝道观的反映,而儒家“以人为贵”的思想,则是孝子保全身体的理论基础。曾子的弟子乐正子春转述孔子的话说:“天之所生,地之所养,无人为大。父母全而生之,子全而归之,可谓孝矣。不亏其体,不辱其身,可谓全矣。故君子顷步而弗敢忘孝也。”(《礼记·祭义》)就是说:“天所生的,地所养的,没有比人更伟大的了。父母完整地生下儿子的身体,儿子死后也完整地把身体归还父母,可以称得上孝了。不损坏父母留下的躯体,不使自己受辱,可以称得上完整地保存父母的遗体。因此,君子半步也不敢忘孝。”曾子在临死之前对弟子们说:“启予足!启予手!”(《论语·泰伯》),就是对自己实践了这一理论的表述。因为他活着的时候担心自己的躯体受到损伤而不能完整地归还父母,现在做到了,也要他的学生仿效自己。

三、孝悌

在儒家伦理中,孝与悌是紧密联系在一起的。悌,是处理兄弟之间关系的标准。曾子认为,弟弟对哥哥,要以尊敬的态度对待,作为自己的榜样;要以对长者的态度对待,一点也不违背他的话。哥

哥做事符合正道，就不违背；不符合正道，就包容些。（《曾子事父母》言："尊事之，以为己望也；兄事之，[1]不遗其言。兄之行若中道，则兄事之；[2]兄之行若不中道，则养之。"[3]）

哥哥对待弟弟，则是及时为他举行冠礼和婚娶。弟弟的行为若符合正道，就让他做符合正道的事；如果不符合正道，也像弟弟对待哥哥的不符合正道那样；这样还不行，就暂时舍弃而等待改正。（《曾子事父母》："嘉事，[4]不失时也。弟之行若中道，则正以使之；弟之行若不中道，则兄事之；诎事兄之道若不可，[5]然后舍之矣。"[6]。曾子又特别强调了做弟弟的行为准则：在日常生活中，吃饭时弟弟应在哥哥之后，出力气的活抢先干，卑贱的事自己出面，不推给哥哥，喝酒不能醉，自己遇到不痛快的事，如与哥哥一起欢乐，不能露出哀容。因为礼法的原则是尊大而不尊小。（《曾子事父母》："饮食以齿，力事不让，辱事不齿。[7]执觞觚杯豆而不醉，和歌而不哀。""夫礼，大之由也，不与小之自也。"）

第二节　忠与孝结合

曾子认为，孝道是人类社会的根本法则，无所不在，无时不用，无所不包，那就不能仅仅适用于父母与儿女之间，还应该扩展到社会。因而把弘扬孝道与转变社会风气进而寻求治世结合起来，主张以孝治民，以孝为政。

曾子说："先王用来治理天下的五条原则是：尊重有德的人，尊重地位尊贵的人，尊重老年人，尊敬年长的人，慈爱年幼的人。这五条，是先王用来安定天下的原则。为什么尊重有德的人？因为他们接近于圣贤之道的要求；尊重地位高贵的人，因为他们接近国君；

❶此处"兄"字读若"况"。《释名》曰："兄，荒也，大也。"此处解为"长者"。
❷此句"兄事之"，包括了上文"不遗其言"的内容。
❸养，包容、容忍。
❹嘉事，指冠礼与婚娶。
❺诎，屈也。此句谓"如果降低身份按对长者的态度对待有过错的弟弟还不行"。
❻"舍之"，卢辩注曰"怒罚之"；郑注为"舍之须后"，意思是暂且不管等等看，于义为长。
❼孔广森注为"不以齿长辞辱事"，不确，此为弟弟的行为。

尊重老年人，因为他们近似自己的双亲；尊敬年长的人，因为他们近似自己的兄长；慈爱年幼的人，因为他们近似自己的儿女。因此，达到孝的最高标准就接近于天子了，达到悌的最高标准就接近于霸者了。之所以说达到孝的最高标准就接近于天子，是因为即使天子也有父母；之所以说达到悌的标准就接近于霸者，是因为即使诸侯也定然有兄长。对上述先王的教导沿袭而不改，就可以用来领导天下国家。"（"先王之所以治天下者五：贵有德，贵贵，贵老，敬长，慈幼。此五者，先王之所以定天下也。贵有德何为也？为其近于道也；贵贵，为其近于君也；贵老，为其近于亲也；敬长，为其近于兄也；慈幼，为其近于子也。[1]是故至孝近乎王，至弟近乎霸。至孝近乎王，虽天子必有父。至弟近乎霸，虽诸侯必有兄。先王之教，因而弗改，所以领天下国家也。"（引自《礼记·祭义》）从而将行孝和治理国家视为一体。曾子认为，"慎终追远，民德归厚矣"。因为人死之后容易被忽视，年代隔远了容易被忘记。如果能视死如生，视亡如存，丧尽其礼而祭尽其诚，并且把这种诚心推而广之，人民的道德风尚就会归向淳厚朴实。

在儒家思想中，孝悌与治理国家、移风易俗是一致的。孔子弟子有若说："其为人也孝弟，而好犯上者，鲜矣；不好犯上，而好作乱者，未之有也。"（《论语·学而》）曾子认为"孝子善事君，弟弟善事长"（《曾子立孝》），孝养父母与忠于事君，两者是一致的。因为曾子的"孝本"思想，要体现的是父母的价值，为了父母的荣耀，可以做官，可以作战，而且都要干好，否则便是不孝："事君不忠，非孝也；莅官不敬，非孝也……战阵无勇，非孝也。"（《礼记·祭义》）曾子决不是消极避世的人。"可以托六尺之孤，可以寄百里之命，临大节而不可夺也，君子人与？君子人也"（《论语·泰伯》），"士不可以不弘

[1] 以上数句，《吕氏春秋·孝行》引。此下数句与上文浑然一体，故亦视为曾子之语。

毅，任重而道远。仁以为己任，不亦重乎？死而后已，不亦远乎？”（同上）“自反而不缩，虽褐宽博，吾不惴焉；自反而缩，虽千万人，吾往矣”（《孟子·公孙丑上》）等语，无不透露着他的社会责任感和一往无前的精神。其谨慎小心和尚勇之气，并不矛盾。

曾子把家庭看成一个小社会：“事父可以事君，事兄可以事师长，使子犹使臣也，使弟犹使承嗣也。”“赐予其宫室，亦犹庆赏于国也；忿怒其臣妾，亦犹用刑罚于万民也，是故为善必自内始也。内人怨之，虽外人亦不能主也。”（《曾子立事》）在这里，父亲俨然是国君，其他则是臣妾。处理好家庭关系，也是一种社会实践，能当孝子，也能当忠臣，曾子的本意就在于此。

第二章 自我完善的修养观

第一节 修养方法

曾子的个人修养,标准很高,要求很严,这与他的“孝本”思想是紧密相连的,也是曾子追求完美人格的重要原因。曾子的个人修养过程,是自我完善的过程,是在高度自觉的前提下进行的。曾子说:“吾日三省吾身——为人谋而不忠乎?与朋友交而不信乎?传不习乎?”(《论语·学而》)曾子并不是发现了过失再检查,而是每天多次从不同方面回顾自己的行为,看是否有不恰当的地方。“君子攻其恶,求其过,强其所不能,去私欲,从事于义。”(《曾子立事》)曾子说的“攻其恶,求其过”之“其”,都是指君子,实际上也是曾子本人的修养信条,是自己攻自己的过恶。他说:“日旦就业,夕而自省,思以没其身,亦可谓守业矣。”(《曾子立事》)如果出现了不被别人喜欢、不被别人信任等情况,他强调的是从自己身上找原因,而不怨天尤人:“同游而不见爱者,吾必不仁也;交而不见敬者,吾必不长也;临财而不见信者,吾必不信也。三者在身,曷怨人?怨人者穷,怨天者无识。失之己而反诸人,岂不亦迂哉!”(《荀子·法行》)意即“和别人在一起相处而得不到别人喜爱,一定是我不仁爱;与人交往而

受不到尊敬，一定是我没有长者风度；面对财物而不被人信任，一定是我不值得信任。这三种情况发生在自己身上，有什么理由埋怨别人？埋怨别人是无聊的表现，埋怨上天是没有知识的表现。过失在于自己反而去从别人身上找原因，难道不是太迂腐了吗”？曾子又说：“不要疏远自己的亲人而亲近外人，不要自身不好而埋怨别人，不要刑罚已到自己身上，而呼叫上天。疏远亲人而亲近外人，不是扯远了吗？自己不好而埋怨别人，不是相反了吗？刑罚已到而呼叫上天，不也太晚了吗？”（“无内人之疏而外人之亲，无身不善而怨人，无刑已至而呼天。内人之疏而外人之亲，不亦远乎？身不善而怨人，不亦反乎？刑已至而呼天，不亦晚乎？”引自《荀子·法行》）曾子强调了修养的“反求诸己”的原则。而且曾子特别强调“慎独”，这是儒家自我修养的最高境界。曾子曰：“十目所视，十手所指，其严乎！”（《礼记·大学》）意思是说：“人在独处的时候，也像有好多双眼睛在盯着你，好多只手指头在指着你，多么严厉可惧呀！”曾子认为可以从外表透视内心世界：“故目者，心之浮也；言者，行之指也；作于中则播于外也。故曰：以其见者，占其隐者；故曰：听其言也，可以知其所好矣；观说之流，可以知其术也；久而复之，可以知其信矣；观其所爱亲，可以知其人矣……”（《曾子立事》）他举例说：“鄙夫鄙妇相会于墙阴，可谓密矣。明日则或扬其言矣。”（《曾子制言》上）曾子又认为：君子做小事和做大事一样，在家闲居与出外做官一样（“是故君子为小由为大也，居由[1]仕也。”引自《曾子立事》）。在修养上，也是这个道理：像听到不好的话而仍面色平静，（尽管心里不赞成）就接近于喜欢对方的话了；喜欢了对方的不善之言，就相当于自身接近了不善之事；自身接近于不善之事，差不多就等于自身干过不好的事了（“人言不善而不违，近于说其言；说其言，殆于以身

[1] 由，意同“犹”。

近之也；殆于以身近之，殆于身之矣。”引自《曾子立事》)。反过来也一样：“人言善而色葸焉[1]，近于不说其言；不说其言，殆于以身近之也；殆于以身近之，殆于身之矣。”(同上)就是在曾子病重期间孟敬子去看望他，曾子留给孟敬子的话也是让人们从看似小事上做起：“君子应该重视礼的三个方面：严肃自己的容貌，就可以避免别人的粗暴和放肆；端正自己的脸色，就可以使别人诚心不欺；自己说话时言辞与语气和顺，就可以避免别人的粗野和背理。”(“君子所贵乎道者三：动容貌，斯远暴慢矣；正颜色，斯近信矣；出辞气，斯远鄙倍矣。”《论语·泰伯》)曾子在说这话之前作了强调：“鸟之将死，其鸣也哀；人之将死，其言也善。”说明他非常看重从小事做起的必要性。

但人是社会的人。修养上的“慎独”并不只是闭门思过，重要的是在与人交往中保持独立的人格和高尚的情操。曾子深知环境对人影响的重要性，“故蓬生麻中，不扶自直；白沙在涅，与之俱黑”(《曾子制言》上)。所以，“与君子游，苾乎如入兰芷之室，久而不闻，则与之化矣；与小人游，贷乎如入鲍鱼之次，久而不闻，则与之化矣。是故君子慎其所去就”(《曾子疾病》)。这是曾子病中对儿子们说的一段话，可以说是曾子个人的经验之谈。“慎其所去就”是选择交友对象的问题。

对一个人修养水平的检验，经常反映在面对利欲、嗜欲等问题上。曾子的方法是通过思索比较，用长远利益否定眼前利益，从利益中看到危害，然后抑制个人欲望而使思想升华：“君子见利思辱，见恶思诟，嗜欲思耻，忿怒思患。”(《曾子立事》)曾子的意思是：看到利的东西(如官位、钱财等等)，要想到对自己名声有损害，见到坏事就想到自己若做了别人会骂，当想满足自己欲望的时候要想到耻辱，在愤怒难控制的时候要想到后患。因为有些不好的事情对

[1] 葸，孔广森注曰：畏难也。意为人们谈到行好事而自己脸上露出畏难的神色。

人的诱惑很大,自己可以不去做,但神色上保持不羡慕的样子就有困难;神色上也不流露羡慕可能做到,但内心里一点也不想就很难。所以修养的最高层次要归纳到“太上乐善”,对不好的事根本不动心。

第二节 修养标准

曾子有极严格的修养方法——“慎独”;又有极高的修养标准——君子。在曾子的言论中,“君子”一词使用的频率很高:仅《曾子十篇》这5699字的篇幅中,“君子”一词即出现71次;而以论修养为主的《曾子立事》不足1800字,就达37次;《曾子制言》(中)529字,“君子”一词用了12次。《论语》引曾子之言11段,“君子”一词出现5次。曾子在使用“君子”一词时,有时是特指,如在论“孝”的等级时所说的“君子以正致谏”,一般认为是指公卿大夫;但从整体上说,曾子言论中的“君子”,是指道德高尚的人。曾子对君子的定义要求极高,几近于苛刻。因为这是个人修养的极限,也是曾子终生追求的理想人格。

曾子从不同侧面说明君子形象:

一是学习方面。“君子既学之,患其不博也;既博之,患其不习也;既习之,患其不知也;既知之,患其不能行也;既能行之,患其不能让也。君子之学,致此五者而已矣。”(《曾子立事》)曾子认为,君子学习一是要广博,二是要及时温习,三是要真正明白,四是要根据所学而做,五是不要出风头。君子学习上本着这五个方面去做就行了。而在有疑问的时候,先不要表态,不问明白也不说,如问两个问题先易后难。即“君子疑则不言”,“未问则不言,两问则不行其难者”(《曾子立事》)。

二是言谈举止方面。“君子恭而不难，安而不舒，逊而不谄，宽而不纵，惠而不俭，直而不径，亦可谓无私矣。”(《曾子立事》)。即君子对人恭敬有礼是发自内心而不是态度勉强，神态安详而动作不缓慢，谦逊而不谄媚，宽和而不放纵，惠及他人而待之以礼，言语直爽而不急躁。如果是到别的国家去，君子的做法是要避称对方所讳，不触犯禁忌，不穿过于华美的服装，不说人家国家的隐患(“君子入人之国，不称其讳，不犯其禁，不服华色之服，不称惧惕之言。”引自《曾子立事》)。在日常生活中，君子不散布流言飞语，不在言辞上压倒对方让人难堪，不在别人面前宣扬自己的才能，即“君子不唱流言，不折辞，不陈人以其所能”(《曾子立事》)。

三是对待他人。“君子己善，亦乐人之善也；己能，亦乐人之能也；己虽不能，亦不以援人”。意为君子自己好，也喜欢别人好；自己有才能，也喜欢别人有才能；自己没有本事，也不嫉妒别人的才能而把人拉下来。君子喜欢别人做好事，但不去促速，怕对方畏难而反退；厌恶别人做坏事而不当面疾言厉色指责，怕激之太甚而酿成更大的乱子(“君子好人之为善，而弗趣也；恶人之为不善，而弗疾也。”引自《曾子立事》)。“君子不先人以恶，不疑人以不信，不说人之过，而成人之美。存往者，在来者。朝有过夕改，则与之；夕有过朝改，则与之。”这就是君子“与人为善”之意：君子不先入为主地认为人家会作恶，不能用不信任的态度猜疑别人，不宣扬别人的过失，而成全人家的好事。作为君子固然是见到别人做了一件好事还希望他再做第二件，见到行了小善希望其行大善，但只要有了德行，也不要求他比人多，即不能求全责备(“见其一，冀其二；见其小，冀其大。苟有德焉，亦不求盈于人也。”语出《曾子立事》)。

曾子于君子言行一致方面的言论很多,下节专门论述。

在曾子的君子概念中,内涵最丰富的是德行操守。君子德行操守的原则是“仁、义、礼、智、信”:“君子虽言不受必忠,曰道;虽行不受必忠,曰仁;虽谏不受必忠,曰智……是故君子以仁为尊。天下之为富,何为富?则仁为富也;天下之为贵,何为贵?则仁为贵也。”(《曾子制言》中)“夫行也者,行礼之谓也。……行之则行也,立之则义也。”(《曾子制言》上)根据这一原则,君子去确定自己的生死观、荣辱观以及出仕与隐居、追求富贵与甘于贫穷的选择:“富以苟,不如贫以誉;生以辱,不如死以荣。辱可避,避之而已矣;及其不可避也,君子视死若归。”(《曾子制言》上)

在进和退即仕与不仕这个问题上,曾子阐发道:“君子进则能达,退则能静。岂贵其能达哉?贵其有功也。岂贵其能静哉?贵其能守也。夫唯进之何功,退之何守,是故君子进退有二观焉。故君子进则能益上之誉而损下之忧。不得志不安贵位,不怀厚禄,负耜而行道,冻饿而守仁,则君子之义也。”(《曾子制言》中)意为,“君子出仕就能发达,不仕就能安静。难道是把发达看作宝贵的吗?是以能建立功业为贵啊。难道是把安静看作宝贵的吗?是以能坚持操守为贵啊。只是看建立的是什么功业,保持的是什么操守,所以君子的出仕和隐居要从两个方面看。因此,君子的出仕应该能增加国君的声誉,并且减少民众的忧愁。不能推行自己的意志就不要安居高贵之位,留恋厚足的俸禄。宁愿自己干活挣饭吃而宣传大道,挨饿受冻而坚持仁德,这是君子的大义”。孟子因为齐国国君不大礼貌而不去朝见,景子提出批评,孟子引曾子的话说:“晋楚之富,不可及也。彼以其富,我以吾仁;彼以其爵,我以吾义。吾何慊哉?”所以,君子的行为是以仁、义为基础的。

曾子心目中的君子应该是直言直行毫不苟且，“故君子不假贵而取宠，不比誉而取食。直行而取礼，比说而取友。有说我则愿也，莫我说，苟吾自说也。故君子无悒悒于贫，无勿勿于贱，无惮惮于不闻。布衣不完，疏食不饱，蓬户穴牖，日孜孜上仁。知我，吾无欣欣；不知我，吾无悒悒。是以君子直言直行，不宛言而取富，不屈行而取位”（《曾子制言》中）。这就是说，“君子不能借贵人之势而取得官位，不靠互相吹捧而获得俸禄。按照直行的标准来得到礼遇，按照志同道合的标准来找到朋友。有喜欢我的，那当然高兴；没有人喜欢，只要我自己喜欢就行。所以君子不要对贫穷感到痛苦，对位卑不满，对少有人知感到害怕。虽布衣都不完整，粗糙的食物都吃不饱，住着破草屋，但每天孜孜不倦地推崇仁德。别人了解我，我不沾沾自喜；别人不了解我，我不痛苦伤心。因此，君子应该说话和行动都正直。不靠婉转的言辞取得富贵，不扭曲自己的行为而取得官位”。如果有必要，君子可以藏在高山之上、宽深的沼泽地带，以采集橡栗和野菜为食，或者在只有十户人家的地方靠耕种庄稼度过一生（“是故君子错在高山之上，深泽之污，聚橡栗藜藿而食之生，耕稼以老十室之邑。”（语出《曾子制言》下）。

君子重“道”。“道”，在曾子的言论中经常是作为“正义”理解的，但偶有例外，如“兴道之士”的“道”。这里的“道”，是“歪门邪道”之“道”，“兴道之士”与“有耻之士”是对立的。因此，曾子说：“故君子不贵兴道之士，而贵有耻之士。……夫有耻之士，富而不以道，则耻之；贫而不以道，则耻之。”（《曾子制言》上）君子看重“有耻之士”，是因为他们懂得羞耻：不用正道获取富贵，就感到耻辱；因为贫穷而走邪路，就感到耻辱。“有耻之士”比君子的修养要低一个层次。君子以不与富贵的人打交道作为自己的快乐，不把自己居于贫

贱人之上。凡是不行义理的国君，自己就不去他那里做官；凡是不仁德的公卿大夫，自己就不在他那里做事（“故君子不谄富贵以为己说，不乘贫贱以居己尊。凡行不义，则吾不事；不仁，则吾不长。”[1]语出《曾子制言》下）。

曾子以君子为标准进行个人修养，达到废寝忘食的程度：“是故君子思仁义，昼则忘食，夜则忘寐。日旦就业，夕而自省，以没其身，亦可谓守业矣。”[2]（《曾子制言》中）

第三节　言行一致

曾子认为，有了好的修养方法和标准，还必须言行一致。

在“言”与“行”的次序及孰多孰少方面，曾子主张少说多做，先行后言：“且夫君子执仁立志，先行后言。”（《曾子制言》上）又说：“微言而笃行之，行欲先人，言欲后人。”（《曾子立事》）即说话要少，做起事来要扎实；行动要比别人早，说话要比别人晚。同时，曾子还主张爱惜时间多学习，学了行动要及时，困难的事不回避，不为贪图名声而干些容易的事（“君子爱日以学，及时以行，难者弗辟，易者弗从。”语出《曾子立事》）。

在“言”与“信”的关系上，曾子认为应该说话算数，“可言而不信，宁无言也”（《曾子立事》）。“不能行而言之，诬也；非其事而居之，矫也；道言而饰其辞，虚也”（《曾子立事》）。在这里，曾子指出：做不到而夸夸其谈，是不诚实行为；不是自己做的好事而硬拉到自己身上，是欺骗；听了人家的话而向别人叙述时又添枝加叶，是虚假。

曾子强调“言必有主，行必有法”（《曾子立事》），说话要有中心，行动要有标准。“言不远身，言之主也；行不远身，行之本也。言

❶不长，阮元解为“不臣不仁之公卿大夫”。

❷此段中“日旦就业，夕而自省，以殁其身，可谓守业矣”几句，与《曾子制言》（上）同，仅“以殁其身”作“思以殁其身”。

有主，行有本，谓之有闻矣。”(《曾子疾病》)这是不求言行于虚远之地，而以自身为言行所从出的意思。“主”是主体，“本”是根本。曾子说：“故为人子而不能孝其父者，不敢言人父不能畜其子者；为人弟而不能承其兄者，不敢言人兄不能顺其弟者；为人臣而不能事其君者，不敢言人君不能使其臣者。故与父言，言畜子；与子言，言孝父；与兄言，言顺弟；与弟言，言承兄；与君言，言使臣；与臣言，言事君。”(《曾子立孝》)也就是要求自己“言有主，行有本”。

曾子认为，做事的起点要高，要以贤能的人为榜样。做好事不要有急于求名之心，要持之以恒，才会有名声；做好事没有徇私欲速之心，持之以恒就会取得成就。自己说的话正确，后人会去宣扬；自己行仁义之事，后人会去坚持。[1]

一个人做的好事有大有小，有明有暗，曾子的态度是：“君子不拒绝做小事，也不怕自己做的事别人不知道。当然，在暗处做的好事也不向别人保守秘密。别人知道了，自己当然喜欢；别人不知道也不要紧，只要自己明白就行。”(“君子不绝小，不殄[2]微也。行自微也，不微人。人知之，则愿也；人不知，苟吾自知也。”语出《曾子立事》)

曾子有一段话论述了行为过程的四个阶段，是很有价值的：“君子虑胜气，思而后动，论而后行。行必思言之，言必思复之。思复之，必思无悔言，亦可谓慎矣。”曾子认为，人的整个行为过程是由思、言、行、复四个阶段构成的，这便是“外内合”。在这四个阶段中，“行”是“外内合”的交汇之点。没有行动，“内”的东西就不能外现；没有行动，那么“外”也就没有实际意义。但是，在“行”之后还有一个“复”，就是反复、重复，这才是完整过程的终点。因为“言行一致”并不是目的，只有合乎仁义道德才是目的。这就是说，言行一致是一种表现形式，做好事固然要言行一致，而做坏事的人也可以言行

❶见《曾子立事》：“行无求数，有名；事无求数，有成。身言之，后人扬之；身行之，后人秉之。”“数”，急促。

❷“殄”，亦是“绝”的意思，拒绝。

一致。只有经过了反复、重复地去做好事,这样的言行一致才是有价值的,才是君子认为的真正的言行一致。[1]这样,“人信其言,从之以行;人信其行,从之以复,复宜其类,类宜其年,亦可谓外内合矣。”(《曾子立事》)曾子关于“行而后复”的思想,是对孔子“言之必可行也”这一“言行一致”思想的发展。

曾子言行一致的实践,在其孝行、诚信和守义等方面都得到了充分展现。

关于孝行,《生平篇》已有叙述,此处从略。曾子恪守诺言,诚信不欺,在历史上很有影响。《韩非子·外储说上》所记曾子教子的故事流传至今:曾子的妻子要到市上去买东西,儿子跟着要去,不让去儿子就哭。曾子的妻子对儿子说:“你回去吧,等我回来杀猪给你吃。”曾子的妻子从市上回来,曾子要逮猪杀,他妻子阻止,说:“我只不过是与小孩开个玩笑哄哄他。”曾子说:“和小孩不能开玩笑。小孩子没有知识,靠跟父母学习,听从父母的教诲,现在你欺骗孩子,这是教孩子欺骗。母亲欺骗了儿子,儿子不相信他的母亲,不能这样教育。”于是曾子把猪杀掉煮了肉给孩子吃。

《韩诗外传》载子路评价曾子守义的话[2]:“曾子褐衣缊絮,未尝完也;粝米之食,未尝饱也;义不合则辞上卿。不恬贫穷,焉能行此?”这段话源于《庄子》:曾子住在卫国的时候,穿的布袍外层都破了,脸上浮胖,手脚都起了老茧,有时三天吃不上一顿饭,十年没做过新衣服,要正正帽子帽带就断了,要提一下衣襟就露出胳膊,要穿鞋则露出脚后跟,生活十分艰苦。但曾子一边走一边唱着《商颂》,声音充满于天地之间,像金石之音那样响亮。天子不能让他称臣,诸侯不能和他交友,养志的人已忘记了形体。《太平御览·百谷部》记载,鲁国国君送一些粮食给曾子,曾子拒受。送粮食的使者

[1] 关于曾子行动过程四个阶段的叙述,吸收了高专诚《孔子·孔子弟子》一书第二部分第四章中的观点。

[2] 子路死于孔子之前,其时曾子尚随孔子学习,故子路的话系后人据《庄子》之言而假托。

说:“这不是您向别人要的,是别人主动送给您的,为什么不要呢?”曾子说:“给人东西的人会在受恩惠者面前傲慢,接受人东西的人会对送财物的感到畏惧,即使人家不在我面前傲慢,我能不害怕吗?与其富而害怕人,不如贫而昂首挺胸。”正因曾子言行如此,被晋朝皇甫谧写入《高士传》。

第三章 以阴阳学说为中心的自然社会观

《曾子十篇》最后一篇是《天圆》,以与弟子单居离问答方式,阐明天圆地方的含义,阴阳二气的交互作用及圣人在自然与人类社会中的地位。

曾子认为,天生的头向上,地生的头向下。所谓天,地上空虚无土之处都属于天,所有动物是天所生,头向上;草木等植物以根为头,枝叶为末,所以说地所生的头向下。“上首之谓圆,下首之谓方”,但实际上不是一圆一方。曾子说:“如诚天圆而地方,是四角之不掩也。”就是说,要真的是上天圆形而大地方形,那么四个角就盖不住了。“天圆地方”是从“道”这个角度说的,天道叫圆,地道叫方。卢辩注称:“道曰方圆耳,外形也。”阮元引《易·说卦》乾为天为圆。《文言》曰:“地至静而德方,皆言其道也。圣人因方圆以治天下,故《周髀》以笠写天,立周天之度;禹用矩测高、深、远,以治山川也。”进而曾子论及阴阳二气。首先,曾子强调指出阴阳之气来源于天地。他说:“天道曰圆,地道曰方,方曰幽而圆曰明。明者,吐气者也,是故外景;幽者,含气者也,是故内景。故火日外景,而金水内景。吐气者施,而含气者化,是以阳施而阴化也。”幽有幽深之意,以此说明“地”广大幽远;明有光明之义,以此说明“天”明亮光耀。明亮的是吐气的，它的影像是显示于外部的；幽深的就是含气的，本身没有光亮，而需要含受光亮，才能显示影像，相对于明亮者的“外影”，它便称为“内影”。在曾子看来，明亮的天是阳，幽远的地是阴。阴阳是指阴性或阳性，也可以说是阴性之物或是阳性之物。曾子体察到了火、日同天共具某种相同的属性，它们是“外影”的；金、水同地共具相类似的属性，它们是“内影”的。阳性的天是吐气者，处于主动地位；阴性的地是含气者，处于被动地位。这正是阴阳两气产生的先决条件，即阴阳两气来源于天地。所谓“吐气者施，而含气者化，是以阳施而阴化”，就正表明了天与地两者客观上的主动与被动的关系，它们在“气”的统一下，又处于“施”与“化”的和谐之中。

其次，曾子明确地将气的概念与阴阳学说结合，提出“精气”的概念，指出阴阳的精气是构成天地间万物的本源。曾子说：“阳之精气曰神，阴之精气曰灵。神灵者，品物之本也。”气在曾子的观念中是阴阳之气，而阴阳之气的精华被称为精气。精气流动于天地之间，经过“神”与“灵”的交汇，化为天地间万物的组成材料，所以是“品物之本”。

第三，关于阴阳二者之间的关系，曾子指出，“阴阳之气各从其所，则静矣。偏则风，俱则雷，交则电，乱则雾，和则雨。阳气胜则散为雨露，阴气胜则凝为霜雪。阳之专气为雹，阴之专气为霰，霰雹者，一气之化也”。曾子认为阴阳二者并不是一种压迫的关系，而是可以平等相处，也可以相互影响、相互干扰。阴阳之气如果各得其所，就会出现平静的状态，如果一方偏强就会起风，如果双方争胜就会打雷，如果双方交互感应就会有闪电，如果双方交错散乱就会起雾，如果双方和合就会下雨。因此阴阳二气呈现着此消彼长、相得益彰的状态。[①]

①关于阴阳二气的论述，参考了罗新慧《曾子思想与阴阳学说》，《管子学刊》1996年第3期。

第四,曾子明确指出人为阴阳之气的最高级的结晶与精华。他指出:“毛虫毛而后生,羽虫羽而后生,毛羽之虫,阳气之所生也。介虫介而后生,鳞虫鳞而后生,介鳞之虫,阴气之所生也。唯人为倮匈而后生也,阴阳之精也。”兽类有毛而生,鸟类有羽而生,曾子认为作为兽类的“毛虫”和作为鸟类的“羽虫”,都是阳气化生的结果。相比而言,有甲壳的动物和有鳞片的动物则是阴气化生的结果。因为“毛虫”和“羽虫”是在地面天空中生活,而有甲壳和鳞片的动物则以在穴窟及水中生活者居多,以此区分阴阳。而人无毛羽介鳞,所以称为“倮”,是阴阳之气化生的最高成果,是宇宙天地的精华。在曾子看来,客观世界中不仅有气与精气的区别,而且又有精气、精华的区别,气的最高级形式的精华部分构成了人类。

在这个基础上,曾子又提出了圣人制订历法、音律及礼仪制度等,具体解释神灵是“品物之本”的含义。曾子指出:毛虫一类最高级的是麒麟,羽虫最高级的是凤凰,鳞虫最高级的是龙,倮虫最高级的是圣人。龙属阴,需靠阳性的风才能飞起,龟属阴,需要阳性的火烧烤才能显出征兆,都需要阴阳交会才行。麟、凤、龙、龟,都是为圣人服务的,所以圣人是天地的祭主、山川的祭主、鬼神的祭主、宗庙的祭主。圣人慎守日月的度数,而后观察星辰的运行,确定四季的次序,这叫做历法。截制十二种长短粗细不一的管子,来确定“八音”的高低和清浊,叫做律吕。律属阴而治天(十二律以应十二月),历属阳而治阴(仪象日月星辰而授四时),阴阳交互而治,一点也不能有差错。圣人又确定“五礼”作为万民的准则,确定五种丧服区别血缘亲疏等等。因此称为“品物之本”,是礼乐制度的基础及兴衰治乱的原因。

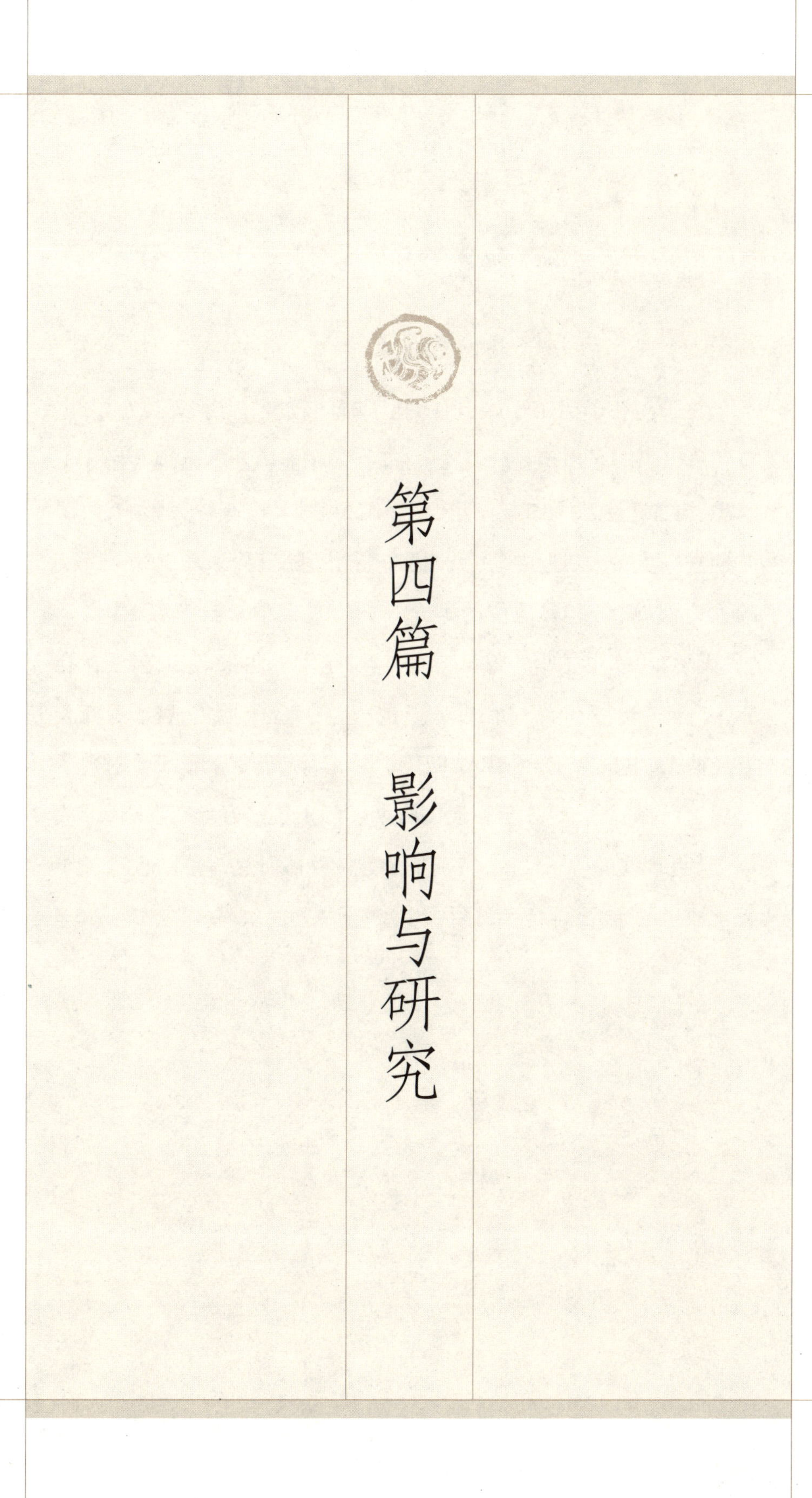

第四篇　影响与研究

曾子在孔子诸弟子中，追随孔子时间较晚，孔子又认为“参也鲁”，所以当时名声不显。但孔子卒后，曾子能原原本本地传播孔子思想，再加上他大力宣扬孝道，到战国中后期，已有较大影响；西汉时期进一步扩大，逐步呈上升之势。宋代，随着程朱理学“心性说”的大力倡导，《四书》地位的确立，被奉为《大学》与《孝经》作者及“思孟学派”体系先驱的曾子，影响越来越大。北宋末年，曾子在孔庙中升入“十哲”位置。元代，曾子被尊为“宗圣”；明代，曾子后裔袭五经博士，世世奉祀，子弟入“四氏学”(孔、颜、曾、孟)读书。对曾子思想、言行的研究与评价在战国时期实际上已经开始，到宋代形成高潮。近现代的曾子研究，特别是全方位整体研究，尚待加强。关于曾子故里的研究，详情参见附录中《曾子故里考文选》。

第一章　古代的影响与研究

第一节　战国至魏晋南北朝时期

曾子的言论与行为，在战国时期的诸子著作中已有不少记录。现存最早记述曾子思想言行的著作是《论语》，共14条。《论语》成书于孔子去世后不久，且有曾子弟子参加，故可信性较大，是研究曾子的基础资料。《论语》中“吾日三省吾身”，“夫子之道，忠恕而已矣”及“士不可以不弘毅”等曾子的言论，后来被广为征引。《孟子》一书在阐述自己观点时经常引用前人的言论作为证据，除孔子以外，征引曾子言论的比重很大。孟子引为证据的曾子言行很多不见于《论语》，说明曾子的有关材料在社会上广为流传，需要时就取以为据，其他诸子著作中保存的曾子资料也是如此。《孟子》中引曾子言行9条，如“曾子养曾皙，必有酒肉”之条，将曾参孝养父母与曾元养曾参的言行进行比较，以说明曾元赡养曾参的做法是“养口体”，曾参孝养父母的做法是“养志”，结论是“事亲若曾子者，可也”。《孟子·梁惠王下》在回答鲁穆公“吾有司死者三十三人而民莫之死也。诛之则不可胜诛，不诛则疾视其长上之死而不救，如之何则可也”这一问题时，孟子指出：“凶年饥岁，君之民老弱转乎沟壑，

壮者散而之四方者，几千人矣；而君之仓廪实、府库充，有司莫以告，是上慢而残下也。”此时引曾子“戒之戒之，出乎尔者，反乎尔者也”一语，说明国君及有司行仁政，就能出现“斯民亲其上，死其长矣”的局面。孟子认为，“曾皙嗜羊枣，而曾子不忍食羊枣”是曾子失去父亲长久悲痛的一种表现。在“曾子居武城，有越寇”之条中，孟子介绍了曾子的言行，又用“子思居于卫，有齐寇”时的行为相比，认为“曾子、子思同道。曾子，师也，父兄也；子思，臣也，微也；曾子、子思易地而皆然”。《庄子·让王》用“曾子居卫，缊袍无表，颜色肿哙，手足胼胝”的形象及表现，说明“故养志者忘形，养形者忘利，致道者忘心矣”的观点。《战国策》中记载了一个多人传言“曾参杀人”以致曾参之母“投杼逾墙而走”的故事，甘茂以此陈述谣言的危害：“夫以曾参之贤与母之信也，而三人疑之，则慈母不能信也。今臣之贤不及曾子，而王之信臣又未若曾子之母也；疑臣者不特三人，臣恐王为臣投杼也。”《荀子》一书，明确标出曾子言语有5条，主要是修身方面的。《韩非子》载“曾子杀彘教子”的故事，说明即便对儿童，说话也要讲信用。《吕氏春秋·孝行览》开篇，大多用的是曾子的话，以说明孝的意义和作用。

西汉王朝建立，惠帝时废“挟书之令”，儒者逐渐以其学说传授于民间。公元前140年，汉武帝接受董仲舒“罢黜百家，独尊儒术”的建议后，儒家思想渐为统治者所用。董仲舒在对策中即大量引用孔子及曾子的话作为根据，如“曾子曰：‘尊其所闻，则高明矣；行其所知，则光大矣’”等，扩大了曾子的影响。随着影响的扩大，开始有系统地收集整理曾子的言论。《汉书·艺文志》所载《曾子》十八篇已佚，但《大戴礼记》中存十篇，《礼记》中载《曾子问》50余条，《檀弓》篇中载曾子言论30余条，有不少未见于先秦典籍，如“曾子谓子思曰：‘伋，吾执亲之丧也，水浆不入于口者七日’”；“曾子曰：‘十目所视，十手所指，其严乎’”等等。另外，《韩诗外传》中也有不少曾子的言论和行事，如“子夏过曾子”条。《淮南子》一书，系刘安门客所著，其中记录了数条曾子的言行。刘向所撰《新序》与《说苑》中关于曾子言行，既有引用前人者，亦有不少增补。仅《说苑》一书即10余条，如“曾子衣弊衣以耕”，“鲁人攻鄪，曾子辞于鄪君”，“邑名胜母，曾子不入”及“孔子家儿不知骂，曾子家儿不知怒，所以然者，生而善教也”等等。

曾子的言论、行事资料，主要见于战国及西汉时的典籍。三国魏王肃伪《孔子家语》所记，仅有小异而无新补。南北朝时颜之推《颜氏家训》中有“曾子七十乃学，名闻天下；荀卿五十，始来游学，犹为硕儒”之说。郦道元《水经·泗水注》有一则曾子居曲阜枭不入廓的传说。曾子的这些言论行事，主要是作为证据而被记录下来。如在西汉时期盐铁官营还是私营问题的大辩论中，“文学”一方曰：“孔子不饮盗泉之流，曾子不入胜母之闾。名且恶之，而况为不臣不子乎？”丞相史则曰：“曾子养曾皙，必有酒肉。无端绕，虽公西赤不能以为容；无馔善，虽闵、曾不能以卒养。”其他，如《高士传》收入曾参，《弘明集》中所录佛教高僧的议论，也多处引曾子事迹为据。释僧顺在论“形象始立，非为教本意”时说：“且仲尼既卒，三千之徒永言兴慕。以有若之貌最似夫子，坐之讲堂之上令其说法，门徒谘仰，与往日不殊。曾参勃然而言曰：‘子起！此非子之座。’推此而谈，思仰可知也。”其中有些言论、行事被反复引用，词句或情节有所变化。《庄子·寓言》：“曾子再仕而心再化，曰：‘吾及亲仕，三釜而心乐；后仕，三千钟而不洎，吾心悲’。”《韩诗外传》记曾子语曰：“故吾尝仕为吏，禄不过钟釜，尚犹欣欣而喜者，非以为多也，乐其逮亲也；既

没之后,吾尝南游于楚,得尊官焉,堂高九仞,榱题三围,转毂百乘,犹北向而泣者,非为贱也,悲不逮吾亲也。”曾皙杖击曾子的事情,《韩诗外传》是这样记录的:“曾子有过,曾皙引杖击之,仆地,有间乃苏,起曰:‘先生得无病乎?’鲁人贤曾子,以告夫子,夫子告门人:‘参来勿纳也。’……”到《说苑》载其事则称“曾子耘瓜而误斩其根”,故曾皙发怒杖击他。到曾子苏醒后除向曾皙慰问外,又“退屏鼓琴而歌,欲令曾皙听其歌声,知其平也”。至《孔子家语》,又增加了曾参向孔子认错的情节:“曾参闻之曰:‘参罪大矣。’遂告孔子而谢过。”情节丰富,故事动人,其影响也越来越大。

曾参的形象,自战国时就以孝子、贤人的典型出现在各种著作中。因为曾参已众所周知,所以写文章的人在很多情况下只提姓名而不涉及曾子的言行。如《庄子》中“曾、史”并称,即把曾参与史鳉作为仁义、道德的典型:“且夫属其性乎仁义者,虽通如曾、史,非吾所谓藏也”(《庄子·骈拇》),“下有桀、跖,上有曾、史”(《庄子·在宥》)。作为孝的典型,庄子把曾参与孝己二人并称:“人亲莫不欲其子之孝,而孝未必爱,故孝己忧而曾参悲。”(《庄子·外物》)《战国策》中,苏秦、苏代都以“孝如曾参”为例。《荀子》列举孝的典型时增加了闵子骞:“天非私曾、骞、孝己而外众人也,然而曾、骞、孝己独厚于孝之实而全于孝之名者何也?以綦于礼义故也。”(《荀子·性恶》)《韩非子》中皆曾、史并称,以他们为“修身寡欲”的高尚典型。此后的图书文献,引孝行榜样,或曾参、孝己并称,或曾参、闵子骞并称;举德行典型,则曾、史并称;而在《淮南子》中,作者将曾参与孔子并称:“其导民也,不贵难得之货,不器无用之物。……衣食饶溢,奸邪不生;安乐无事而天下均平。故孔丘、曾参无所施其善,孟贲、成荆无所行其威。”(《淮南子·齐俗训》)曾参的影响,渗透到社会生活的各个方面。宋代人史绳祖曾在资州见到汉代隶书残碑，可辨者有200余字，中有“董永千乘人”及“曾子孝以通神明贯感底著乎朱方后世凯式”等。[1]西汉琅邪人王骏妻子死后不复娶，别人问他什么原因，王骏说：“德非曾参，子非华、元，亦何敢娶。”曾子孝行，不仅让人效法，甚至有因仰慕而改名者。《拾遗记》载：“曹曾，鲁人也，本名平。慕曾参之行，改名为曾。家财巨亿，事亲尽礼，日用三牲之养，一味不亏于是。不先亲而不食新味也。为客于人家，得新味则含怀而归。不畜鸡犬，言喧嚣惊动于亲老……”

第二节 隋唐至宋元时期

隋唐时期，对曾子行孝原因及表现，有不同看法。隋朝刘炫在《古文孝经述义》中认为：“孝己、伯奇之名偏著，母不慈也。曾子性鲁至孝，盖有由而发矣。蒸梨不熟而去其妻，家法严也；耘瓜伤苗几殒其命，明父少恩也。曾子孝名之大，其或由兹，固非参性迟朴，躬行匹夫之孝也。”《旧唐书》卷二十四《礼仪四》载：贞观十四年三月丁丑，唐太宗到国子学，亲身观看释奠之礼。祭酒孔颖达讲论《孝经》，太宗问孔颖达：“夫子门人，曾、闵俱称大孝，而今独为曾说，不为闵说，何耶？”孔颖达回答：“曾孝而全，独为曾能达也。”唐太宗制旨批驳说：“朕闻《家语》云：曾皙使曾参锄瓜而误断其本，皙怒，援大杖以击其背，手仆地，绝而复苏。孔子闻之，告门人曰：‘参来勿纳。’既而曾子请焉，孔子曰：‘舜之事父母也，使之，常在侧；欲杀之，乃不得。小箠则受，大杖则走。今参于父，委身以待暴怒，陷父于不义，不孝莫大焉。’由斯而言，孰愈于闵子骞也？”孔颖达不能回答唐太宗的驳问。唐末皮日休作《鄙孝议》，其《上篇》一方面称赞“曾

[1] 见《四库全书》本之《学斋佔毕》卷三。

参之孝感天地，动鬼神，自汉至隋不过乎”，一方面又对曾皙杖击曾参时曾参的表现持批评态度，他把舜的孝与曾参的孝比较后说：“有天地来言乎孝者，大曰舜，小曰参。舜承顺父母之道，无不为也……然犹避乎大杖也。虽尝以小杖为顺，则舜修廪可也，浚井可也。设死于大杖，谁养瞽叟哉?参承顺父母之道，无不至也。锄瓜伤根，曾皙杖之，几至于死，是以仲尼不以为孝也。何哉?有参则皙安，无参则皙孤。参顺锄瓜之罪，设死于杖，谁养夫皙哉?”唐高宗之子李宏《请树阙里碑表》有“想仁孝于颜、曾，殊深景慕”一语，是很有代表性的。到程朱理学体系在封建社会取得了思想上的支配地位以后，曾子被视为孔子儒学的正宗传人，其影响越来越大。

对于儒学的传播，唐代的韩愈首先勾勒出曾子—子思子—孟子这一体系。他在《送王秀才序》中说：“吾常以为孔子之道大而博，门弟子不能遍观而尽识也，故学焉皆得其性之所近。其后离散，分处诸侯之国，又各以其所能授弟子，源远而末益分。……孟轲师子思，子思之学盖出曾子。”李翱认为：“一气之所养，雨之所膏，而得之者各有浅深，不必均也。曾子之死也，曰：‘吾何求焉，吾得正而毙焉，斯已矣。’此正性命之言也。”到宋代，程颢、程颐在韩愈、李翱认识的基础上，提出了曾子传孔子之道的观点：“孔子没，曾子之道日益光大。孔子没，传孔子之道者曾子而已。曾子传之子思，子思传之孟子。”程氏认为：“‘参也鲁。’然颜子没后，终得圣人之道者，曾子也。观其启手足之时之言，可以见矣。”又说：“颜子默识，曾子笃信，得圣人之道者，二人也。”关于曾子得道原因，二程认为：“《语》曰：‘参也鲁。’如圣人之门，子游、子夏之言语，子贡、子张之才辨，聪明者甚多。卒传圣人之道者，乃质鲁之人。人只要一个诚实，圣人说忠信处甚多。曾子、孔子在时甚少，后来所学不可测。且易箦之事，非

大贤以上作不得。曾子以后有子思，便可见。”（以上俱引自《河南程氏遗书》）

刘子翚作《曾子论》称：“孝为百行之宗。行纯则性通，行亏则性贼，二者常相因焉，本同故也。孝以敬为本，而敬者修性之门也。……曾子之孝，敬也，立身扬名，惟此一节，而于闻道最为超警，死生之际，粲然明白。盖由始则因孝心而致敬，终则因孝心而成已。验其平日服膺，‘念兹在兹’而已。启手足则见于‘战战兢兢’之时，发善言则存乎‘容貌’、‘辞气’之际，皆敬之谓也。……曾子游圣门最为年少，夫子一与之言道，唯诺而已，夫岂有毫发疑情哉！宜其成就巍巍越诸子矣。”宋祁认为：“曾子年七十文学始就，乃能著书。孔子曰‘参也鲁’，盖少时止以孝显，未如晚节之该洽也。”（《宋景文笔记》卷十）

苏辙在《古史·孔子弟子列传》评论曾参说：“道有不可以名言者，古之圣人命之曰‘一’，寄之曰‘中’。舜之禅禹，曰：‘人心惟危，道心惟微。惟精惟一，允执厥中。’圣人之欲以道相诏者，至于‘一’与‘中’尽矣。昔者，孔子与诸弟子言，无所不至，然不尝及此也。盖尝与子贡言之矣，曰：‘赐也，汝以为予多学而识之者欤？’曰：‘然，非欤？’曰：‘非也，予一以贯之。’虽与子贡言之，而孔子之言也难而子贡之受也未信。至于曾子则不然。孔子曰：‘参乎！吾道一以贯之。’曾子曰：‘唯。’曾子出，门人问，曾子曰：‘夫子之道，忠恕而已矣。’盖孔子之告之也不疑，而曾子之受之也不惑，则与子贡异矣。然曾子以‘一’为忠恕，则知门人之不足告也夫。”

南宋朱熹将孔子对曾子说“吾道一以贯之”，曾子说了一个“唯”字之后对门人说“夫子之道，忠恕而已矣”谓之“传道”，称“一唯之传”：“孔门弟子如子贡，后来见识煞高，然终不及曾子。如‘一

唯'之传,此是大体。毕竟他下手立得定,壁立万仞。观其言,如'彼以其富,我以吾仁','可以托六尺之孤','士不可以不弘毅'之类,故后来有子思、孟子之传永。"在回答邵汉臣问"颜渊、仲尼不同"时指出:"圣人之德,自是无不备,其次则自是易得不备。如颜子已是煞周全了,只比之圣人,更有些未完。如仲弓则偏于淳笃,而少颜子刚明之意,若其他弟子,未见得。只如曾子,则大抵偏于刚毅,这终是有立脚处,所以其他诸子皆无传,惟曾子独得其传。到子思也恁地刚毅,孟子也恁地刚毅,惟是有这般人,方始凑合得著;惟是这刚毅等人,方始立得定。"(俱见《朱子语类》)朱熹在《书刘子澄集〈曾子〉后》云:"曾子为人敦厚质实,而其学专以躬行为主。故其真积力久,得闻乎'一贯'。然其所以自守而终身者,则固未尝离乎孝、敬、信、让之规,而其所以制行立身,又专门轻富贵、守贫贱、不求人知为大。是以从游者所以闻或有深浅,亦不失为谨厚修洁之人。"

王应麟《困学纪闻》则强调:"或问:'有子、曾子并称,然斯道之传惟曾子得之。子思、孟子之学,曾子之学也,而有子之学无传焉,何欤?'曰:'曾子守约而力行,有子知之而已。智足以知圣人,而未能力行也。'"此后,曾子"得道"原因,多祖二程、朱熹之说。宋儒认为,曾子传圣人之学,功德无量。程颐说:"曾子传圣人之学,其德后来不可测,安知其不为圣人!"朱熹说:"晚周以来,下历秦汉以迄于今,文字之多至不可数计,然旷千古百年欲求一个如颜、曾者而不可得,则是道之所以传固不在于文字。"

关于曾子"天圆地方"之说的解释,王应麟在《困学纪闻》卷一中多处论及:"《天圆篇》言天地万物之理。曾子之学博而约也。"又说:"《曾子·天圆篇》'火、日外景,金、水内景。'……愚谓《周髀》云:'日犹火,月犹水。火则外光,水则含景。'其说本于《易》之《坎》:

‘《坎》内阳外阴,故为水为月;《离》内阴外阳,故为火为日。’”元朝郭守正编《二十四孝》一书,详细介绍曾子与舜、闵子骞、仲由、董永、王祥等人孝行事迹,影响深入民间。

第三节 明清时期

明清时期,主要集中于对其生平的研究、著作的整理。为曾子作年谱、年表,考其生卒年代始于此期(详见《家世生平》篇)。著作的整理详见著作篇。本节主要介绍生平研究与故里诸说等。

明初大儒宋濂(1310—1381)有发轫之功,他认为,《曾子》十篇“予取而读之,何其明白皎洁,若列星之丽天也;又何其敷腴谆笃,若万卉之含泽也。《传》有之:有德者必有言。信哉!”(《文宪集》卷二十七《诸子辩》)王守仁(1472—1528)的“致良知”之说在明代盛行以后,理学家又多把“一贯之道”与“致良知”视为一体。邹善说“格物致知”是曾子发明“一贯之传”的结果。章潢(1527—1608)定了四条《学箴》,其中第三条说:“颜子欲罢不能,曾子死而后已,此是为学真机,庶几不废半途。”薛瑄则说:“曾子曰:‘战战兢兢,如临深渊,如履薄冰。君子之守身,可不谨乎?’”

有清一代,考据之学大兴。乾嘉时期的崔述(1740—1816)著《洙泗考信录》及《余录》,对曾子生平事迹作了多方面考证和研究:

第一,“一贯之诏”非传道。[1]崔述指出,过去儒学大师解释《论语》“吾道一以贯之”是孔子传道于曾子,此说是错误的。他举例说,颜回问仁的时候,孔子说“非礼勿视,非礼勿听,非礼勿言,非礼勿动”,而仲弓问仁的时候,孔子又说“出门如见大宾,使民如承大祭”。子贡询问的时候回答又不一样。归纳起来,孔子所说的都是日

[1] 所引崔氏之论,皆见《崔东壁遗书·洙泗考信余录》卷一。

用、寻常、平易、切实之事,“凡学者皆可以致力,虽大贤由之而未能尽,从未有高远深微,难以名状,使人无从致其力者”。如果有秘密之传的话,应当告诉颜回。因为曾子、子贡的天资都不及颜回,所以孔子用“一贯”来教导他们。孔子说“一”,没有说明“一”的含义;既然曾子认为是“忠恕”,那就是“忠恕”吧;否则,就是曾子欺骗门人了;再说,究竟这个“一”是什么,谁也说不清。朱熹生于孔子两千年后,怎么能知道孔子的“一”就是“忠恕”呢?崔述批评了宋以后儒家“谈虚理而遗实事”的弊端,认为是陆九渊开端,王守仁扬波,“咸以禅理为宗门,顿悟为心法”,而到明末则不可收拾。

第二,辨辞鲁致邑之说。《说苑》所载“曾子衣弊衣以耕,鲁君使人往致邑焉”之事,崔述从两个方面力辨其无:一是国君有所赏赐,不能随便拒绝或接受,《说苑》所记曾子的话,是平常人对平常人的。二是曾子在孔门年龄最小,如果受到国君这样重视,一定是中年以后的事。那时孔子已经故去,怎么会有“参之言足以全其节也”的话呢?这是战国以后杨朱之徒所伪托的。

第三,辨辞齐聘之说。《说苑》载曾子随孔子到齐国,齐景公以下卿之礼聘曾子,曾子坚决拒绝。崔述指出,齐景公在鲁哀公初年去世,当时曾子不过十几岁,孔子在昭公末年到齐国,那时曾子尚未出生,所以是不可能的。《韩诗外传》、《说苑》等书多本于战国时人的托言,而不知考证事件发生的年代。

第四,辨受父大杖之说。《说苑》记载了曾子锄瓜误斩其根、曾皙用大棍将其击昏的故事,崔述引《孟子》的话“中也养不中,才也养不才,故人乐有贤父兄也。如中也弃不中,才也弃不才,则贤不肖之相去其间不能以寸”分析认为,即使儿子不中、不才,做父亲的尚且不能忍心伤其天性之亲,何况曾子是“中且才者”,锄瓜伤根这样的小事，曾皙作为圣门高弟，人又很旷达，能因为区区小事而不管儿子生死吗？从另一方面说，曾参十分孝顺，主张对父母之遗体要看重，怎能毫不爱护自身而让父亲凭一时愤怒几乎将自己打死呢？何况曾子如果死了，以后谁养曾皙？崔述认为，凭着曾皙的旷达，曾参的孝谨，他们的家庭之间一定和睦异常。但曾子因为孝顺很有名，后人谈孝就附会到他身上，所以才有“里名胜母，曾子不入”的话。这正像《孝经》中孔子称赞闵子骞孝顺，后人就演义出后母不慈，给他用芦花当棉絮的故事。编这故事的人是想说明“大杖则逃”的道理，但忘了是在厚诬古人。

第五，辨重禄轻禄之说。《韩诗外传》称：“曾子仕于莒，得粟三秉，方是之时，曾子重其禄而轻其身。亲没之后，齐迎以相，楚迎以令尹，晋迎以上卿，方是之时，曾子重其身而轻其禄。”此书又引曾子的话说“吾尝南游于楚，得尊官焉，堂高九仞，榱题三围，转毂百乘”云云。崔述指出，双亲健在就不择官而出仕，亲没则富贵如浮云，这是君子的常道，何况是曾子？但此事却一定没有，也是因为曾子大孝而附会的。因为曾子是孔门高弟，如欲辞尊居卑，当然很容易，不必一定在齐或在莒；另外，“齐迎以相，楚迎以令尹，晋迎以上卿”，是战国时的风气，春秋时不是这样；进一步说，“楚僭王猾夏，曾子必不仕于楚；而堂高九仞，榱题三围，转毂百乘，亦非曾子之所为也”。

第六，辨速贫速朽之说。《礼记·檀弓》记载了有子、曾子、子游等关于“丧欲速贫，死欲速朽”一语的来历。崔述指出：既然“丧欲速贫，死欲速朽”这句话是曾子和子游一起听说的，那么桓司马、南宫敬叔的事也应是二人共同所见，为什么曾子不知道而子游知道；“丧不欲速贫，死不欲速朽”，这是天理人情，曾子一定不会说这样

的话。究其原因，是孔子死后，诸弟子的门人各自推重自己的老师，故多只尊本师之说而讥笑别人，所以才编造了这样的话。

第七，辨蒸梨休妻之说。世传曾子因其妻蒸梨不熟而休妻，又不再娶，崔述认为未有其事。因为若少年休妻而不再娶，家务托给何人?如果年老时休妻，难道数十年没有大过而这一天突然有了吗?世传孔子、曾子、子思都有休妻的说法，孟子也几乎这样做过，难道圣贤人的妻子都有大过，还是圣贤的人求全责备，稍不如意就休弃呢?如果给圣贤的人做妻子都得被休弃，谁还敢当圣贤者的妻子?

第八，辨疾革易箦之说。《檀弓》载曾子临死前“易箦”之事，崔述认为虚假。因为曾子平时就守身慎行，动必以正，不应该临死前尚有“不正”之事。假设童子不说，那曾子不就不能“得正而毙”了吗?大夫的席子如果曾子不能铺，季孙给的时候就应拒绝；如拒绝不了，平时也不会铺它；如果平时能铺，为什么在死前一定得换吗?编这一故事的人，只不过想说明曾子一丝不苟，但却自相矛盾。

第九，子贡时势功业与曾子不同。朱熹说：“曾子本是鲁拙，后既有所得，故守得夫子规矩定，其教人有法，所以有传。若子贡则甚敏，见得易，往往教人亦不似曾子守定规矩，故其后无传。”崔述认为朱熹的说法有片面性。因为在孔门弟子中，子路年龄最大，其次是闵子骞、仲弓、冉有、子贡等人，曾子则是孔门后进。所以《春秋传》载子路、冉有、子贡的事很多，而又以子贡为最。孔子活着的时候，弟子们被孔子的光芒所掩；孔子卒后，子贡在世时间亦不太久。子贡在世时出仕时间多而讲学时间少，曾子则是教学时间长。所以，孔子在时维护儒学的是颜回、闵子骞、子贡、仲由及冉求等，流传圣道于后世的是子游、子夏、子张、曾子诸人，而曾子于圣学之传尤为纯粹。

第十,《大学》非曾子作。崔述说:“世多以《大学》为曾子所作。朱子分‘大学之道’至‘未之有也’为《经》,为孔子之言;其余为《传》,为曾子之意而门人所记。”然后崔氏加按语指出:“《诚意章》云‘曾子曰’云云,果曾子所自作,不应自称曾子,又不应独贯此文以‘曾子曰’,朱子之说近是。”崔述认为,“大学之道”以下也不像孔子的话,而细读全篇,首尾相连,先后呼应,文体整齐,很明显出自一人之手,分作《经》、《传》两部分恐怕不对。文体都“因乎其时”,所以《论语》谨严,《孟子》舒畅,《左传》采之群书则“文错不均”。《大学》的文风是“繁而尽,又多排语”,所以应是战国时人作,不是孔子、曾子的语言。但是崔述认为,《大学》是曾子从孔子那里听到的观点,流传下来,后人写成了《大学》一文。

另外,崔述又辨证了“曾皙风咏”之答,认为此段出自《阳货》,是战国时人所撰,不可依据。撰此段的是学《老》、《庄》者,后儒误采入《论语》。“季武子死,曾皙依门而歌”一事,崔述考证季武子卒于昭公七年,是年孔子18岁,“度曾皙是时当不过数岁,而安能倚其门而歌乎?”崔述推测系庄周之徒伪托。此外,崔述还否定了“曾母投杼”及曾子对子思说父母去世时七天水浆不入口一事。

崔述在考辨时分析了“后学多宗曾子”这一现象。认为“《论语》于曾子不字之而子之,所记曾子言行亦多,疑皆曾子门人所记”。“后学多宗曾子”的原因是他在孔子弟子中“年最少而学最纯”。崔述说:“圣道之显多由子贡,圣道之传多由曾子;子贡之功在当时,曾子之功在后世。”

稍早于崔述的卢文弨(1717—1795),在整理完《大戴礼记》之后作《跋》称:“《大戴礼》极精粹者,《曾子》数篇而已。而《立事》一篇,尤学者所当日三复也。‘博学而孱守之’,余素服膺斯言。自为棘

人后，每诵‘君子思其不可复者而先施焉’数语，辄不禁之盈眥也。”其敬仰之情，溢于言表。

魏源（1794—1857）在道光元年（1821）连续编撰了《大学古本》、《孝经集传》及《曾子章句》等一系列儒学著作，对曾子的言行推崇备至。在论曾子之孝时，魏源认为：“古今言孝者，推舜为大孝，武王、周公为达孝，曾子为至孝。然曾子得曾晳以为之父，春风沂水，舞雩咏归，同为圣人之徒，各由狂狷以造于中行，其天伦所遇之境，盖过于舜，而几同于达孝之周公。”在论曾子的思想言行价值时，魏源说：“曾子得圣道宗，孝尽性，诚立孝，敬存诚，万伦万理，一反躬自省出之，初罔一言内乎深微，外乎闳侈，惟为己为人义利际，谆谆提撕而辟晅之，百世下如见其心焉。”魏源特别论及《天圆》一篇的意义：“原圣人制礼作乐之由以明人性之最贵，日用则神化也，庸德则大经也，不越户庭，明天察地，体、费隐贯于一，不遗不御也。”

曾子的故里武城在何地，明清时研究者络绎不绝。明代，王雅量作《曾子费人考实》，孔承业修《阙里志》，则费县、嘉祥二说并存；于慎行修《兖州府志》，力主纠正曾子故里是嘉祥一说的错误。清代顾炎武作《考武城》，又在《日知录》中写有一篇《曾子南武城人》，认为曾子是费县人；同意这一观点的有阎若璩、周柄中、俞正燮、叶圭绶等。《嘉祥县方舆志论》认为曾子是嘉祥县人，同意此说者有吕元善、包大爟、赵佑、孙志祖等。崔述《洙泗考信余录》卷三“《史记》著弟子国邑误”一节中认为曾子根本不是武城人，是司马迁看到《孟子》一书中有“曾子居武城”之说而“遂误以为武城人耳”。张鹏翮所修《兖州府志》，提出了曾子故里是费县而死葬嘉祥之说。曾子70代孙曾国藩到嘉祥曾子墓前拜谒后在日记中写道：“余观山石顽

犷，地势散漫，不似葬圣贤者，殊以为疑。”（详见本书附录二）

明清两代共纂修了五部有关曾子的志书：第一部是曾承业主持、姚思仁编纂的《宗圣志》，存佚不详。第二部称《曾志》，李天植编纂，曾承业于万历二十三年（1595）刻于嘉祥。《曾志》四卷，按《派源编》、《型范编》等名之，记曾子世系、言论、著作等。卷首为曾子年谱；卷末为《杂记》，录遗闻轶事。第三部系崇祯二年（1629）由曾子第 63 代孙、世袭翰林院五经博士曾宏毅主持，由吕兆祥编修的《宗圣志》，共十二卷，分为《图像》、《世家》、《追崇》、《恩典》、《事迹》、《艺文》等。第四部《武城家乘》，由 69 代孙翰林院五经博士曾毓墫修纂，共十卷，乾隆年间编成。此书王定安《宗圣志》多次引用，诸如世系、显宦、恩裔、亲支、祀典、碑记皆有。第五部系清朝光绪十六年（1890），由曾子 70 代孙曾国荃主持、王定安编辑的二十卷本《宗圣志》，分《图像》、《传记》、《世系》、《邑里》、《述作》、《祀典》、《祠庙》、《林墓》、《祭告》、《荫袭》、《祭田》、《户役》、《院第》、《弟子》、《私淑》、《赞颂》及《旁裔》，内容较他书为全，且治史慎重，材料翔实。

第二章　近现代研究

近现代曾子研究，除哲学史、思想史著作中略有涉及外，专门或专题研究的著作论文不多。

第一节　专　著

民国以来有关曾子研究的著作主要有蒋伯潜《诸子通考》中《诸子人物考·曾参》、《诸子著述考·〈曾子〉考》，钱穆《先秦诸子系年》中《曾参南武城人》、《曾子居武城有越寇考》，李启谦《孔门弟子研究》中《曾子研究》、《曾点研究》及高专诚《孔子·孔子弟子》等。

蒋伯潜《诸子通考》中《诸子人物考·曾参》载："参字子舆，《弟子传》及《家语》均云少孔子四十六岁，南武城人。南武城在今山东费县西南九十里。"《诸子著述考·〈曾子〉考》认为今《曾子十篇》中《曾子大孝》为曾子弟子及再传弟子所记。《孝经》、《大学》两书成书于汉代，决非曾子所作。

钱穆《先秦诸子系年》中《先秦诸子系年通表》记曾子生于公元前505年，卒于公元前436年。《孔子弟子通考·曾参南武城人》认为"武城在费县。……子游之所宰，曾子之所居，即子羽之邑，为近吴之武城，亦曰南武城。《史记》所载，本甚明白。今必曰曾子非南武城人而别寻一地以说之，皆非也”。《曾子居武城有越寇考》载：“《孟子·离娄下》‘曾子居武城，有越寇，曾子去之，寇退而返’……谓越寇季氏，非寇鲁。”“《鲁世家》‘哀公如陉氏，三桓攻公，公奔于卫，去如邹，遂如越，国人迎哀公复归，卒于有山氏。’夫三桓攻公而出之，国人迎而归之，越人送之，攻费而数以十罪，必此时矣。……曾子于此时前后，皆居武城。”

对曾子在原始儒学发展史上的地位和影响，钱穆论道：“曾子于孔门为后进。孔子死，曾子年仅27岁。孔子称‘参也鲁’，门人记德行、言语、政事、文学四种，无曾子，则曾子之在孔门，未必夙为群弟子所推尊。其后游、夏、子张欲尊有子为师，强曾子，曾子不肯，其时犹不见尊曾子。曾子既为鲁费君所重，其子曾申又见崇于鲁缪。吴起出曾氏门，显名楚、魏。至孟子推尊曾子，后世因谓其独得孔门一贯之传，实不然也。”

李启谦《孔门弟子研究》中的《曾子研究》，从“家世和履历”、“为人和性格”、“思想特点”、“评价问题”四个方面予以分析。认为曾子“生于公元前505年，死于公元前432年”。其家庭情况“不太富裕”，曾到莒国当了个“得粟三秉”的官职，“之后收徒讲学”，“专心致力于忠、孝、仁、义的学业和传授弟子的教学活动，最后终于成了一位有名的儒家大师”。其为人和性格特点是：性情沉静动作较慢，为人小心谨慎，态度谦逊，反对“胁肩谄笑”，具有勇敢精神。思想特点：修养全面，孝行突出，三省吾身。同时，作者对曾子的勇、孝、修养思想及影响进行了简略的评析。在《曾点研究》中，李启谦认为曾点“对儿子曾参要求很严”，“他非常崇拜孔子的学说，所以不仅他自己跟着学，而且还叫他儿子曾参也拜孔子为师。在孔门弟子中，父子同学于孔子者有两例，一是颜路、颜回父子，再就是曾

点、曾参父子。颜回、曾参这两个晚辈都学有成就。在孔门弟子中，两个被后代官府封为‘圣人’的，恰恰就是颜回和曾参。颜、曾所以能达到这样的地步，与他们父辈的督促是有一定关系的”。

高专诚《孔子·孔子弟子》一书，其中第二部分《孔子弟子》的第四章《曾参的思想贡献及其影响》从十个方面予以论述。第一节论“乐正氏”意指何人，认为“乐正氏之儒”可能是传曾子之学的乐正子春一系人物，否定了郭沫若“乐正氏”是指孟子弟子乐正子的说法。第二节对曾子之道统地位提出质疑，同意钱穆的观点，并进一步批驳朱熹“曾氏之传独得其宗”的说法“是很难立足的”。高专诚认为：“孔子以‘吾道一以贯之’教训曾子，很可能是因为曾子的追求过于支离破碎，这使得曾子只有以‘唯’应之；其次，孔子是否能同意曾子对‘一以贯之’的解释，实难予以确认。……孔子曾以一贯之道教训子贡，亦只能说明所谓‘一贯’不过是种为学之法，而不是将道统也传给了子贡。如若然，则可能出现两个道统。这样一来，也就不称其为道统了。所以，平心论之，曾子的看法恐怕只是他个人对夫子之道的提纲挈领式的总结，而很难说是恰合夫子本意的客观的解释，尽管他具有这种总结的勇气。”高氏又指出：“我们亦无意否认曾子本人有自以为孔学正传的想法和做法。曾子有勇气以忠恕一贯夫子之道，即可能是此种意图的明证之一。”但是，仅有这种精神，还远远不能成为孔学的事实上的传人。因为事实上的传人和自以为的传人无疑有着本质上的区别。

第三节论曾点、曾子一派的“孝行”，认为“独有曾子的孝，不仅在行动上有登峰造极的表现，而且在理论上还有许多崭新的建树，从而极大地丰富了早期儒家的思想。……中国传统社会极重孝道倾向形成，与曾子及曾子一派在这方面的根本性努力是难以分开的”。高专诚认为曾点、曾参的父子关系能否确认，“我们似乎并不敢断言”。高专诚认为，各种传说中“曾子已被塑造成一个在‘孝’的方面的宝塔尖上的人物了。曾子的孝行之所以被理想化……除了曾子的性格使其在群弟子中形成格外履践孝的特殊表现外，更主要的是他本人对‘孝’的一些极端的看法。……所以，在体观‘孝’的方面，从本质上讲，曾子一干人已经走向了顶点，并且概括出了后世发展的总的行动原则。后代人在履行‘孝’的教条时的正面和负面的表现，亦是原本于此”。

第四节论曾子的尽礼、守约。作者认为，曾参因为鲁钝，“与其他弟子相比，在举一反三上，曾子比不上颜渊的深沉，当然更比不上宰我、子贡等人的辩给，亦不如子张那样的急于求成，子游那样的宏伟博大，以及子夏那样的一字一板，而是顺着自己的天资，小心翼翼，做着一番兢兢业业的‘苦行’的功夫”。而“他的令人叹为观止的行为，体现了他的言行一致的特色”。尤其是“在常人心目中的一些微不足道的事情，在尽礼守约的曾子看来，都有着丝毫不可低估的意义”。

第五节论曾子等人的政治态度。作者认为曾子尽礼守约的不苟作风，从根本上来说使他“不能成为一个在政治上大有成就的人物”。而“曾子对于现实政治，更多的是无情的揭露与鞭挞”。曾子深受孔子晚年思想的影响，“对于现实政治采取了议而不与的态度”。对于曾子一生的行为“后人难免有些夸张，但他不受政治权势的利用这一事实却是可以肯定的。也正因如此，儒家思想中极端重视人伦的一面才会那样发扬光大。如果说中国思想史重人伦的思想也曾起过许多积极作用的话，那么，曾子及曾子一派的功绩是不可抹煞的”。

第六节论曾子思想的创建。作者认为"曾子的路数大体上出自于夫子,可以说是做了将夫子在某一方面的思想加以放大的功夫,而且是以稳健的态势去完成这份努力的"。

第七节论曾子对"君子"的严格定义,认为"'仁'是孔子道德、政治思想的最高境界,但是落实到个人的具体修养上,'君子'则是其理想的人格典范"。作者分析了孔子与曾子关于"君子"的定义,认为孔子有"宏伟坦荡的气魄和广阔的襟怀",而曾子没有如此的高度,但却更加具体而严厉,所以,作者认为孔子的学生"大多均以守成而名,这当中,曾子可以说是很突出的一位了"。而曾子对"君子"定义的过分严厉,"有时又不免露出一些道家者流的味道"。而言与行的关系问题,是曾子思想的建树之一,"不仅在曾子的思想中占有显著地位,成为曾子思想的一大特色,而且亦为整个中国哲学的发展开辟了一条前所未有的途径",这便是思、言、行、复四个步骤,特别是"复"这一概念的提出,是对孔子言行一致思想的发展。

第八节是关于曾子对孝的理论的发挥、孝的消极意义、曾子与《孝经》三个方面的研究。作者认为,孝的思想,曾子继承于孔子,"曾子的贡献,是对'孝'的理论凸显"。也就是强调了以孝为本,从而体现父母价值的思想。在此基础上,作者批判了曾子孝道中消极的方面。关于《孝经》的作者,认为不是曾子所作。

第九节提出孔子死后,子夏、子游等人因为有若似孔子准备师事之而曾子不同意一事系子虚乌有,并引蒋伯潜的看法说,有若大概不是孔子弟子。

第十节论曾子后学吴起的生平事迹。第十一节小结曾子及曾子一派成就及不足。

济宁市政协与嘉祥县政协文史资料委员会编纂的《曾子家世》

一书，介绍了曾子的先世、生平、嫡裔世系、著名弟子、历代曾氏名人及封赠与奉祀情况，并概述其思想、著述，介绍了嘉祥的纪念性建筑遗址情况，附有历代颂曾诗选、曾子故事选等。

临沂市政协文史和学习委员会、平邑县政协文史委员会编《宗圣曾子》一书，其内容分曾子研究、故里考论、文物古迹、研究资料四部分。其中曾子研究侧重于思想研究，同时涉及其家世、生平、著作、影响、后裔等；故里考论包括当代及明、清、民国时期考论；文物古迹记述今临沂市境内有关曾子的遗址与纪念性建筑；研究资料辑录曾子著作、古代曾子资料、当代曾子研究著作与论文简介、费邑曾氏碑文选等。

为便于曾子研究的深入开展，现代大型丛书《孔子文化大全》编辑部编辑出版了《孔子研究资料》(李启谦、骆承烈、王式伦编)和《孔子弟子研究资料》(李启谦、王式伦编)。其中，《孔子弟子研究资料·曾子》汇集先秦至南北朝时期62种重要古籍中有关曾子的原始资料。贾庆超主编的《曾子校释》以汪晫《曾子》为底本，附清人曾国荃主持、王定安编撰的《宗圣志》，资料比较丰富。

第二节　论　文

研究曾子的论文较少，20世纪80年代中后期至2001年10余年间研究的内容主要有两个方面：一是对曾子著作的认定及成书时间，二是曾子思想及在历史上的地位等。另外对曾子故里也进行了探讨。

金德建《〈曾子天圆〉的述作考》(载1986年3期《中国哲学史研究》)一文，通过对《曾子天圆》与《淮南子》中有关内容的比较，认

为《曾子天圆》的作者系西汉初淮南王刘安门客中通晓《易》理的“九师”。王铁《曾子著作时代考》(载《中国哲学史研究》1987年1期)则肯定了《大戴礼记》中的《曾子》十篇为曾参的作品，前九篇系曾子第一代或第二代弟子所记，成于公元前400年前后的数十年间;《曾子天圆》一篇稍晚，是曾子派学者整理的。这一结论是根据《曾子》的文体(语录体)、词汇(如承嗣、士、国等)、先秦诸子征引(《荀子》、《孟子》、《吕氏春秋》等)反映的思想(孝、仁义、自我反省等)得出的。同样，说《曾子天圆》稍晚于前九篇，是因为此篇文章“组织较严密，而且内容谈阴阳之气”。作者推测:“《天圆》的写作不会晚于邹衍的时代。”钟肇鹏《曾子学派的孝治思想》(载《孔子研究》1987年2期)一文，首先从著作方面研究，认定《大戴礼记》中的《曾子》十篇就是《汉书·艺文志》中所录《曾子》十八篇的遗文，《孝经》为曾子学派的著作，是曾子弟子记录，成书于战国;二是对以曾子为首建立的儒家孝治派思想进行了分析。根据《曾子天圆》的内容，作者首先提出曾子天人一贯的自然观。指出曾子强调人在万物中是最可贵的;而“阴阳二气和天圆地方之道是构成万物的物质和规律。既是万物的根本，也是礼乐、仁义的本源。社会上的善和恶、治和乱都是由此决定的。这说明天圆地方阴阳之道是自然和社会共同遵循的客观规律”。第二是孝的人生观。作者认为“儒家孝治派不仅以孝为一切道德的根本，并且以孝统帅一切伦理道德。孝不只是个人行为和治理家庭的准绳，也是行政治国的基本指导原则”。而“作为政教之本的孝治思想的特点是从天子至于庶人，孝是贯彻上下始终的常道。但由于阶级地位的不同，孝也是分为等级的”。孝治派以孝为最高的道德准则，并且根据孝治思想建立了孝的宗教，即“祖先崇拜教”。这种孝的宗教遍于上下，“一直到近代许多家庭里还供着

'天地君亲'的牌位，对于中国人的道德思想、感情有着深远的影响"。第三是孝治派的道德实践和学习方法。曾子的孝治派特别强调道德实践。主张爱惜时间，抓紧学习；要学行一致，"及时以行"；"义"是指导行的标准。曾子之学贵在笃行以求知，求知必须慎思、明辨，"思而后动，论而后行"。第四是儒家孝治派的历史作用和影响。作者认为，适应封建家族意识而建立起来的孝治派理论，在汉王朝统一的封建政权确立以后得到了大力支持。一方面，把孝作为道德教育的准则；另一方面，对不孝则予以严惩，著为法律。因为孝道是维持封建家族的纽带，是巩固封建社会秩序的伦理道德，故对维护封建统治起过积极作用。但如"身体发肤，受之父母，不敢毁伤"，一举一动、一言一语都不敢忘父母，使人成为谨小慎微的"君子"，这些消极影响也是很大的。

1993年《文史哲》第一期发表董治安《论曾子》一文，副题为《关于历史上的曾子和曾子的历史评价》。该文第一部分是论历史上的曾子，包括考证曾子故里及生平。作者认为春秋时鲁国有两个武城，取日本人泷川资言《史记会注考证》引孙志祖说："《大戴礼记·卫将军文子》篇注云：'曾参鲁南武城人，澹台灭明鲁东武城人。'其为两判然。东武城亦单称武城，《左传》、《论语》、《孟子》所言皆是，在今费县；若曾子本邑之南武城，自在今嘉祥，于曲阜为南，与费县之在曲阜东北者不同，故加南以别之。"又引于慎行所纂《兖州府志》卷七《圣里志中》"曾子"条，关于成化年间"山东守臣上言"及在嘉祥"封树丘陵，筑建享堂神路，傍松柏缭以周垣，墓在嘉祥始此"，结论是"曾子故里及葬地为今嘉祥以南之武城，其说已见元、明碑刻记载，流传既久，值得重视"。又引《兖州府志》卷二十二《古迹志》"费县"条，卷二十三《陵墓志》"费县"条关于曾子故里陵墓在费县

之说“录以备考”。

作者考其生平，认为曾子卒年在公元前435年前后，“死于鲁”。他在孔门弟子中属于“后进”，但于孔子思想领悟较深，能得其旨要，即认为“忠恕”是孔子的基本和核心的思想。作者指出：“而这里值得注意的是，所谓‘一贯’者究竟为何，孔门弟子，甚至连‘十哲’之一的子贡也未能了然，而曾子却能够洞悉孔子微意，一语中的。”同时，曾子的贵孝，“并不是仅仅拘于倡言某种单纯道德观念，而是把发扬孝道与转变民风、求得治世结合起来，把孝行纳入了礼治的范畴，体现了以孝治民、为政的政治思想”。而曾子“重视仁德，提倡孝道，主张‘内省’，从一个方面体现了儒学的发展”。孔子去世以后，曾子在儒家学派中所居地位发生了变化，名声大为提高，成为承传孔学重要和有威望的人物，原因是曾子守在鲁国旧地，“这就使得曾子之传孔学，更易于被视为嫡传，从而带上一种‘正宗’的色彩”。另外，他比孔子小46岁，又是高寿，故“随着时间的推移，原先孔子之‘后进’弟子，逐渐演为孔门后学的前辈尊长”。而曾子的作用和影响，主要表现在三个方面：一是“曾子及其弟子参与了《论语》一书的最后编纂”；二是“曾子为儒学由孔子向子思、孟子的发展起到了承先启后的作用”；三是“在曾子影响下，战国秦汉间产生了一批托名于曾子而广为后世所知的儒家论著”，其中主要的有《大戴礼记》(《曾子十篇》)、《礼记》(《大学》、《中庸》、《檀弓》、《曾子问》)、《孝经》。

曾振宇《曾子思想论纲》一文(载1994年3期《辽宁师范大学学报》)阐述了两个问题：一、“孝”是一种道德本体论，二、曾子“孝”论对中华文化的影响。作者指出，孝为人伦大法，忠是孝道德本体论在政治关系上的扩散，孝也是人类与自然关系的准则。而孝为人伦大法体现在养亲、敬亲、谏亲、慎终追远(丧亲之礼与情)、全体与贵生五个方面。忠是孝在政治上的扩散,既表现在恪守职责的敬业行为,又表现为爱国主义的高尚情操,还是君臣关系的准则。“曾子认为宇宙间一切变化、运动,都会对人类的生存和发展产生影响,人类的行为自然也会对自然界产生意义不一的作用……基于这种逻辑认识,至大至刚的孝自然也就扩延而为天下关系的行为准则。”如曾子说:“要按照时令砍伐草木,按照时令捕杀野兽。孔夫子说:‘砍伐一棵木材,捕杀一头野兽,如果不根据时令进行的话,就是不孝了。’”曾子关于孝的理论对中华文化总体走向的影响时间很长,范围很广,“它不仅成为中华民族虽经劫难仍薪传不息的传统道德,而且内化为一种民族精神”,并且“深刻地影响了曾子之后政治制度的走向”。

1995 年,李启谦发表了《曾子研究》一文(载《烟台师范学院学报》1995 年 1 期),对曾子做了比较全面的研究。该文共分六个部分:一为“家世和里籍”。“家世”方面内容简单,仅引《世本》说明曾氏得姓之源及自曾巫至曾参世系。“里籍”问题则列举了“费县说”(即“平邑说”——编者)、“嘉祥说”各自的根据,未作结论。二为“生平事迹”。简单勾勒了从出生到 17 岁拜孔子为师学习情况,曾子与子思关系,收徒讲学及去世以后等大致概况,认为曾子 70 岁辞世。三为“著作和有关资料”。认为今存《曾子》十篇是曾子著作,否定《孝经》和《大学》为曾子著作。关于曾子有关资料,强调要分清主次及真伪。四为“人品和性格”。分析了曾子的性格特点是:1.“参也鲁”的气质,即不太活泼,而不是“脑子愚笨”;2.为人谨慎;3.态度谦逊;4.反对“胁肩谄笑”;5.有大丈夫之勇的气魄。五为“思想特点”。共三点:一是阴阳为万物之本的自然观和天人合一的社会观;二是注重

各种道德修养(修养内容全面、修养方法多样);三是孝行突出。六为“几点认识”。在这一部分中,首先肯定了“曾子的阴阳为万物之本的自然观和天人合一的社会观有合理因素,在儒学史上也是有开创性的”。其次就“大丈夫之勇”与“匹夫之勇”予以区别,认为“曾子之勇可以肯定的地方就大得多了”。同时又指出,“信念也有进步与落后之分,进步信念促成的勇,能促进社会发展,是应当肯定的。落后信念之‘勇’,阻碍社会发展,而应给以否定”。而曾子的“最大信念是孔子的‘仁’,而‘仁’既有旧事物的因素,也有改良旧事物和同情人民的内容”,故要具体情况具体分析。此处再次论及曾子孝道影响的双重性问题。作者认为,统治阶级所提倡的曾子的“愚孝”,“自古至今没起过好作用”;但“孝”作为一种道德,在劳动人民群众中“一方面是为了报答父母之情,另一方面也是为了便于学习前辈的生产、生活经验”,曾子的孝“也有这样的成分,对此也应给予肯定”。第四是就曾子的修养方法问题作了辩证分析,如“谨慎”,过分了不好;而在一些敏感问题上则应按“曾子的这种态度去处理”。第五是对后世的影响问题。认为“影响最大的还是他的孝的思想。因为他的天地变化观,淹没在《易经》、《易传》的阴阳变化观之中;他的仁的思想,掩盖在孔子、颜回的仁德之中;他的勇的精神,溶化在孔子‘杀身成仁’和孟子的‘浩然之气’之中;他的修养方法的内容,也被融合在《大学》之中”。曾子地位逐渐提高,直到被称为“宗圣”,是统治阶级为了维护其统治的需要。从这个角度看,曾子的孝“主要是起着维护封建统治阶级的消极保守作用”。

1996年,罗新慧发表了4篇关于曾子研究的论文,分别是《试论曾子对于儒家伦理思想的发展及其意义》(载《陕西师范大学学报》1996年3期)、《试论曾子关于孝的理论及其社会意义》(载《齐鲁学刊》1996年3期)、《曾子与孝经》(载《史学月刊》1996年5期)及《曾子思想与阴阳学说》(载《管子学刊》1996年3期),从不同侧面论述了曾子对儒学发展的贡献。罗氏认为,曾子的一大贡献是将孔子的“仁”学具体化,现实化,使它更易于普及到社会各阶层,让更多的人能够理解和实行。孔子赋予“仁”无比高远的理想色彩,而曾子则简化为具体的三个方面:“爱人”这一意蕴,用“孝”来表现;“立人”、“达人”之道则视为单纯的待人原则即“忠恕”;其他方面的内涵统归为“仁”。曾子的另一大贡献是使孔子完全固守维护等级名分的礼呈现出“内化的倾向,变为主观的道德情操”,“变为待人恭敬、谦虚礼貌之‘礼’”。相比之下,礼在原先所起到的统治作用和等级地位标志的作用,到曾子所处的春秋末战国初,已经开始退居次要地位,“而这个转变的发轫者正是曾子”。三是曾子的修养观,将道德修养推进到净化心灵的深入层次,并且由此出发再深入到以“义”为尺度净化心灵的更为深入的层次。四是对于传统的孝道理论的发展,认为“孝”存在于人类的天性之中,孝可以涵盖一切,把孝理解为一种柔美的思想境界,力求达到和谐完美,把孝作为实现一切善行的力量源泉和根本,把实践孝道与个人道德修养一致起来。五是曾子用阴阳二气解释自然与人的关系。认为过去学界有的学者所断言的“战国中期以前的孔孟儒学则未涉及自然观,宇宙论”是不符合实际的,就《大戴礼记·曾子天圆》篇所载的曾子思想而论,“它不仅涉及了自然观,宇宙论,而且与阴阳学说关系极其密切。特别令人注目的是曾子这些思想所出现的时代,不仅比战国中期的孔孟儒学要早很多,而且比系统化的阴阳学说出现的时期也早很多”。作者在分析了曾子阴阳学说的内容(本书《思想学说》篇第三章吸收了作者的论述,此处从略——编者)以后指出:“曾子所

阐述的阴阳学说的意义，概括说来在于它大大地扩展了儒家学派的理论阵地,在一定程度上使儒家学说更贴近社会现实,更靠近社会上的一般民众。单就阴阳学说的理论发展而言,曾子的相关理论也是阴阳学说理论化的一个重要里程碑。”作者论述了曾子阴阳学说产生的社会背景:“春秋战国之际,儒学在一定程度上面临困境，受到其他学派的挑战。崇尚自然的老子学说对儒家束身修行的礼乐仁义进行了激烈批判。墨家也站在平民的立场上对儒家大张挞伐。如何增强儒学的社会适应性,如何使儒家所主张的礼乐仁义的正确性再次得到逻辑上的论证，这是当时儒家弟子所必须直面的严肃问题。曾子将阴阳学说引入儒家的思想体系,这就从根本上捍卫了儒家学说，指出需要从阴阳所代表的宇宙观中去寻求人类社会礼法的根本点,并且进而导出阴阳变化为‘本’,而礼乐仁义是其演变的体现这一重要结论。不难看出,曾子从阴阳学说中开掘出的伦理道德意义,以自然的天道观作为基础,最终得出了圣人所制定的礼乐仁义具有不容争辩的合理性这一总结性的认识。从曾子以后,儒学与自然观进一步结合,成为儒学发展的一种趋势。”作者对阴阳学说发展的历史进行了回顾以后指出:“曾子关于阴气、阳气以及精气等哲学概念的提出，对于上古时代的阴阳学说的进一步发展以至中国古代哲学的发展,都是一个重要的贡献。”而“在曾子的理论中,气与阴阳概念结合,阴气与阳气不再与风、雨等并列,而是已经远远超出于风、雨等自然现象之上,指出风、雨等自然现象只不过是阴阳二气交互感应的结果,是气的变化的表现形式。显而易见,曾子的这些论述不仅超出了伯阳父和太子晋的理论,而且超出了春秋后期社会上流行的‘六气’说。曾子发前人所未发,将阴阳之气深化为精气的概念,赋予精气与‘一气’相同的意义,将其深入到感性事物的最底端，作为构成物体的基本因素而存在，指出精气是化生天地间万物的元素和本原。以物质的精气说作为探寻宇宙本原的具有本质意义的单位，这是中国古代哲学的一大进步。”

作者认为曾子“天圆地方”的概念并不是宇宙模式的表述，“而是当时社会上占筮所用的式盘”。“曾子关于式盘的‘四角’理论的提出，对于蓍筮的理论化和战国时期宇宙模式的形成具有重要意义”。有鉴于此，作者认为“曾子是春秋战国之际一位真正的‘善《易》者’，他的阴阳学说不仅是《易》学发展的里程碑，而且也是儒学在战国时期得以重大发展的基石”。

关于曾子故里考证的文章，《大众日报》1982 年 2 月 28 日李常松《曾子故里——南武城》，《临沂师专学报》1988 年第 4 期李常松、杨国爱《曾子与春秋武城》，1997 年第 1 期李洪廷《曾子故里与世系》，李常松、李莹《明清曾子故里之争及其余波》等，均认为曾子故里为今平邑县魏庄乡南武城。董治安《论曾子》一文，认为“曾子故里及葬地为今嘉祥以南之武城，其说已见元、明碑刻记载，流传既久，值得重视。”

第五篇　历代崇颂

曾子卒后被赠官加封始于唐代，到明代达到极盛，他的父母、妻子也受到褒崇。南宋时，曾子在孔庙四配位上享受祭祀，明代又于嘉祥修建宗圣庙，皇帝经常派大臣前去专祭，官府及世袭翰林院五经博士（以下简称“翰博”）一年数次举行祭祀典礼。

朝廷又用官银大修庙墓，赐予祭田、庙户，配备奉祀生、礼生等。祭田多时达五六千亩，享受的当然是曾子后裔，但名义上却是为了祭祀之用。所以，敕修庙墓及赐予祭田、庙户等内容列入本篇，而不视为对曾氏后裔的优遇。

第一章　赠封与祭祀

第一节　赠封与贻封

曾子赠封　曾子赠封官爵始于唐高宗李治时期。总章元年(668)二月,皇太子李宏释奠于国子学,对颜回、曾参十分景慕(他的《请树阙里碑表》有“想仁孝于颜曾,弥深景慕”之语,见王定安《宗圣志》卷七引《兖州府志》),希望唐高宗能予以褒赠。李治于是下诏,赠太子少保(《新唐书·高宗本纪》载此事为四月乙卯)。至唐睿宗太极元年(712),加赠曾参太子太保。唐玄宗开元二十七年(739)追赠郕伯。

宋真宗大中祥符二年(1009)夏五月追封瑕丘侯。

宋徽宗政和元年(1111)夏六月太常寺奏:孔子高弟所封侯爵,与先圣名同,失尊师之礼。诏改武城侯。政和三年,列入“十哲”。

宋度宗咸淳三年(1267)春正月加封郕国公。

元文宗至顺元年(1330)闰七月戊申加封为郕国宗圣公。

明嘉靖九年(1530)夏闰六月改称宗圣曾子。

明嘉靖十八年(1539)己亥敕封宗圣曾子。

清乾隆二十一年(1756)塑曾子像于大成殿内。

曾子先世贻封　唐玄宗开元二十七年(739)追封曾子父曾点为宿伯,从祀孔庙。宋真宗大中祥符二年加封莱芜侯。

曾子夫人封号　明嘉靖十八年(1539)敕封宗圣曾子夫人公羊氏为郕国一品夫人。

第二节　祭　祀

祭祀孔子自孔子卒后即已开始，但最初只是弟子及子孙后代的私祭。皇帝的祭祀活动,自西汉高祖始,首以颜回配享。自东汉明帝时,曾子与孔子其他 71 名弟子皆从祀于曲阜孔庙。唐玄宗开元八年(720),以“十哲”祔祭后,颜回为十哲之首,曾参列“十哲”之后。至宋政和三年(1113),升曾子入“十哲”。宋度宗咸淳三年,曾子成为四配之一(其他三配为复圣颜子、述圣子思子、亚圣孟子——编者)。元代延祐三年(1316),朝廷同意按南宋祭祀标准祭祀曾子等人。四配塑像位于孔子神龛前东西两侧,东为颜回、子思,西为曾参、孟轲,均着冕旒衮服,冕九旒,服九章,手执躬圭,从此成为定式。曾参之父曾点,明嘉靖九年入启圣祠配享,称“先贤”;清雍正元年(1723)改祀崇圣祠。

曾子在孔庙中是四配之一。据《明会典·释奠仪》载,四配位的祭品是,每位羊一,豕一,登一,铏一,笾豆各十,簠簋各一,爵三,帛一,篚一,□一。正祭仪式过程是:典仪唱“舞生就位,执事各司其事,分献官、陪祀官各就位”,赞引引献官至盥洗所,赞:“诣盥洗位,搢笏,出笏。”引至拜位,赞:“就位。”典仪唱:“迎神,奏乐。”乐止,赞:“四拜。”通赞、陪祭官同。典仪唱:“行初献礼,奏乐。”执事官捧帛、爵诣各神位前。……赞:“诣郕国宗圣公神位前,搢笏,献爵,出笏。”《天下各布政司使司、府、州、县学释奠仪节》规定，各布政司及府、州、县长官一员行“三献礼”，提调官及儒学教授等行“一献礼”。祭祀曾子时，赞引唱：“诣宗圣曾子神位前。”引献官至圣位前，唱：“跪，搢笏。”献官搢笏。捧帛者跪于献官右，进帛于献官，献官接帛。赞引唱：“奠帛。”献官以帛授接帛者，奠于神位案上。执爵者跪于献官右，晋爵于献官，献官接爵。赞引唱：“献爵。”献官献爵，以爵授接爵者，奠于神位前。赞引唱：“出笏。”献官出笏。赞引唱：“俯伏，兴，平身。”而每月朔日清晨举行释菜仪，以酒祭奠。

明弘治四年(1491)曾经在春秋二季祭祀曾子专庙，至正德元年(1506)，山东巡抚赵璜、巡按李玑奏请：照弘治四年例，春秋祭祀曾子专庙，永为定例，获准。其祭仪为：春秋二丁宗子博士主祭宗圣正位、配位。前一日，公服视牲。是日，具朝服。鸣赞唱：“主祭官就位，陪祭者各就位，瘗毛血，迎神，行二跪六叩头礼，兴。”鸣赞唱：“奠帛，行初献礼。”引赞唱：“升坛，诣盥洗所，酌水净巾；诣酒尊所，司奠者举幂酌酒；诣宗圣神位前，跪，上香，献爵、帛，行一叩头礼。”鸣赞唱：“行分献礼。”引赞唱：“诣述圣子思子、亚圣孟子神位前，上香，献爵、帛。”如正位仪。奉祀生各诣寝殿、两庑行礼。鸣赞唱：“读祝文。”引赞唱：“诣读祝位，跪。”引赞唱：“读祝文。”祝毕，鸣赞唱：“撤馔、送神，跪，行二跪六叩头礼，兴。”鸣赞唱：“读祝者捧祝，进帛者奉帛，恭诣燎位。”引赞唱：“诣望燎位，望燎。”祝、帛焚毕，引赞唱：“复位。”鸣赞唱：“礼毕。”

明熹宗天启四年(1624)春三月甲寅，皇帝临雍释奠。先期诏太子太保袭封衍圣公孔允植分奠曾子，遣中书舍人杨中极行取孔、颜、曾、孟四氏五经博士族人陪祀。曾子62代孙曾承业率族人曾继荣、生员曾承祐应诏赴京。崇祯三年(1630)正月十二日，帝释奠太

学，先期诏少保尚书大学士李标芬分奠宗圣曾子，召四氏博士及族人入京陪祀。十四年八月释奠，亦分奠宗圣曾子。

清顺治二年（1645）规定，每月朔日行释菜礼，设酒、芹、枣、栗，祭酒在孔子及四配神位前三献，监丞博士官等分献于“十哲”两庑位前。顺治九年开始皇帝释奠，其礼仪与明朝相似。

清高宗弘历于乾隆十三年（1748）下谕：“朕东巡，躬诣阙里致祭先师，颜、曾、思、孟四贤作配。殿庭虽从与享，但闻其故里各有专庙，应分遣大臣，恭奉香帛，前往致祭，以展诚敬。”此年派詹事府詹事翰林院侍读学士裘曰修至宗圣庙宣读弘历自撰的祭文。其后，乾隆二十一年、三十六年、四十一年、五十五年都曾派朝廷重臣至宗圣庙致奠。乾隆十五年，又赐宗圣庙祭器一宗：铏一件，簠十件，簋十件，笾四十件，豆四十件，爵十一支，帛匣五件。

另外，曾子后裔世袭翰博于二月上丁祝告于曾子神位前，有关县的知县于八月次丁祝告于曾子神位前，都有祝文。每月初一和十五，知县、教官都到宗圣书院行二跪六叩头礼；元旦、冬至，世袭翰博以牲醴致祭宗圣曾子、先贤曾氏及两寝殿。清明节、七月十五、十月初一，祭扫宗庙祖墓。

祭祀曾子的祭文，见于记载的始于宋代。王定安编纂的《宗圣志》卷十一《祭告》有收录，现选录于下。

宋代《遣官致祭通用文》　维某年月日，大宋皇帝御名遣官致祭于先贤郕国公，曰：“惟公以鲁而得，以唯而悟。传得其宗，一贯忠恕。谨以制币牲齐粢盛庶品，式陈明荐，从祀配贤，尚享。”

元代《平章察罕帖木儿祭文》　维至正二十一年，银青光禄大夫中书平章政事知河南、山东等处行枢密院事兼陕西诸道行御史中丞察罕帖木儿，谨遣本省都事尹师彦以太牢清酌之仪致祭于郕国宗圣公,曰:“惟公三省其身,一孝传世;独得其宗,道统相继。兹膺王命,爰整其旅,邹鲁克平,恢扩东土。敬遣辅行,式陈俎豆,尚享。”

明代《孝宗颁示春秋祭文》 维某年某月某日,某官某,敢昭告于郕国宗圣公,曰:“孔门道学,公得其宗。庙庭配享,海宇攸同。矧兹乡邦,钟灵所自。时惟仲(春、秋),特申专祀,伏惟尚克,享之。”

明代《通用二丁祭文》 维某年某月某日,某官某,敢昭告于郕国宗圣公,曰:“惟公夙钟间气,毓秀兹土,道学宗传,昭示万古。惟兹仲(春、秋),谨以牲帛醴齐粢盛庶品,用伸常祭。以门人沂国述圣公、阳肤、子襄、沈犹行、乐正子春、公明仪、公明高、公明宣配,尚享。”

明代《有司清明祭墓文》 维某年某月某日,某官某谨致奠于郕国宗圣公之墓,曰:“圣门传道,惟我先师,配享有典,专祀有祠。南武之阳,封域如故。瞻望松楸,不胜景慕。惟兹清明,岁序既易;牲醴既成,特伸祀事,尚享。”

明代《巡抚陈凤梧祭文》 惟某年某月某日,钦差巡抚山东等处地方都察院右副都御史陈凤梧谨致祭于郕国宗圣公,曰:“洙泗之门,高弟云从。惟公之传,独得其宗。早事三省,晚闻一贯。《大学》之书,有经有传。由思而孟,至于关闽;其派益远,曰诚而明。惟兹公乡,坟祠俱在。高山仰止,景行千载。少读公书,长未闻道;备员兹土,敬用谒告;牲醴之奠,以昭斯虔。斯文万古,如日中天,谨告。”

明代《巡抚曾铣祭文》 维某年某月某日,钦差巡抚山东等处地方都察院右佥都御史曾铣,敢昭告于先贤宗圣曾子之墓,而系之以辞,曰:“呜呼!吾道之在天地间,亘古今而未尝变也。其间或明或晦,或通或塞,则存乎其人焉耳。是故达而在上,如尧、舜、禹、汤、文、武、周公者,行乎此道者也。穷而在下,如孔子、颜子者,明乎此道者也,明斯行矣。颜子早逝,道统之传谁与继者?此尼父‘丧予’之

叹，盖伤之矣。幸而有吾子者在，以弘毅之资，肆重远之学，三省既竭，一贯斯唯。爰作《大学》十传，发明夫子遗经，一传而为子思，再传而为孟子。当衰周之余，吾道灿然复明，继往开来，于今为烈，是皆吾子之功也。夫七十子丧而大义乖，三千之徒，其流弊不入老庄，则入申韩；不为权谋术数，则为言语文字；而独得其宗，赖有吾子。是吾子之道即孔子之道，孔子之功亦吾子之功也。铣也鄙人，受恩罔极，承命东抚，道经鲁乡。望先贤之故里，念哲人之长游，感翔凤之日远，慨易箦之风微。偕我属僚，造拜宫墙；薄陈一奠，展此向慕之素悰而已。呜呼！天地高厚兮，吾道之范围；日月照临兮，吾道之光辉。南有邹封之翼翼兮，东有尼山之巍巍。维期墓之中峙兮，建天地并日月而不违。安得起吾子于瓜台兮，将以究夫忠恕之微。尚享。"

明代《巡按宋经祭文》　巡按山东监察御史宋经，谨祭于郕国宗圣公，曰："维公山川钟秀，间气所生；家世鲁西，曰'南武城'。鲁钝之资，诚确之学；真积力久，一贯先觉。卒传圣道，《大学》书成。格致诚正，修齐治平。孝行尤笃，酒肉养志。动求诸身，日省三视。启手启足，保身全归。任重道远，不亚于回。身虽逝矣，斯道犹在。道在万世，后学是赖。经承上命，巡视东藩。恭诣祠下，仰止高山。兹蠲牲醴，竭诚致祭，公其有知，鉴此微意，尚享。"

明代《兵备王庭诗祭文》　钦差整饬曹濮等处兵备道山东按察司副使王庭诗，谨致奠于郕国宗圣公曾子，曰："惟公祥毓鲁甸，秀产齐封。渊源泗水，怙恃岱峰。亲炙至圣，独契真宗，开来继往，抗迹永雍。治国修身，嘉惠章缝。昔诵篇简，寤寐相从。顷承纶命，仰止高踪；道经祠下，恍惚仪容。瓜田在彼，舞雩欣逢。徘徊瞻顾，顿豁心胸。心依翠巘，意伫长松。薄陈牲醴，用表虔恭。灵祀洋洋，鉴我夙悰，尚享。"

明代《提学潘桢祭文》 钦差提督学政山东按察使佥事潘桢，谨祭于郕国宗圣公，曰："惟我先贤，与麟俱生此地。麟生非时，则斯文之不幸可知。先圣之所以泣之者，岂惟麟耶?虽然，斯文一脉实流天下，与同长春，矧在瞻仰，领会于心神者也。敬谒祠下，敢荐微诚，神其有知，佑我斯文，尚享。"

明代《兵备张九叙祭文》 钦差整饬曹濮等处兵备道山东按察司副使张九叙，谨祭于郕国宗圣公，曰："惟公孔门道学，独得其宗。庙庭配享，海宇攸同。眷兹武城，钟灵所自。遗像有俨，报崇无既。叙钦承上命，守御斯土。越寇甫平，瓜丘式睹。修此墙屋，以绥公灵。伏惟降鉴，佑启后生。文思武烈，靖寇安民。式绵国祚，永庇斯文，尚享。"

明代《提刑王金祭文》 山东等处提刑按察副使王金，谨祭于郕国宗圣公，曰："惟公三省修身，一贯契道。传孔氏之心法，得斯文之体要。《大学》之书垂世立教，诚正之学比于典诰。金生也晚，望洋门墙，未知所造，盖将有志于治平修齐，功实未到。兹当巡历拜瞻新庙，俾不至迷其所行。冀精神旷千古而永照，尚享。"

清代《清高宗弘历祭文》(四则) 维乾隆十三年岁次戊辰二月乙卯朔越二十八日壬午，皇帝遣日讲起居注官詹事府詹事兼翰林院侍读学士裘曰修，致祭于宗圣曾子神位前，曰："惟宗圣曾子，秀毓武城，业宗泗水。三省勤于夙夜，允称笃实之功。一贯悟于须臾，弥徵真积之久。独受《孝经》之训，用迪临深履薄之修。永绵《大学》之规式，启明德新民之要。衍薪传于勿替，以鲁得之，开绝学于无穷，其功大矣。追崇允合，昭报攸宜。朕稽古东巡，至于东鲁。念先型之未远，心切溯洄。瞻故里之非遥，情深仰止。虔修祀事，敬遣专官，惟冀神灵尚其歆格。"

维乾隆二十一年岁次丙子三月己巳朔越四日壬申，皇帝遣刑

部左侍郎镶红旗满州都统兼管钦天监监正事务觉罗勒尔森致祭于宗圣曾子神位前，曰："惟宗圣曾子，秀毓武城，学宗泗水。懋姱修于笃实，三省勤夙夜之功；崇真积于躬行，一贯悟精微之旨。端治国齐家之本，大人之学昭垂；示至德要道之原，教孝之经永著。衍孔门之圣脉，以鲁得之；启孟氏之师传，其功大矣。尊崇允协，报享攸宜。朕以礼时巡，遄临鲁甸，情深仰止。瞻故里之非遥，心慕典型；念德辉之如在，虔申禋祀。敬遣专官，惟冀神灵庶其歆格。"

维乾隆三十六年岁次辛卯三月壬辰朔越七日戊申，皇帝遣礼部左侍郎金甡致祭于宗圣曾子神位前，曰："惟宗圣曾子，挺秀武城，传心阙里。则天因地，聿垂孝子之经；明德新民，首述大人之学。悟真源于一贯，悉本躬行；衍道脉于千秋，独由鲁得。耕田食力，歌闻金石之声；却聘辞卿，心轻晋楚之富。笃实之姱修如在，庙庭之祀典优崇。朕问俗东巡，临风仰止。肃伸禋祀，想至行于几筵；敬遣专官，挹德辉于陟降。灵其来格，于此居歆。"

维乾隆四十一年岁次丙申三月壬辰朔越二十七日戊戌，皇帝遣礼部左侍郎李宗文致祭于宗圣曾子神位前，曰："惟宗圣曾子，钟灵鄫裔，绍统鲁堂。行在《孝经》，念君亲而发肤并懔；孝归诚意，依日月而俎豆常新。朕因雪岭之集勋，援巡岱方而遍祀。抚境外之万山，环卫保泰，弥切于冰渊；溯庙中之四壁，弦歌传声，俨闻乎金石。式芳型之如在，酹清醽以告虔。庶鉴馨香，聿昭来格。"

清代《上丁祝文》　维某年某月某日，几代孙世袭翰林院五经博士某名敢昭告于始祖宗圣神位前，曰："惟祖传道圣门，独得宗风。尊称师表，万世攸隆。兹逢仲(春、秋)，俎豆洁丰；敬伸昭告，鉴此微衷。附以述圣子思子、亚圣孟子，伏惟配享。"

清代《次丁祝文》　维某年某月某日，兖州府嘉祥县知县某人

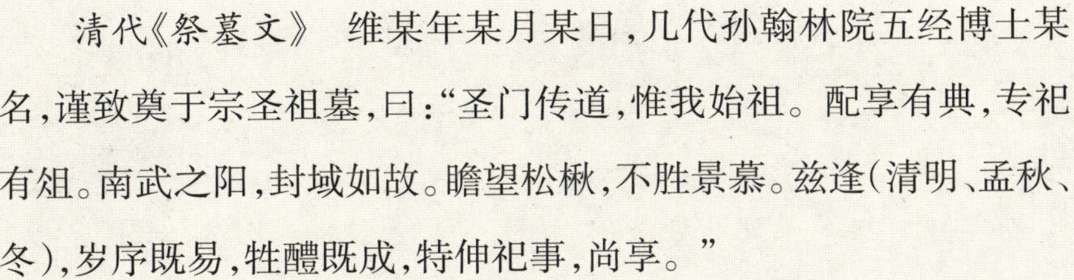
敢昭告于宗圣曾子神位前,曰:“惟神夙钟间气,毓秀兹土。宗传圣道,昭示万古。兹逢仲(春、秋),谨以牲帛醴齐粢盛庶品,用伸常祭。述圣子思子、亚圣孟子暨从祀先儒,伏惟配享。”

清代《祭墓文》 维某年某月某日,几代孙翰林院五经博士某名,谨致奠于宗圣祖墓,曰:“圣门传道,惟我始祖。配享有典,专祀有俎。南武之阳,封域如故。瞻望松楸,不胜景慕。兹逢(清明、孟秋、冬),岁序既易,牲醴既成,特伸祀事,尚享。”

第二章　敕修庙墓与赐予祭田庙户

第一节　敕修庙墓

嘉祥县有曾子庙，起于何时无考。据明人许彬撰《正统重建宗圣公庙记》（《宗圣志》卷九《祠庙》）称："邑人以义起之，不知所始。历岁滋久，风雨震陵。"到明正统九年（1444），嘉祥县教谕温良"以兹庙倾圮，奏请修葺，诏赐俞允"，山东佥宪萧启责成兖州府知府焦福"督两县吏民并工重建"。开始于正统十年秋八月，落成于正统十一年春二月。正统十二年，山东参议马谅去拜谒宗圣庙，发现位次失序，于是自己设计绘图，用俸金在原庙左边创建了新庙，祭祀曾参父母，而曾参之子曾元、曾申之像列于新庙两边；萧启所修之庙，专祀曾子。

成化初年（1465—1467），山东守臣上言说，在"嘉祥县南武山西南，元寨山之东麓，有渔者陷入穴中，得悬棺，碣曰'曾参之墓'"，于是"诏加修筑"（《明史》卷二八四《曾质粹传》）。"曾参之墓"的石碣是"蝌蚪文"，渔者鸣于有司，于是把碑埋于地下，以此地做曾子墓。自是而后，朝廷多次下诏敕修建宗圣庙和宗圣墓。

弘治十八年（1505），山东巡按金洪因为宗圣庙规模小而简陋，上疏请求扩建到颜子庙、孟子庙的规模，明孝宗下诏同意，命山东左布政使张泰等人用官府银两修建。这一年明孝宗去世，明武宗即位，改元“正德”。山东巡抚都御史赵璜、巡按御史李玑、督学副史陈琳等继续修建，经7年完成。万历七年(1579)，曾子62代孙、世袭翰博曾承业又请求扩大旧制，朝廷同意，山东巡抚赵贤等人用官库银两买料雇工修建。明末，庙倾圮。到清朝顺治初年，地方官绅集资作了简单维修；康熙五十六年(1717)重修。至雍正十三年(1735)，67代孙翰博曾衍棣上奏称宗圣庙宇倾圮，“门庑墙垣仅存故址”，请求重修。经嘉祥县知县李松估算，需银8400余两，由官府拨给。乾隆元年(1736)修成，乾隆二十六年(1761)又用官银470余两补修。道光十年(1830)，湖广道监察御史王兆琛奏称“宗圣庙林倾圮，请动存款修葺”。清宣宗下诏说：“宗圣庙林倾圮，祀典攸关……著山东巡抚讷尔经额即派委员前往勘估兴修。”需用银25200余两。至道光十一年(1831)利用捐款等项开工，至十四年建成。光绪十六年(1890)，曾子74代孙、翰博曾宪祏又上呈修建曾子庙，也得到官府支持。

乾隆二十年(1755)，曾子70代孙、世袭翰博曾兴烈因曾子墓享殿门垣倾塌，呈请重修，需工料银630余两。山东巡抚咨报工部，奉到部议称：“圣贤祠墓遇有损坏坍塌，所需在千金以下者，俱准以藩府公项报部修葺。”山东巡抚白钟山用本省库存银两予以修葺。至四十八年(1783)，嘉祥县又请用官银重修宗圣庙林。嘉庆二十年(1815年)督粮道孙星衍署理藩臬，曾子庙林工程又用官银予以修葺，宗子博士曾毓墫《训后要言略》记其始末。孙星衍曾于嘉庆十三年(1808)同费县知县郭志清在费县(今属平邑)南武城立曾点墓碑一座。

第二节　赐予祭田庙户

一、赐祭田

嘉靖十八年(1539),朝廷赐给嘉祥县曾氏祭田50顷,后不断赐给田亩。嘉靖间共赐田60顷,其中在郓城50顷,嘉祥10顷。至明万历十七年(1589),原拨祭田渐被军民等侵没。曾承业承袭世职后,疏请比照颜、孟二氏例补给祭田。礼部尚书兼翰林院学士于慎行奏请赐予宗圣祭田30顷。万历十九年(1591)《户部请补给祭田疏》称:原拨祭田经户部清查只50顷,庙佃20户。并提出不足之数,令各州县续补施行。

天启三年(1623),工部尚书姚思仁代题准给嘉祥县南旺湖水田30中顷,永供庙祀。又拨白莲教产5顷补祭田,再拨1顷60亩以修官廨。乾隆五年(1740),翰博曾衍棣呈请将南旺湖水祭田注明界址,载入郡邑志。乾隆九年(1744),嘉祥县将宗圣祀田30中顷坐落湖内处各段落四至地名逐一登计确册,由府转申河、抚两院。清道光三十年(1850),湖内祭田由部批准查勘四至,封立界址。

清同治五年(1866),曾国藩驻师济宁,出俸银千两,增置祭田2顷11亩9分。同治十三年(1874),代翰博曾广莆呈请河东河道总督,将南旺湖被淹祭田抵换调于湖荒段落,计4段30中顷,并咨请户部查明议复,令"世守管业,以隆祀典"。

二、赐庙户

明嘉靖十八年(1539),始赐宗圣庙户,免其杂税,专事林庙洒扫护卫。当年赐给庙户14户,其中嘉祥4户,济宁3户,汶上1户,邹县4户，郓城2户。万历十七年(1589)宗子博士曾承业疏请朝廷，赐给24户，其中嘉祥县4户，济宁州4户，汶上县6户，郓城县5户，邹县5户。天启五年(1625)，拨汶上县5户，东平州4户。崇祯八年(1635)，又拨给汶上县附近8户。至明末，上述4次拨给庙户尚有汶上县17户，济宁州6户，郓城5户，邹县4户，嘉祥4户。以上每户六七十丁至一二十丁不等。

清顺治元年(1644)，清政府下旨，所有“庙户，专供洒扫，有司一应杂差不派”。顺治二年(1645)，汶上县知县边维明将3次拨给曾庙庙户共19户370余丁全部入汶上民籍，派征丁粮。后经查明，一并全部拨回，以供曾庙祭祀之用。至清乾隆二年(1737)，曾庙供役庙户计37户。

除庙户外，另有礼生及奉祀生，负责曾庙、曾墓的具体事务及祭祀仪礼。奉祀生从曾氏后裔中选拔，经礼部审查注册，给以衣巾奉祀。明万历十七年，有礼生60名。清雍正四年(1726)，奉祀生18名；至乾隆年间，陆续增加。乾隆四十三年(1778)，礼部咨复山东巡抚国泰，准于费县曾点、曾参墓各设奉祀生1名，先后由费县曾子69代、70代、71代孙袭任。曾子68代孙世袭翰博曾兴烈又请求增加奉祀生9名，其中郓城祠2名，临朐祠2名，江西永丰县木塘祠2名，河南上蔡祠1名，江南怀宁祠、舒城祠各1名。69代孙翰博曾毓墫又请增设6名，祭祀宗圣墓、先贤曾氏祠各1名，祭祀曾元、曾申、曾华各1名，聊城祠1名。新旧共41名。在乾隆三十一年(1766)时，礼部奏准：山东一省奉祀生缺出，仍令衍圣公会同该抚学政咨部充补，而江西、浙江等六省奉祀生令该学政会同督抚详选嫡裔顶补。乾隆三十五年(1770)，礼部行文规定奉祀生不许隔省充补。其时，嘉祥县境内奉祀生24名，外州县祠12名，共36名。

据王定安说，当时（光绪十六年）山东圣贤后裔奉祀生请领部照的极少。原因是到各衙门的花费，比捐纳监生还多，所以一般人因拿不出钱而不能办。

第三章 历代颂赞

对于曾子的赞扬，是从曾子在世的时候开始的。战国以降，不绝如缕。因资料浩繁，故仅录诗歌、赞语及少量诏敕。

曾子画像赞[1]

曾子质孝，以通神明。贯感神祇，著早来方。[2]后世凯式，以正杬纲。[3]谗言三至，慈母投杼。

曾子赞

唐·苏颋

百行之极，三才以教。圣人叙经，曾子知孝。全谓手足，动称容貌。事君事亲，是则是傚。

（《山东通志》、《兖州府志》）

曾参赞

宋·佚名[4]

圣人之道，一以贯之。允也子鲁，堂奥斯窥。惟帝登岱，克陈上仪。追封侯社，沂水之湄。

❶此赞出汉武梁祠，转引自《宗圣志》。凡不另注出处者，皆同。
❷据王定安《宗圣志》卷十八《赞颂》注引《山左金石志》，旧释“早”字为“灵”字。黄易曰：“著者，著曾子之孝名也。”
❸王定安谓“杬”字即“模”字，“以正”二字王定安据《济宁州志》补。
❹此赞据王定安《宗圣志》卷十八《赞颂》题“宋真宗敕撰”，但不知撰者名氏，故以“佚名”署之。

宗圣赞

宋·张齐贤

孝乎惟孝，曾子称焉。唐虞比德，洙泗推贤。服膺受旨，终身拳拳。封峦饰赠，永耀青编。

宗圣像赞[1]

宋·高宗赵构

夫孝要道，用训群生；以纲百行，以通神明。因子侍师，答问成经。事亲之实，代为仪型。

（《金石萃编》）

三省（二首）[2]

宋·朱熹

（一）

曾子尚忧三者失，自言日致省身功。
如何后学不深察，便欲传心一唯中。

（二）

用功事上实根源，三省真传入道门。
理即是心随事显，事能尽理始心纯。

尝闻《曾子书》[3]

宋·薛士龙

尝闻曾子书[4]，金火中外明。圆方递含施，二景参《黄庭》。

❶据《阙里文献考》卷三十八，此为《圣贤赞》中之一首。《圣贤赞》有《序》，从略。
❷转引自《曾子家世》，齐鲁书社1997年12月第1版。
❸摘自《四库全书》本《困学纪闻》卷一。此为王应麟在论《曾子天圆》一篇时所引，无标题，只言“薛士龙诗云”，标题系编者取此诗首句所加。另，详此诗意未尽，似为一首中之数句。
❹曾子书，具体即指《曾子天圆》篇。

道统宗圣赞

宋·理宗赵昀

守约博施，反躬三省。孝为德先，禄仕不忍。圣德正传，意会神领。一唯忠恕，门人深省。（《金石萃编》）

元成宗颁降《初献郕国乐章》

心传忠恕，一以贯之。爰述《大学》，万世训彝。惠我光明，尊闻行知。继圣迪后，是享是宜。

加封郕国宗圣公制

元·文宗图帖睦尔

朕惟孔子之道，曾氏独得其宗，盖本于诚身而已也。观其始于“三省”之功，卒闻“一贯”之妙，是以友于颜渊而无愧，授之思、孟而不湮者与！朕仰慕休风，景行先哲，爰因旧爵，崇以新称。于戏！圣神继天立极以来，道统之传远矣。国家化民成俗之效，《大学》之书具焉。其相予之修齐，兹式彰于褒显。可加封郕国宗圣公。

宗圣颂（五首）

明·陈龙正

（一）

卓尔已亡，鲁者颖绝。一呼一唯，如响偕彻。惟子最少，于道孤传。坤以立诚，乃达乎乾元。

（二）

志学逾几，笃行非久。乃质乃志，敦良自守。授之一贯，先定厥

宗。繇兹积累，乃靡杂靡穷。

（三）

闻道居前，累仁居后。譬彼灵雨，时无定遘。或化其苗，或化其秀。一底于成，承化工之茂。

（四）

上承大道，克毅克宏。亦风亦泳，出于渊冰。立教罔疏，曰开思、孟之朋。何率非慎，何觉非凝。

（五）

好学永叹，盖未得子。及既得子。如或后矣。因言识默，圣学存矣。谓如果亡，良知孰起。

曾子赞

明·陈凤梧

守约而博，学恕以忠。圣门之传，独得其宗。一贯之旨，三省之功。格至诚正，万世所崇。

改封郕国宗圣公为宗圣曾子制

明·世宗朱厚熜

朕少读子书，长行其道，无非仰往古以佐治也。自昔以来，达而在上，三代传列圣洪模；舍之则藏，六经仰前贤雅范，溯渊源于泗水，绵道脉于武城。《大学》篇章，载百世治平之要；《孝经》问答，具万民感化之机。省身严于日三，慎其独也；传道捷于惟一，妙乃贯之。故超赐“非也”而有余，即并颜庶乎无愧。精英自乾坤钟毓，赫然为含灵秉曜之宗，神爽与日月光辉炜矣。称神明普照之圣，兹尊为宗圣曾子。钦承荣封，以昭师表。

宗圣颂(四首)

明·周丕显

(一)

知识繁争,民生非婴。斯文未丧,愚没鲁赓。渊深源清,冰泮履亨。维彼鲁者,天亶聪明。

(二)

省忠省信,与心俱传。此呼彼唯,问答历然。由斯以往,非言所诠。启手以后,一贯以前。

(三)

进取不为,作述似异。孟也探源,独表养志。战兢精微,通乎咏归。即诚得乐,充实而辉。

(四)

陋巷洋洋,为邦孔臧。格致诚正,治平亦彰。乃体乃用,内圣外王。启中和之绪,发仁义之藏。谁曰圣学云亡。

宗圣像赞(二首)

明·吕元善

(一)

天寄儒统,时方丙申。毓灵南武,文在斯人。身大惟本,经创自亲。郕国宗圣,千秋万春。

(二)

日三其省,指十戒手。何以完孝,大杖则走。曾从后贤,登台步囿。谓枣与瓜,昔副亲口。

孔曾授受赞

明·吕元善

惟岁渊献,哀纪之五。[1]才二八龄,远师迈楚。纯固性成,实资于鲁。唯醒一声,贫甘三釜。学大以人,撰垂侍坐。晤对传心,不隔今古。

曾思授受赞

明·吕元善

得师之教,能令弟酬;步祖之武,能作孙谋。有曾之实,成思之快;匪悟庸深,何知学大。

宗圣像赞[2]

明·张居仁

道远之器,壁立之仪。鲁哉参也,诚以自持。一趋一步,范我驱驰。身肩道统,迹印宣尼。

宗圣像赞

明·吕维祺

十载及门,传师最要。故与之鲁,忽承一贯。尤藉大年,垂经以得。学即会心,亦凭手撰。

谒曾庙[3]

明·姚思仁

武城漭沆旧台荒,闳祀长临大道旁。

伏腊村翁空里社,东南文物足冠裳。

❶渊献,系亥年之代称。曾子从师孔子,一说为其16岁时。辛亥年为鲁哀公五年。

❷《曾子家世》引《嘉祥县志》谓作者系李天植。

❸此诗及郑汝璧诗,皆转录于《曾子家世》。

天垂象纬虹犹赤，地划经文玉自黄。

谁谓贤关那可到，自怜堂奥得回翔。

谒曾庙（二首）

明·郑汝璧

（一）

山城一望路平沙，曾子祠堂落日斜。

俎豆从容论荐枣，隰原回合谩耘瓜。

烟横阙里萦三水，峰拱防尼俨二华。

怅望千年吟眺处，依然云树乱鸣鸦。

（二）

迢递萌山带古城，依然遗像肃精诚。

登歌似欲闻金奏，瞻拜还疑见斗横。

洙泗由来留后死，楚齐归去失先生。

耘瓜台上凭栏处，谁识千秋万古情。

宗圣曾子赞

清圣祖爱新觉罗·玄烨

洙泗之传，鲁以得之。一贯曰唯，圣学在兹。明德新民，止善为期。格致诚正，均平以推。至德要道，百行所基。纂承统绪，修明训辞。

（《阙里文献考》卷三八，此赞作于康熙二十八年）

四贤赞（并序）

清高宗爱新觉罗·弘历

圣门弟子三千，其贤者七十有二人。《史记》、《家语》各为纪其

姓氏，考其事迹，以垂之后世。而能契夫子之心传、得道统之正脉者，则惟颜、曾、思、孟四人。颜子得克己复礼之说，曾子与闻一贯之传，亲炙一堂，若尧舜禹之相授受，夐乎尚矣。子思师事曾子，发明中庸之道，而归其功于为己慎独。孟子当战国横流之时，私淑子思，距杨墨，闲圣道，而养气之论，为前圣所未发。昌黎韩子以为其功不在禹下，有以也。庚戌秋，偶阅有宋诸儒传，因思宋儒所宗者，孔子之道也。孔子之道赖颜、曾、思、孟而传。今圣庙祀典，四子升配堂上，为百代之楷模，因各系以赞，用志景行之私云尔。

宗圣曾子赞

宣圣辙环，在陈兴叹。孰是中行，授兹一贯。曾子孜孜，惟圣依归。唯而不疑，以鲁得之。会友辅仁，任重道远。“十传”释经，超商轶偃。念彼先子，沂水春风。渊源益粹，笃实舂容。临深履薄，得正以终。三千虽多，独得其宗。

（《阙里文献考》卷三八，作于乾隆十三年）

曾子赞

清·魏源

《诗》“思无邪”，《礼》“毋不敬”，《典》、《谟》言“钦者”七，夫子益以七“战战”、二“勿勿”、三“惮惮”，与尧舜之兢兢业业而相继。宜乎曳履而歌《商颂》，若出金石，声满天地。始知沂水春风之乐，尤在严视指于尔室。以言大节，则托孤寄命而有余；以言大勇，则任重道远而可必。惟手足之启予，皆毕生冰渊之永惕。少诵《十篇》，老而流涕。欲全归受而无从，欲追悔而无地。徒存章句，虚文何益！

（《魏源集》）

第六篇　曾子后裔

自曾子诞生至今，已经2500余年，曾氏传承已80余代。在封建社会里，随着曾子在孔门名声的增大及赠封官爵的提高，曾子后裔享受着不少优惠和特权，明清时代成为与孔、颜、孟三氏并列的“四大家族”之一。曾子后裔子孙繁衍，涌现出不少名流学者，在许多领域中做出了贡献。曾子后裔所修家谱很多，因历史久远，所据材料多寡及修谱者水平不一，与其他家族的谱系一样，错讹、矛盾之处多有；但总体上说，嫡裔、旁系比较清楚，有一定参考价值。本篇除介绍曾子后裔在封建社会所受优遇外，也说明繁衍、迁徙的大体过程。对曾子后裔中的名人予以选介，入选标准为：一是时间上到清末为止；二是在不同领域包括曾氏迁徙过程中有较大影响者；三是世系可考者，且以“二十五史”中有传者为主。

第一章 后裔繁衍

第一节 后裔迁徙

曾氏后裔繁衍自曾巫居武城后至今,可分为三个阶段,即:春秋灭国后定居武城,西汉末南迁至唐宋时家族鼎盛,明清以后遍布全国。

曾氏家族自曾参起,二代曾元,三代曾西,曾西生曾钦,曾钦生曾导,曾导生曾羡,曾羡生曾遐,曾遐生曾炜(一作伟)、曾盈,曾炜生曾乐,曾乐生曾浼,曾浼生曾旃、曾光,曾旃生曾嘉,曾光生曾寿,曾寿生曾弁,曾弁生曾枋,曾嘉生曾宝、曾项,曾宝生曾琰、曾璜、曾璟,曾项生曾玉、曾昌。曾玉家冀州,曾昌家青州。曾琰生曾据、曾援。其上历代支庶有迁衍外乡者从略。曾子嫡裔相承情况见表6—1。

西汉末年,王莽取汉帝而代之,建立新朝。十五代曾据耻事新莽,率族人于始建国二年庚午(公元10年)迁江西庐陵吉阳(今江西吉水县境),为吉阳房祖。江西吉阳乡被曾氏后人称为曾氏的第二发脉地。

曾据南迁后生子曾阐、曾玚。曾阐17代传至曾丞,其后裔唐宋时已分别衍徙广东、福建、湖南、湖北、四川、贵州、山东、陕西、江西

各地。曾丞生子曾珪、曾旧、曾略，为“老三房”。曾珪居吉阳，曾旧徙云盖，曾略徙抚州。曾玚生曾承，家虔州，为虔州房。曾珪12代孙道始家交州，为交州房。曾丞长子曾珪生5子，后衍居吉阳、吉源、袁州、广州、泉州等地。曾珪曾孙曾庆生2子曾伟、曾骈。长房伟，14代传为曾晞颜，徙龙潭，生曾雷顺、曾德裕、曾巽申。曾巽申4代传至曾子集，子集生曾芝、曾兰。曾兰仍居龙潭，曾芝迁湖南宁乡麻田。曾伟由吉阳迁吉水，生曾辉，辉后传15世至明朝曾棨。曾伟8代传曾坝，南宋时迁衡阳唐福；曾坝17代传至曾孟学，迁居湖南湘乡县大界（今湖南双峰县），称为南宗，为曾国藩房祖。曾骈迁居永丰木塘，生曾耀。曾耀后传21世曾质粹，于明嘉靖年间应诏徙嘉祥，受世官奉祀曾子，后称为东宗。《宗圣志》卷十二《荫袭》称：曾氏自迁江西而言，居永丰者为嫡，徙虔州、云盖、乐安者为支；自永丰一派而言，出曾辉者为嫡，曾耀之后者为支。

曾丞次子曾旧，唐元和二年（807）由吉阳迁乐安云盖乡，生3子，分别徙居乐安、新淦、临江等地。曾丞3子曾略由吉阳迁抚州甘山，生子炀，炀生咏，咏生筠，筠生可徒、洪立、宏立。曾洪立官南丰县令，举家迁南丰，是为南丰曾氏。曾略10代传至宋代曾巩、曾布等。曾略一支裔孙先后移居广东省的河源、梅县、平远、揭西、镇平、兴宁、五华、增城、连南、连县、阳山、治兴、韶关、惠州、惠阳、惠东、宝安、深圳、和平，江西省的定南、全南、龙南、于都，广西的客家县以及四川的隆昌等4省20余县市。有的还移居海外。曾略20代孙曾广新自明初移居龙川县后，子孙繁衍，人丁兴旺，据1982年人口普查统计，龙川县曾姓人口已达3.8万余人。

嘉靖十二年（1533），吏部侍郎顾鼎臣上书请下诏访求曾子嫡裔一人，授翰林院五经博士，世世承袭，俾守曾子祠墓以主祀事。皇帝准奏后遍访曾氏后裔，自江西永丰访得曾伟之弟曾珩第22代孙曾质粹，于嘉靖十四年徙居嘉祥，以布衣奉祀。

自曾质粹以下至1935年五经博士改为奉祀官止，曾质粹后裔在嘉祥留传18代。

今平邑县曾姓主要有分布于县境北部及南部两大支系。北部曾姓聚居地以今资邱乡辉泉村为中心，据考系曾据南迁时留在武城的曾氏后裔自武城迁居于此，故称南武城曾氏。县南部曾姓，据1936年《滕房曾氏续修族谱》，系曾质本自江西永丰首迁嘉祥又迁滕县崇村的曾氏后裔，称为崇村曾氏。

南武城曾氏自曾参起，传15代曾据、曾援。曾据南迁后，留在武城的曾氏后裔为今平邑县南武城曾氏先祖。南武城曾氏16代至65代世系无考。据清道光二十六年曾兴仁墓碑及曾毓麟墓碑考知，曾子66代孙曾尚锡、67代孙曾衍成及以上曾氏后裔"世居费县西南之武城，即古武城也，先贤曾皙墓在焉。自时厥后，守先人之坟墓，故居之"。68代孙曾兴仁，69代孙曾毓麟，清乾隆年间自南武城迁居费县资邱社辉泉，即今平邑县资邱乡辉泉村。曾毓麟生传道，为曾子70代孙，秀才，袭奉祀生，赠文林郎。曾传道生纪忠、纪文、纪瑞、纪祥、纪功、纪禄6人，为曾子71代孙，曾纪忠袭奉祀生。曾传道6子各衍居一房，人丁兴旺。后又有族人徙东北及费县上冶等地。南武城曾氏至今已传至79代，仅辉泉一村曾姓人口即达千余人。

《滕房曾氏续修族谱》称，曾质本首由江西永丰迁嘉祥，又迁滕县崇村(今邹城市城前镇)，后裔繁衍，散居鲁南各地。今平邑县南部黄坡乡北径、朱家庄，临涧镇艾曲、分水岭、黄天，白彦镇官庄，山阴乡王家沟，铜石镇小官路等地均有曾姓分布。

以曾参为先祖的曾姓后裔除遍布全国各地外，尚有部分移居

印度尼西亚、新加坡、马来西亚、泰国、越南、日本等国家和地区。曾姓长期以来是中国的一个著姓。据1982年全国人口普查统计,在中国100个大姓中,大陆曾姓占第38位,台湾占第16位。

表6-1　　　　曾子宗子世系表①

世代	名	字号	职　官	任(袭)职时间	备　注
二	元				
三	西				
四	钦	子敬			
五	昙	若得			
六	羡	学余			
七	遐	子盛			
八	炜	子美			一作"伟"。②
九	乐	舜韶			
十	浼				
十一	旃	伸劝			
十二	嘉				
十三	宝	惟善			
十四	琰				
十五	据				
十六	阐				
十七	植				
十八	燿				
十九	培	本固			
二十	德				
二十一	珣	贵文			
二十二	涣				
二十三	梓	伯琦			
二十四	緦				
二十五	端	正翼			
二十六	铉	道远			

续表

世代	名	字号	职官	任(袭)职时间	备注
二十七	海				一名炅。
二十八	璜				
二十九	兴	兆发			
三十	隆	迪蕙			
三十一	钧	洪举			
三十二	谋	以忠			
三十三	丞				
三十四	珪	子玉			
三十五	宽				
三十六	庄	子莅			
三十七	庆				
三十八	骈				骈为庆次子,二十二传为质粹。长房伟。
三十九	耀				
四十	崇范	则模			
四十一	延膺	膺修			
四十二	硕	伟夫			
四十三	承昌	雍行			一作"承涓。[3]
四十四	万敌	惟仁			
四十五	公整	容庄			
四十六	九思	成义			又字"得之"。
四十七	文杰	卓庵			
四十八	好古	信前			一作"浩古"。[4]
四十九	尚忠	省己			
五十	敬父	存诚			
五十一	沅德	旋吉			一作"元德"。[5]
五十二	价翁				
五十三	汝霖	雨苍			
五十四	从文	益雅			

续表

世代	名	字号	职官	任(袭)职时间	备注
五十五	利宾	翼甫			
五十六	辅志	思修			
五十七	德胄	好懿			
五十八	畲用	志行			
五十九	质粹	南武	翰林院五经博士	明嘉靖十八年二月	
六十	昊	钦一	应袭翰林院五经博士，早卒。		原名“旻”。
六十一	继祖	绳之	贻封翰林院五经博士	因明万历元年曾衮夺袭，万历三十年贻封	
六十二	承业	振吾	承袭翰林院五经博士	明万历五年八月	《明史·曾质粹传》作“字洪福”。
六十三	宏毅	泰东	承袭翰林院五经博士	明崇祯元年八月	
六十四	闻达	象舆	承袭翰林院五经博士	明崇祯十四年八月	
六十五	贞豫	麟野	承袭翰林院五经博士	清康熙七年三月	
六十六	尚溶	汇伯	承袭翰林院五经博士	康熙二十九年十二月	
六十七	衍棣	雍若	承袭翰林院五经博士	雍正八年	
六十八	兴烈	起祚	承袭翰林院五经博士	乾隆四年五月	
六十九	毓墫	注瀛	承袭翰林院五经博士	乾隆二十六年	
七十	传镇	巨山	承袭翰林院五经博士	嘉庆元年	

续表

世代	名	字号	职官	任(袭)职时间	备注
七十一	纪琏	仲鲁	承袭翰林院五经博士		因事革职,不准其后承袭。
七十一	纪瑚	六华	承袭翰林院五经博士	道光七年	传镇子纪琏因事革职,族人公推传锡子纪瑚主祀。
七十二	广芳	汝陟	应袭翰林院五经博士		早卒,其弟广莆代翰林博士之职。
七十三	昭嗣	纂庭	未袭任而卒		
七十四	宪祏	奉远	承袭翰林院五经博士	光绪十二年八月	又字"石斋"。
七十五	倩源	浚之	例袭翰林院五经博士		原名"庆源",因"庆"字犯祖讳,改"倩源",又字"养泉"。
七十六	繁山	静斋	宗圣奉祀官	1935年在南京就职	

说明:①此表据王定安《宗圣志》卷四《世系》整理。

②乾隆四十九年,第69代曾毓墫在宗圣墓左侧筑一远代诸墓望祭之坛,将2代曾元至60代曾昊名氏及所配夫人姓氏刻于其上,第8代作"炜";王定安认为吕兆祥之《宗圣志》、《族谱》、冯云鹓《曾子书》俱作"炜"是错误的,但未说明理由。宋代钱名世《古今姓氏书辨证》称汉代有尚书令曾伟,当是王定安所据。然其谱系相传已久,且又刻于石,故两存之。

③曾毓墫刻石作"承涓"。

④⑤据曾毓墫刻石。

第二节 族谱修纂

武城曾氏修族谱始于西汉。西汉曾伟及东汉曾谭曾两次修辑曾氏族谱,为南朝梁时谱学家王僧孺所推重。

唐宋以后,曾氏后人多次编修族谱。唐贞观四年(630)八月,中书舍人温彦博、太子舍人高士廉同为唐初曾氏族谱作序,称曾氏"入我大唐,本支益茂"。曾子29代孙曾兴、32代孙曾谊作"唐谱",39代孙曾辉、曾耀作"吴谱",[1] 44代孙曾匪等作"宋谱"。51代孙曾晞颜、52代孙曾巽申作"元谱"。文天祥在《曾氏旧谱》序中提到"自魏晋以来至唐最尚阀阅,故以谱牒为重"。

明初,曾子55代孙状元曾棨、解元曾鼎在前人修谱基础上续修新谱,汇编总谱,各支庶后裔亦各自为谱。曾棨、曾鼎等人遍访诸族散居四方者,条分缕析,相与参订,至永乐甲辰年(1424)元月告成,曾棨为之作《武城世袭曾氏续修重谱叙》,此为一次较大规模的修谱活动。明末,曾子61代孙曾洁盘协同63代孙、世袭翰林院五经博士曾宏毅又一次大修族谱。他们竭十余年心力,汇编总谱告成。其间,曾洁盘迹遍海内,汇各房系支谱与大宗谱,互相校对,补缺正讹,存真杜冒。明崇祯十二年(1639)曾宏毅并将修谱原委冠于总谱篇首以为叙。

至清代,各地曾姓谱牒混乱,多有伪冒之嫌。清世宗赐给"省身念祖"四字图章,曾氏后裔遂在每页族谱上加盖此章,以存真杜冒。并规定"南宗设局,东宗查核,以杜混冒,呈公府核印后由东宗盖钤印"。曾氏后裔分东宗、南宗始自明嘉靖年间曾质粹奉旨东归承袭翰林院五经博士奉祀曾子之后,曾质粹后裔被称为"东宗房",其

[1] 这里的"吴"是指五代十国时杨溥所立之国。

他为“南宗房”。乾隆五十七年(1792)十一月,广州南海大堡大沥范曾氏大成宗谱由曾子68代孙曾养修辑完成,并为之作序。嘉庆至道光年间,东、南两宗大修总谱,正名为《武城曾氏重修族谱》,系规模最大的一次修谱活动。南宗曾衍咏倡修通谱局,号“忠谋堂”,后更名为“忠信堂”。其间数十年,天下曾姓要求联修族谱者络绎不绝。嘉庆七年(1802),广西岭溪曾氏族谱由曾衍相等人编修告成(见曾衍相《序》)。清道光六年(1826),曾衍咏辑修南宗谱告成(见曾衍咏《序》)。清道光十四年(1834)东宗派人去南宗修谱总局(设湖南宁乡),并与南宗汇核各房支系,厘其舛谬。其后,东、南两宗协同修谱,确保宗圣后裔一脉流传,“共膺千秋”。1803—1821年,曾衍相、曾毓墫、曾纪琏等历时18年修成“嘉庆谱”。1835—1846年,曾衍咏、曾纪瑚等历时11年修成“道光谱”。

清顺治年间,清政府始赐给入谱曾氏后裔优免差徭的特权。清光绪二十四年(1898),江西九江府德安县按清政府赐给宗圣后裔优免牌规定,“一切杂差,概行蠲免”,优免差徭促进了曾氏修谱的积极性。曾国藩乞假返回故里时,发现分衍各处宗圣后裔未入总谱者甚多,遂向曾氏后裔发出《武城曾氏催修总谱文正公原启》,称曾氏“迄今叠沐皇仁,翰博有袭,差徭优免”,但曾氏后裔流衍于海内,须清查圣裔,“修总谱以归画一”。于是发启示以催修总谱,要求速缮草册,解总局案定汇总。东宗亦下文催促南宗修谱总局甄别混冒以防邀优免。此次通修,南宗以曾国藩、东宗以世袭翰博曾毓墫为主,统一规式,规定由东宗审核加盖御赐“省身念祖”印记,谱首封面统一印刷大红龙图和奉旨“敕修宗圣族谱”、“武城曾氏重修”字样,以示重视。

民国初,湖南宁乡曾氏南宗修谱总局局长曾传进又发出启示,

号召南宗各房辑修族谱，由曾国藩、曾国荃后裔曾重伯、曾霖森及各族士绅呈请东宗颁给“民国钤记”。经大总统孙中山批准，仍照旧章办理，要求族谱未合者争先，已修者再续。1935 年，湖南宁乡曾纪锐编修成《武城曾氏重修族谱》。鲁南滕峄费等地曾姓后裔亦协议修谱，由滕县崇村曾姓发起，组织编修《滕房曾氏续修族谱》，参加编修者共 18 人，设主修、编修、校阅、监修等职。主修为曾昭海，编修为曾纪文、曾纪斌。1936 年夏续修族谱完成。该谱按《武城曾氏重修族谱》例，除曾纪文为之序外，还收有不同时期修谱序文 7 篇，另收纶音、奏牍、案牍、族源、宗子世系等共 4 册，详细介绍了当地曾氏后裔衍徙情况。

表 6-2　　历代纂修族谱情况简表

	谱　名	纂修时间	纂修与作序者
1.	武城曾氏一修谱	（十国）吴太和三年（931）	曾　辉
2.	武城曾氏二修谱	宋皇祐三年（1051）	曾朝阳
3.	宁都城南曾氏初修族谱	元至正十八年（1358）	曾　荣
4.	宁都平源村大屋厦西井头曾氏十修族谱	明永乐九年（1411）	曾　慎
5.	武城世袭曾氏续修重谱	明永乐二十二年（1424）	曾　棨
6.	雩阳坎溪曾氏一修族谱	明嘉靖二十三年（1544）	
7.	武城曾氏合修大成谱	明万历十一年（1583）	陈　庆
8.	宁都社溪族谱《曾氏源流节略》	明万历十九年（1591）	曾子仲
9.	武城曾氏续修总谱	明崇祯十二年（1639）	曾宏毅
10.	宁都曾坊村曾氏四修谱	清康熙二十八年（1689）	王思轼
11.	宁都城南曾氏六修族谱	清康熙四十八年（1709）	曾　仪
12.	宁都城南曾氏八修族谱	清乾隆四十四年（1779）	曾　珏

续表

	谱　　名	纂修时间	纂修与作序者
13.	广州南海大堡大沥范曾氏大成宗谱	清乾隆五十七年(1792)	曾　养
14.	城东东鲁曾氏六修族谱	清乾隆五十七年(1792)	曾云瑞
15.	广西岭溪曾氏族谱	清嘉庆七年(1802)	曾衍相
16.	曾氏总谱	清道光六年(1826)	曾衍泳
17.	东宗联修湖南宗谱	清道光十四年(1834)	曾纪瑚
18.	南丰东鲁曾氏谱	清道光十九年(1839)	吴其浚
19.	(崇仁)檀溪武城曾氏六修族谱	清道光二十一年(1841)	曾毓骓
20.	城东武城曾氏廉房十七修房谱	清同治十三年(1874)	曾先恭
21.	宁都黉门第南丰族东鲁曾氏五修族谱	清光绪八年(1882)	曾芳薰
22.	水溪曾氏仲渊公十三修族谱	1912	蔡吉士
23.	坳溪曾氏九修族谱	1918	
24.	滕房曾氏续修族谱	1935	曾纪文
25.	南丰族曾氏洪立公裔杨林渡派附修武城郡原受祖十九修房谱	1949	曾蓬宾

第二章　后裔优遇

第一节　世袭翰博

明嘉靖十二年(1533),吏部左侍郎兼翰林院学士顾鼎臣上疏,请"准照弘治间颜、孟二氏事例,访求曾氏子孙相应者一人,授以翰林院五经博士,世世承袭,俾守曾子祠墓,以主祀事",诏如所请。嘉靖十四年,江西抚按督同提学副使徐阶,查得曾子59代孙曾质粹,诏徙山东兖州府嘉祥县以衣巾奉祀宗圣祠墓。至十八年,授翰林院五经博士,世世承袭。

曾质粹,原字好古,因同48代祖讳,改为南武。生于江西永丰,嘉靖十四年迁至山东嘉祥,以衣巾奉祀宗圣庙墓。嘉靖十八年,授翰林院五经博士,世世承袭,卒于嘉靖三十九年(1560),终年69岁。子一:昊。

60代曾昊,字钦一,先于曾质粹而卒。子一:继祖。

61代曾继祖,字绳之。自小双目失明,加上父祖连丧,未及请袭翰博之位。江西永丰族人曾衮于万历元年(1573)因应贡到京,乘机夺袭。后经给事中刘不息等参奏,罢曾衮世职,准继祖子承袭。至万历三十年(1602),貤封为翰林院五经博士。子二:承业、承祐。

62 代曾承业，字振吾（一作洪福），于万历五年（1577）八月袭翰博，年仅 16 岁。此后主持祭祀 52 年。创修《宗圣志》，自纂《曾子志》、《曾子全书》。子一：宏毅。

63 代曾宏毅，字泰东。崇祯元年（1628）八月袭翰博。子三：闻达、闻迪、闻道。

64 代曾闻达，字象舆，崇祯十四年（1641）八月袭翰博。顺治三年（1646），改授内翰林国史院五经博士；十四年又改称翰林院五经博士，同年，授曾闻达为修职郎。子八：贞豫、贞宸、贞泰、贞震、贞巽、贞临、贞随。

65 代曾贞豫，字麟野（一作和菴），康熙七年（1668）三月袭翰博。十四年授征仕郎。子六：尚溶、尚溥、尚涝、尚泗、尚洁、尚瀿。

66 代曾尚溶，字汇伯，康熙二十九年（1690）十二月袭翰博。五十二年授征仕郎。子四：衍模（早卒）、衍棣、衍杖、衍朴。

67 代曾衍棣，字雍若，雍正八年（1730）袭翰博。十三年授修职郎。著有《近圣居诗集》二卷。子一：兴烈。

68 代曾兴烈，字起祚（一作光绪），乾隆四年（1739）五月袭翰博。子一：毓墫。

69 代曾毓墫，字注瀛，乾隆二十六年（1761）袭翰博，乾隆五十年授征仕郎。修《武城家乘》十卷。子七：传镇、传锡、传铨、传锳、传録、传铻、传钺。

70 代曾传镇，字巨山，嘉庆元年（1796）袭翰博。子一：纪琏。

71 代曾纪琏，字仲鲁。袭翰博不久，因事革职，并不准其后代承袭。道光七年（1827），由曾传锡之子曾纪瑚袭翰博。纪瑚，字六华。道光十五年（1835）赠征仕郎。著有《萌麓诗草》、《南游纪略》、《家乘约编序》等。子三：广芳、广莆、广芝。

72代曾广芳，字汝陟，早卒，以弟广莆长子承祧。翰博一职，由广莆代。

73代昭嗣，字纂庭（一作嗣宗），早卒。子一：宪祏。

74代曾宪祏，字奉远，又字石斋。光绪十二年（1886）八月袭翰博。因案革职，准其子倩源承袭。倩源时未周岁，仍由曾宪祏摄理祀事。子一：倩源，原名庆源，因“庆”字同37代祖讳，以“倩”字代。

75代曾倩源，字养泉（一作浚之），例袭翰博，因清朝灭亡而未果。子一：繁山。

1935年，改称宗圣奉祀官。国民政府以曾子76代孙曾繁山为宗圣奉祀官，1935年7月6日与至圣先师奉祀官孔德成一起赴南京参加了就职典礼。

第二节　优学优试

宋元祐年间，哲宗明确孔氏庙学为孔氏家学，专供孔氏子弟入学受读，后添入颜、孟二氏子孙。明太祖洪武元年（1368）改庙学名“三氏子孙教授司”，宪宗成化元年（1465）颁给“三氏学官印”，始将孔氏家学命名为“三氏学”。明神宗万历年间添入嘉祥曾氏子孙，改名“四氏学”，为曾氏子孙入学、科举提供了优越的条件。明万历四十年（1612）后，钦准四氏子孙以生员应“乡试”科考，并将廪、增生员名额各增至40名。

四氏子弟在乡试科考中，享有特别优厚的待遇。明天启元年（1621）后，礼部议准在乡试科取时，将孔氏后裔另编“耳”字号优先取中。清顺治十四年（1657）允准“不拘孔颜曾孟，凭文取中”。雍正二年（1724）从原来的五科各取2名，又增加1名为正额3名，并成为定例。乾隆元年(1736),“恩科广额于三名外,得广一名”,此后,四氏学每科考中的举人,都在3名以上。到同治九年(1870)竟达到8名之多。

此外,岁贡、恩赐等优遇,亦为曾子后裔入仕提供了方便。明万历四十年(1612),四氏学岁贡每年一贡成为定例。清代四氏学岁贡生比地方上多出两倍。另外,对圣裔还有恩赐出身的优遇。在如此优越的优学优试环境中,曾氏后裔有众多学子取得各种功名。据不完全统计,仅江西德安曾氏后裔自明嘉靖二十年至清末计有进士160人,其中明代58人,清代102人;宁都籍曾氏后裔有进士6人,举人89人,贡生43人(其中恩贡8人,拔贡7人,副贡2人,岁贡26人)。

第三节　差徭优免

明嘉靖十八年(1539),明政府准照颜孟二氏例授曾质粹翰林院五经博士,赴嘉祥主祀曾子。此后,嘉祥曾氏族人即享受一切差徭优免待遇。

明崇祯四年(1631)初,湖南宁乡曾日新以祖系曾氏嫡派,“让袭翰博,不应当差”为由,上诉宁乡知县徐万逢,要求同嘉祥曾氏一样给予优免。后经官府查实,确认曾日新为嫡派长房,饬令“凡属差徭例应优免”,“其散居各处者,俱令所在有司加意优恤,不得再行派扰”(《曾日新准免差徭公牍》)。此后各地曾氏族人均得到优免差徭的待遇。

清顺治元年(1644),清廷重申“圣门典例,俱应相沿,期于优渥”。但有些地方官府或推诿不办,或仍加派扰。康熙四十年(1701)

户部行文，重申“将一切地亩杂项差徭概行蠲免，如有复行派扰者，详报究处”。至此，曾氏族人优免已成定例。

曾氏后裔优免项目包括丁役、保甲、赋税等项。明万历十七年（1589），选取礼生60名，除去民徭，给予衣巾，比照生员例给予优免待遇。乾隆五年（1740）曹州府行文，曾氏后裔“黄河料物等差，照旧例蠲免”。

乾隆二十年（1755）于嘉祥曾庙立“优免孔颜曾孟四氏差徭”碑。有《优免孔颜曾孟四氏差徭碑记》，记优免原委。

第三章 后裔名人

曾氏家族有家学渊源，有历史上的特殊地位，名贤辈出，代不乏人。择其有影响者，介绍如下。

曾申 字子西，曾参次子。[1]据钱穆《先秦诸子系年通表》，曾申约生于公元前475年，卒于公元前405年。唐人陆德明《经典释文序录》说：子夏向曾申传授过《诗经》，左丘明向曾申传授过《春秋传》。《礼记·檀弓》上记载：鲁穆公的母亲去世了，派人向曾申请教丧礼，曾申回答说：我听我的父亲说，哭泣的悲哀，穿孝服的区别，吃饭的情况，从天子到普通人都是一样的。吴起师从曾申，[2]但吴起的母亲病故，吴起却不奔丧，所以曾申与他断绝了师生关系。曾申提倡仁政与王道，反对霸道，不满于春秋五霸及辅佐霸业的人。有人问曾申："你和子路相比，谁强？"曾申说："子路是我父亲所敬畏的人。"言下之意是"我怎能和他相比"？那人又问："那你和管仲比，谁更强些呢？"曾申很不高兴地说："你怎么能把我和管仲相比呢？管仲得到国君的信任是如此专一，执政时间那么长，而功绩却很小，你竟拿他和我相比吗？"曾申在鲁缪公时很有名声，但其职务和政绩缺载。

曾申的哥哥曾元，对曾参很孝顺，《孟子》中有他"养曾参"情况的介绍。

❶唐人陆德明认为："曾申，字子西，鲁人，曾参之子。"宋人王应麟、清人阎若璩等亦主此说，并举例说"名申字子西"者历史上有多人。但东汉赵岐注《孟子》则认为是曾参之孙，今从陆氏之说。

❷一般认为吴起也是曾参的学生，钱穆从吴起活动时间及曾参存世时间分析，认为吴起所从师的"曾子"是曾申。

曾据　据《曾氏族谱》记载，曾子15世孙曾据，字恒仁，生于汉元帝永光元年（公元前43），卒年不详。他有功于西汉王朝，封关内侯。王莽取汉帝而代之建立新朝，曾据耻仕新莽，在始建国二年（公元10年）十一月十一日率族人南迁，[1]隐居江西庐陵吉阳乡，这是南武城曾氏最大规模的一次迁徙活动。曾据生二子：阐、玚。

曾致尧（947—1012）　字正臣，北宋抚州南丰县（今江西南丰）人，曾子41代孙，太平兴国八年（983）进士。先任符离县主簿，逐渐迁至秘书丞，又出任两浙转运使。性刚直，好上疏言事。魏庠知苏州，介旧恩以进，曾致尧弹劾。宋太宗赞扬说："曾致尧敢治魏庠，可畏也。"于是罢了魏庠的官，但曾致尧也未受重用。宋真宗赵恒即位，大臣张齐贤推荐曾致尧，称其才华可以任"词职"，便让他到翰林院试作制诰。因不堪此任被免职。后历任地方官多年，大中祥符初年迁为礼部郎中，因过去在扬州任上冒领了1个月俸禄被人告发，降为掌昇州榷酤，后转任户部郎中，卒于任上。

曾致尧非常喜欢著书立说。他写有《仙凫羽翼》三十卷，《广中台志》八十卷，《清边前要》三十卷，《西陲要纪》十卷，《为臣要纪》十五篇，文集编为《真言集》，故《宋史》将其列入《文苑传》。

曾巩（1019—1083）　字子固，北宋建昌军南丰县（今属江西）人，曾致尧之孙，为曾子43代孙。少时很聪颖，12岁时试作"六论"，立刻而就，文辞瑰伟。20岁时名满天下，欧阳修甚为赏识。嘉祐二年（1057）进士及第，先任太平州司法参军，不久任馆阁校勘、集贤校理，奉诏编校史馆书籍，校定《南齐书》、《梁书》、《陈书》，整理《战国策》、《说苑》、《新序》等。后长期出任地方官，多有惠政。在越州任上时，遇到灾荒，曾巩估计常平仓存粮不够赈济，而且普通百姓也不能都到越州城，于是告谕所属各县，让富足的人家卖粮给贫民，价

[1] 曾氏各种族谱都以曾据为始迁江南之祖。王定安《曾子家语跋》说："据虽不载正史，自宋以前，南迁诸曾固已奉为不祧之祖矣。"曾子70代孙曾国荃说："吾衡阳、湘乡诸曾，皆来自江右，其为曾子苗裔与否不可考，要其祖汉关内侯，载诸往牒，子孙世守，由来久矣。"曾据始迁时间，一说为始建国元年。

格稍高于国库粮，共凑15万石，度过了荒年。他又从府库借种子给农民，用秋粮偿还。在齐州（今山东济南）任上，以打击豪强恶霸为急务。有一户姓周的，财富雄厚，他的儿子周高勾结权豪，纵横不法，侮辱妇女，官府不敢过问。曾巩查清事实，坚决依法严惩。章丘县有一"霸王社"，拦劫抢夺，为害乡里。曾巩组建巡逻队，又让百姓组织"保伍"，侦察他们的行动，一旦发现就击鼓相召，共同出击。有一个叫葛友的盗贼自首，曾巩让他吃饱饭，换上新衣服，骑上马拿着钱帛在各处夸耀，其他盗贼也纷纷自首，齐州由此安定。后又调任襄州、洪州。其间遭遇瘟疫，曾巩让各县城镇、亭传都准备好药物。军士、百姓没有钱来求药的，曾巩让他们住在官舍，资助衣食，为其治病。回朝后，任史馆修撰，又迁中书舍人，卒于任上，谥"文定"。

曾巩性孝友。父亲病故后，孝侍继母，悉心照顾4个弟弟、9个妹妹。有《元丰类稿》存世，学者称其为"南丰先生"，系"唐宋八大家"之一。

曾布（1036—1107） 字子宣，曾巩之弟。嘉祐二年，与曾巩同登进士第。初授宣州司户参军，怀仁县令。熙宁二年（1069）移官开封。他上奏疏给宋神宗，指出"为政之本"有两条：一是改变社会风气，二是选拔人才。大事有八项：即鼓励发展农业、管理好财赋、兴办学校、审慎选用官吏、督责官吏勤政、理顺宗室关系、修整武力装备、制御外敌，受到宋神宗赏识，被提拔为太子中允、崇政殿说书，加集贤校理检正中书五房，三天内接受了皇帝的五道任命敕告。宋神宗在王安石主持下锐意变法，曾布积极参与，和吕惠卿共同创立青苗、助役、保甲、农田诸法。其间，被任为修起居注、知制诰，为翰林学士兼三司使，与闻机要。因与王安石在个别问题上有争议，被逐，任地方官。元丰末年，复任翰林学士，迁户部尚书。司马光执政

时，想让曾布改革役法，曾布拒绝说："免役这一法令，包括细枝末节都是我自己亲手制定的，让我自己改变，我不能做。"又被逐，出任地方官。绍圣初年回京，迁知枢密院事，与章惇有矛盾，互相指责。徽宗立，曾布任尚书右仆射。崇宁间，蔡京为左丞，曾布遭其诬陷，谪居润州，大观元年卒于此地。蔡京败后，赠观文殿大学士，谥"文肃"。

曾肇（1047—1107） 字子开，曾巩、曾布弟。少年时即努力学习，博览群书。宋英宗治平年间（1064—1067）进士及第，授黄岩县主簿。后擢升崇文校书、馆阁校勘兼国子监直讲，同知太常礼院。其间删定《元丰九域志》，厘正太常礼文，预修《两朝宝训》。曾公亮去世，曾肇写其《行状》，宋神宗很欣赏。哲宗时预修《神宗实录》，擢起居舍人、中书舍人。因直言得罪宰相，御史攻击曾肇，曾肇要求离职。大臣范纯仁说：如果好人不能被容纳，我们这些人也不能在这里了，因而离职未果。曾肇直言敢谏。门下侍郎韩维劾奏范百禄，太皇太后认为是诋毁，要让韩维到邓州任知州。曾肇上疏说，韩维是为朝廷辨别邪正，是非不能够疑似。并拒不起草制书。谏议大夫王觌因为劾奏宰相胡宗愈，被降为润州知州。曾肇奏称："陛下以大臣为心腹，以谏官做耳目，这两者缺一不可。现在王觌批评执政就降他的职，是只爱心腹而堵塞耳目。"皇帝醒悟过来，擢王觌为直龙图阁。其兄曾布被黜，曾肇亦出守地方。徽宗即位，复召为中书舍人，他向皇帝建议要区分君子小人，赏善罚恶。曾布为相，按规定亲属应避禁职，曾肇不久出为陈州等处地方官。受曾布遭遇牵连，于崇宁初落职，安置汀州，后归润州而卒。绍兴初，谥"文昭"。著作有《曲阜集》、《西掖集》、《内则》、《外则》等。

曾公亮（999—1078） 字明仲，北宋泉州晋江（今属福建）人，曾子44代孙。天圣二年(1024)举进士甲科,授会稽县知县。镜湖经常淹没民田,曾公亮征发民夫修镜湖斗门,泄水入曹娥江,百姓受益。后擢集贤校理、天章阁侍讲,修起居注。庆历三年(1043)又升为天章阁待制,宋仁宗赐给他金紫服饰。按例,待制官不改服色,仁宗当面对曾公亮说,此举是为了尊崇儒臣。又迁知制诰兼史馆修撰,为翰林学士判三班院。不久出任郑州,为政有方,境内盗贼不能存身。有一次文彦博路过郑州,发现丢了一件贵重物品,就让曾公亮追查,曾公亮回答说:“我们州里不藏盗贼,大概是你的随行人员偷的;如是郡人所偷,三日内一定破获。”搜索之后,果如所料。后任参知政事,加礼部侍郎,除枢密使。嘉祐六年(1061)拜吏部侍郎、同中书门下平章事,集贤殿大学士,与韩琦同为宰相。契丹人在界河打鱼,又多次用船在界河运盐,当地官吏不敢过问,怕引起争端。曾公亮主张坚决制止,以防事态扩大,并举荐雄州人赵滋任此事,边境因此宁息。这时宋英宗病重,不能接见辽国使臣,命曾公亮在公馆宴请使者,使者不去赴宴。曾公亮责备辽国使者说:“皇帝赐宴而不去,是对国君不尊重;皇帝有病而一定让他亲自出席,你心里感到妥当吗?”辽国使者于是赴宴。神宗即位又加官晋爵,至熙宁二年累封鲁国公,以年老让位。熙宁三年,因叛卒骚乱,人情惶惧,又起复曾公亮为司空,兼侍中、洛阳三城节度使。后以太保致仕。元丰元年去世,赠太师、中书令,谥“宣靖”。葬时,皇帝亲书碑首曰“两朝顾命,定策亚勋”。

曾公亮参与主编了《武经总要》。此书于宋仁宗康定元年(1040)由曾公亮、丁度奉敕开始编修,历时5年。全书共40卷,分前后两集:前集《制度》15卷,《边防》5卷;后集《故事》15卷,《占候》5卷。该书的价值,在于保存了极为丰富的史料,如记载世界上第一

支"火药火箭"的产生及三种火药的配方;从"指南鱼"的制作方法可知,它是世界上关于利用地磁场进行人工磁化的最早记载,还表明当时已在实践中知道利用地磁倾角。正因为它的史料价值很高,英国人李约瑟在《中国科学技术史》一书中称它为"军事百科全书"。

曾几(1084—1166) 字吉甫,号茶山居士,南宋虔州赣县(今江西赣州)人,迁居河南府(今河南洛阳东)。曾子44代孙。曾几事亲很孝,母亲去世,蔬食15年。曾几是太学生,他的哥哥曾弼因公去世,没有后代,朝廷特命曾几为将仕郎,到吏部考试。考官见他文章很好,放于优等,赐上舍出身,任为国子正兼钦慈皇后宅教授。道士林灵素受到宋徽宗宠信,以欺骗为能事。他作符书《神霄录》,朝士竞相趋观,只有曾几、李纲、傅崧卿数人称病不去。宋高宗即位,迁为广西运判、江西提刑。他的哥哥曾开时任礼部侍郎,反对秦桧议和,请求罢去自己职务,曾几也被罢免。不久任为广西转运副使,徙京南路。又任为广西运判转运副使,坚决拒辞。乡居上饶7年,到秦桧死,又起复浙西提刑,知台州事。皇帝召见,曾几说:"士气久已不振,陛下想很快恢复,就应有矫枉过正的勇气。"皇帝听了很高兴,授秘书少监,权礼部侍郎。绍兴二十七年(1157)以年老请退未果,改任集英殿修撰。绍兴三十年,升敷文阁待制。金人犯边,有人建议遣使请求和议。曾几认为此举无小益而有大害。为朝廷打算,正应当卧薪尝胆,枕戈以待,注重节俭和武备,其他一切都不要管,如能这样,即使北伐中原也能做到。孝宗即位,曾几又上疏数千言,以老致仕。乾道二年(1166)去世,谥"文清"。

曾几为官,以廉洁著称。所交游的如刘安世、胡安国,都是当时名儒。他的著作有《经说》20卷,《文集》30卷。

其兄曾开,字天游,高宗时任礼部侍郎兼直学士院,在和议问题上与秦桧反复论争。有一次秦桧诱之以利说:“皇上正以宰相之位留着给你。”曾开说:“儒者所争的在义理。如果不符合义理,高爵厚禄是不要的。”高宗和议之心已决,但因徽宗尸骨在北,母后、钦宗未还而怕人议论,故召集侍从大臣集议。曾开与秦桧针锋相对,据理力争,反对和议,终被罢官。闲居十余年,年71卒。秦桧死后,才下诏恢复曾开致仕时的待遇。曾开曾随大儒游酢学习,每天读《论语》,从文辞上无所得则反过来求诸于心,常有所悟。他与刘安世一见如故,定交终身。《宋史》编者认为,他立身行事,临大节而不可夺,与其师友渊源不可分割。

曾忞(?—1130) 字仲常,曾巩之孙,为曾子45代孙。补太学内舍生,因父荫任为郊社斋郎,逐渐升为司农丞,通判温州。驻于越州(今浙江绍兴)时,建炎三年(1129),金国军队攻占越州,金军统帅琶八下令越州城中宋国文武官员到帅府报到,有不到的或藏匿不报的处死。曾忞未去,被邻人告发。在琶八面前,曾忞大义凛然地指斥道:“我们国家有什么地方对不起你们的?你们竟然背弃盟约,欺骗上天,放纵不道。我是宋朝世臣,遗憾的是没有寸柄为国而死,怎么能贪恋生命而为你们这些狗奴做事?”琶八将曾忞全家40人在一天内杀死于越城南门外。金军撤走以后,曾忞的弟弟知杭州余杭县事曾恳,收敛曾忞等人的尸骨埋葬于天柱山。

曾悟(1093—1125) 字蒙伯,曾肇之孙,是曾忞的叔伯弟弟。宣和二年(1120)进士。靖康元年(1125)为亳州士曹,金军破亳州,曾悟被执,对金军抗辞大骂,被乱刃斫杀,年仅33岁。

曾慥(?—1155) 字端伯,号至游子,南宋泉州晋江(今属福建)人,曾子47代孙(曾公亮是其曾伯祖)。初为尚书郎,历知虔州、荆南府、庐州,后寓居银峰。曾慥的著作很多,计有《类说》50卷,《道

枢》42 卷,《高斋漫录》1 卷,《乐府雅词》5 卷,《至游子》2 卷等。《类说》是从 252 种笔记小说中辑录出来的,内容非常广泛,其中有不少自然科学知识,如"吉贝布"一条说:"闽中木棉,采其花为布,号吉贝布。海南诸国出吉贝木,其叶如鹅毛,纺之作布,与苎布不异,亦染成五色,织为斑布,盖俗呼古为吉耳。"对吉贝布的原料、名称来历都有介绍。《道枢》是道教资料的第一部集成之作,内有不少自然科学知识。

曾从龙(1175—1236) 原名一龙。曾子 47 代孙,泉州晋江(今属福建)人。南宋宁宗庆元五年(1199)进士第一,宁宗改其名曰"从龙",故字君锡。初授签书奉国军节度判官厅公事,迁兵部员外郎,起居舍人兼太子右谕德。出使金国,"执礼不挠",嘉定六年(1213)迁刑部尚书。针对当时吏治弊端,曾从龙上疏指出:州郡数月缺守,就用副职暂时代理。正因为是代理,自知时间不长,所以政令松弛,政务懈怠,把一个郡的大事都交给了胥吏。任命的郡守未到任即被罢免,而且每换一个郡守,迎送之资甚多。所以曾从龙建议有缺时就要马上委派,有不愿去的,就不让他做官。他进一步提出了"修德政、蓄人才、饬边备"的建议。不久,升为端明殿学士,签书枢密院,又升参知政事。而当权的史弥远心术不端,擅政弄权,曾从龙对史弥远的心腹胡榘进行弹劾,被降职。宋理宗绍定六年(1233),史弥远卒,第二年改元"端平",曾从龙升为资政殿大学士、沿江制置使、参知政事兼同知枢密院事等要职。此时,南宋的劲敌金国已为蒙古所灭。在灭金之前,蒙古使者曾与南宋约定灭金后将黄河以南归宋;但灭金后则要陈、蔡以北属蒙古,以南属宋。一些主张恢复山河的官员建议北伐,收复开封、洛阳等地。曾从龙认为,时机尚不成熟,需要做好准备;但宋理宗不听,结果北伐失败。蒙古以此为借口伐宋，曾从龙以枢密使身份督视江淮、荆襄兵马。他根据实际情况建议"并建二阃"，与魏了翁一在江淮，一在荆襄。不久，宋理宗撤回原议，将曾从龙召回。曾从龙有志难酬，不久病故。有文集《曾少师诗文集》存世。

曾鲁　字得之，明新淦(今属江西)人，曾子55代孙，生卒年不详。儿时聪颖过人，7岁已能背诵《五经》。元至正年间(1341—1367)[1]，地方不靖，曾鲁组织民众保护乡里，一方安宁，人们称为"君子乡"。洪武元年(1368)诏修《元史》，曾鲁为主要参与者之一，后授职礼部主事。曾鲁读书甚多，熟知仪礼。洪武二年(1369)常遇春病故，高丽国派使臣来吊祭。曾鲁见使者文书封皮用金龙黄帕，并且不称洪武年号，便直言用龙帕是错误的，既是纳贡称藩而不称明朝年号，不符合礼仪。使者只得认错。安南陈叔明弑主篡立，害怕明朝讨伐，就派使者来窥探朝廷的意图。曾鲁看了表文以后问："你们以前的国君叫陈煃，现在为什么改了名称?"使者不敢隐瞒，说出了实情。洪武五年(1372)，有一次朱元璋问宰相，曾鲁现任什么官职，宰相说是礼部主事。朱元璋马上升他为中顺大夫、礼部侍郎。曾鲁说他的父亲叫曾顺，做中顺大夫犯了父讳，拒不接受，但未获允准。曾鲁很注意科举的人才选拔，朱元璋就让他主持京都一带的乡试。后有病回家治疗，卒于路途之中。

曾棨(?—1432)　字子棨，号西墅，明代永丰(今属江西)人。曾子55代孙。永乐二年(1404)一甲一名进士及第，授翰林修撰，修《永乐大典》任副总裁，累迁至詹事府少詹事。曾棨才思敏捷，"信笔千百言立就"(《四库全书》之《西墅集》提要语——编者)。著有《西墅集》、《巢捷集》等。据刘昌《悬笥琐探》一书记载，明成祖曾亲试《天马歌》，曾棨诗先成，"词旨浏亮"，明成祖赏赐了一条玛瑙带。所

[1] 元顺帝至正年号到1370年结束，但朱元璋于1368年建立明朝，故此处记为"1341—1367"。

存《西墅集》10卷，是万历年间永丰知县吴期炤选录，并非全集。郑瑗《井观琐言》称“曾子棨诗，佳处不减昆体”。曹安《谰言长语》也说：“曾学士棨《巢捷集》，绝似唐人。”

曾鑑（?—1507） 字克明。曾子59代孙。原籍桂阳，因为编入戍籍而住在北京。天顺八年（1464）进士，授刑部主事。通州有十几个百姓被认为是盗贼，已经定案；曾鑑看了案件文书，指出是被诬陷。不久，果然抓到了正犯，百姓得以昭雪。弘治十三年（1500）升至工部尚书。明孝宗时，宫廷供奉日增，曾鑑千方百计力争裁减。如司设监请织造龙毯、素毯100多条，曾鑑认为，毯子虽是一件，但织造却很费事，毛要从山西、陕西进，纱等料要采自河南，从苏州、松江寻找工匠，需用一年多的时间制成，因而请求停止，但明孝宗不同意。内府针工局要求新招工匠5000人。曾鑑上疏，说往年尚衣监招收工匠1000人，兵仗局仿效它，招收了2000人，军器局司设监也收了1000人。弊端一开，就没法阻止。孝宗听了以后减了一半。明武宗正德元年（1506），南京报恩寺塔被雷击毁，守卫报恩寺的宦官傅容请求修复。曾鑑说：这是上天发出警戒，不应再重兴土木，劳民伤财。修复之事遂止。这一年，以韩文为首的大臣及刘健、李东阳等请求诛杀宦官首领马永成等未果。宦官刘瑾当了司礼太监，气焰更凶。曾鑑看到事不可为，就于正德二年（1507）闰正月致仕，不久故去，赠“太子太保”。

曾质粹（1492—1560） 本字好古，因与先祖名同，改为南武。原江西吉安永丰县人，曾子59代孙。嘉靖十二年，吏部左侍郎顾鼎臣奏请在全国范围内“访求曾氏子孙相应者一人，授以翰林院五经博士，世世承袭，俾守曾子祠墓，以主祀事”。江西提学副使徐阶在永丰县查访，曾子嫡裔永丰县廪生曾嵩、曾衮称“生长南方，不乐北徙”。支裔曾质粹自愿奉祀，且经合族推举，于嘉靖十四年迁往嘉祥，先以衣巾奉祀，至嘉靖十八年，授予翰林院五经博士，承担起奉祀曾子庙墓的责任。

曾铣(?—1548)　字子重，号石塘，明代江都(今属江苏扬州)人，曾子63代孙，嘉靖八年(1529)进士。他以御史身份巡按辽东时，辽阳、抚顺两处发生兵变，并合谋与被判死刑的囚犯联合，准备叛乱。曾铣暗中侦察，将变兵首领逮捕斩首，兵变得到平息。迁右佥都御史，巡抚山东。鞑靼数入内地侵扰，曾铣修筑临清外城以御敌。升副都御史。三年后，改抚山西。曾铣治军严厉，有一年腊月三十晚上，曾铣忽然下令部队集合出发。当时没听到报警信号，诸将正喝酒不想出兵，就贿赂铃卒让曾铣的妾替他们求情，晚一点出发。曾铣杀了铃卒示众，诸将只好半夜出兵，果然遇敌，将敌击败。诸将问曾铣怎么知道有敌人来犯呢，曾铣说：“乌鸦鸣叫非时，所以知道。”众将叹服。升曾铣兵部侍郎。嘉靖二十五年(1546)夏，以原官总督陕西三边军务。鞑靼兵大掠延安、庆阳一带，曾铣带数千人驻扎塞门，而派前参将李珍攻击敌人的根据地，在马梁山后杀敌数百，鞑靼人撤退。曾铣认为不采取根本措施不行，就上书明世宗：在冬春之季，敌人不能长驱之时，选精卒6万，山东枪手2000人，另加大炮，直捣敌人巢穴，可一举成功；并西从定边营，东到黄甫川，筑1500里的边墙，3年可以成功。明世宗开始很支持，阁臣夏言也很支持。明世宗并下诏书褒奖，答应给边费20万两。但严嵩因与夏言不和，极力反对；明世宗也突然变卦，亲手写诏书晓谕辅臣说：“今逐套贼，果有名否?兵食果有余、成功可必否?一铣何足言，如生民荼毒何?”严嵩趁机罗织曾铣罪名，以冒功、克饷为由，将曾铣逮捕斩首，妻子流放2000里外。夏言及曾铣的部分爱将也同遭杀害。直到

隆庆初年(1567),才平反昭雪,赠兵部尚书,谥“襄愍”。

曾钧 字廷和,明代进贤(今属江西)人,生卒年不详。曾子64代孙,嘉靖十一年(1532)进士,擢南京礼科给事中。大胆上书言事,弹劾权贵,无所畏避。翊国公郭勋,是明初功臣郭英后代。此人“桀黠有智数”,善于窥测皇帝意图,得到明世宗的特别宠爱。郭勋怙宠骄横,所为不法事甚多,受到曾钧的弹劾。时任礼部尚书的严嵩,为了迎合世宗在明堂祭祀其父明献宗以配上帝的意图,不顾朝臣反对,撰写有关礼仪,曾钧又上书弹劾。在任云南副使时,发现黔国公沐春侵占丽江一带民田,坚请归还。嘉靖三十一年(1552),以右副都御史身份总理河道。当时,徐州、邳县一带17州县连年遭受水灾,曾钧查勘了地势水情,建议疏理刘伶台至赤宴庙80里的河道,修筑加高草湾老黄河口等地长堤,并且缮修新庄等地的旧闸。后升任工部右侍郎,又改任南京刑部右侍郎。因长期不受重用,于是乞请归老。卒后赠刑部尚书,谥“恭肃”。

曾亨应 字子嘉,江西临川(今江西抚州)人,生卒年不详。曾子65代孙,崇祯七年(1634)进士,历官吏部文选主事。崇祯十七年(1644)3月,明亡,福王朱由崧于5月即位于南京,年号弘光。弘光二年(1645),江西各城大多被清兵攻占,曾亨应让弟弟曾和应带着父亲曾栋到福建避难,自己与艾南英等决心死守临川城。清兵突至,曾亨应及儿子曾筠被捕。曾亨应对儿子说:“要记住,此是一日千秋之时。”曾筠说:“是的,您放心吧!”父子均不屈而死。福建被攻陷,其弟曾和应将父亲带到肇庆安置好,拜别后,投井而死。此前,曾亨应一族的曾轼、曾益都死于任所,人称“曾氏五节”。

曾灿(1626—1689) 本名传灿,字青黎,号止山,清江西宁都人。曾子65代孙。少有诗名,明朝亡后,祝发为僧,游历福建、浙江、广东、广西诸省。晚年客居北京，卒。与魏禧等明末遗老交友，为“易堂九子”之一。他的著作有《六松堂诗文集》、《止山集》、《西崦草堂诗集》等多种。

曾衍东　字七如，一字青瞻，号七道士，山东嘉祥县人，曾子67代孙，生卒年不详。乾隆年间举人，授江夏知县，因诖误而被黜戍温州。工诗，书画笔墨狂放，以奇、怪取胜。著有《哑然集》、《小豆棚笔记》、《武城图考》。能制曲，有杂剧《小豆棚》传世。

曾国藩（1811—1872）　原名子城，字伯涵，号涤生。清湖南湘乡人，曾子70代孙。道光十八年（1838）中进士，逐次升迁至礼部右侍郎。咸丰三年初（1853）受命会同湖南巡抚办理本省团练，后扩编为湘军。时太平军大盛，曾国藩受命征讨，于咸丰四年发布《讨粤匪檄》。攻下武昌和田家镇后，湘军之名遂响。咸丰十年，被任命为两江总督、钦差大臣，督办江南军务。咸丰十一年攻下安庆，奉命统辖江苏、安徽、江西、浙江四省军务，巡抚、提镇以下悉归节制。同治元年（1862），派左宗棠攻浙江，李鸿章攻苏南，曾国荃围天京（今南京市）。同治三年，攻下天京。寻加封为一等毅勇侯，赏太子太保衔。同治四年，奉命北上追击捻军。与李鸿章倡办江南制造总局，派遣留美学生，倡导洋务。同治六年，授大学士，仍留两江总督任。同治七年，调任直隶总督。九年，天津教案发生，曾国藩奉命查办，屈民媚外，杀无辜良民20人，充军25人，颇受舆论谴责。后回任两江总督，卒于南京。谥“文正”。治学专主程朱理学，善文章，著有《曾文正公全集》。

曾纪泽（1839—1890）　字劼刚，曾国藩长子，曾子71代孙。初以荫生补户部员外郎，曾国藩卒后袭侯爵。他32岁开始自学英语，逐渐可用英语对话。并留心西方科学知识，涉猎过西方的数学、物

理、化学。在《几何原本序》中，曾纪泽写道："盖称中国算术以《九章》分目，皆因事之名，各为一法。学者泥其迹而求之，往往毕生习算，知其然而不知其所以然。"而"《几何原本》不言法而言理，据一切有形而概之，曰：点、线、面、体"。曾纪泽认为《几何原本》与《九章算术》结合，可以取长补短。在《西学述略序》中，曾纪泽介绍西方教育，注重由浅入深层层渐进，特别是儿童教育，从小孩能懂的事实道理教起，认为这样可以事半功倍。他对中国的理学名教之士大谈清议，颇不以为然："今世所谓清议之流，不外三种：上焉者自守之士，除高头讲章外，不知人世更有何书，井田、学校必欲遵行，秦汉以来遂无政事，此泥古者流，其识不足，其心无他，上也；中焉者好名之士，附会理学之绪论，发为虚悬无薄之庄言，或陈一说，或奏一疏，聊以自附于腐儒之科，博持正之声而已，次也；下焉者视洋务为终南捷径，钻营不得，则从而诋毁之，以娼嫉之心，发为刻毒之词，就三种评之，此其下矣。"大体符合当时实际。对于和西方交往，他认为是"开千古未曾有之局，盖天运使然。中国不能闭门而不纳，束手而不问，亦已明矣"。因其懂英语又留心西学，光绪四年(1878)出任英、法公使。六年，又兼任驻俄公使。在此期间，与沙俄谈判修改《里瓦几亚条约》，即崇厚与俄国签订的丧权辱国的《还付伊犁条约》。原约规定：将伊犁地区南境特克斯河两岸地区割让给沙俄，以偿付军费500万卢布；俄商不但在蒙古和新疆贸易可以免税，而且还可到天津、汉口等地享受相同待遇。曾纪泽与俄国人经过了一年多反复的斗争、交涉，终于重订新约，争回了伊犁南境特克斯河两岸宽200余里、长400里的广大地区。曾纪泽回顾这段历史时说："障川流而挽既逝之波，探虎口而索已投之食。"签约以后，俄国代理外交大臣对曾纪泽的外交才能称赞说："不惟出众于中国，亦罕见于欧洲，诚不可多得之使才也。”中法战争爆发，曾纪泽力主抗法御侮。光绪十一年（1885）被召回国，任海军衙门帮办，不久又任兵部左侍郎，命在总理衙门行走。光绪十三年（1887）著《中国先睡后醒论》，主张“强兵优先于富国”。著有《曾惠敏公遗集》。

曾纪鸿（1848—1881） 曾国藩次子，字栗诚（一作诚）。同治中，曾国藩死后得朝廷赏给举人。少年好学，与兄纪泽并精算学，尤精通代数术。锐思勇进，创立新法，多为同辈折服。著有《对数详解》、《圆率考真图解》。

曾铸（1849—1908） 号少卿。原籍福建同安，后改籍上海。曾子71代孙。近代民族资本家、立宪派。少年时博览群书，喜作画，后经商。光绪三十一年（1905）领导反美运动，受到全国人民支持，后因屈服于压力而妥协。三十三年（1907），发起并领导收回沪杭甬铁路运动；热心地方自治，曾参加晚清立宪运动；主张严禁鸦片，受到地方政府褒奖。曾投资镇江造纸厂、江西瓷业公司等企业，发起上海商团公会，为民族资本主义的初步发展做出了贡献。著有《山钟集》。

曾廷杰 清末学者，湖北枝江人，生卒年不详。曾子73代孙。光绪九年（1883）以候补州判去吉林任职，次年督办边务。十一年（1885）五月奉命去伯力（今哈巴罗夫斯克）一带察探边情，以亲身见闻，征用群籍，阐明黑龙江北岸、乌苏里江东岸地区历代均属中国领土。著有《东三省舆图说》、《西伯利亚东偏纪要》、《东北边防辑要》、《伯利探路记》等。

第七篇　遗址、遗迹与纪念性建筑

曾子自东汉时从祀曲阜孔庙。升为“四配”之一后，塑像于孔庙大成殿内。随着其历史影响的逐渐扩大，与曾子相关的书院、庙祠等代有出现。到了明代，敕修有宗圣庙、宗圣墓，以便专祭。本篇择要介绍山东境内与曾子相关的遗址、遗迹与纪念性建筑。

第一章 遗址 遗迹

平邑县南武城故城　位于今平邑县魏庄乡南武城，北距县城40公里。西周、春秋时期属鲁国，为鲁武城邑的治所。鲁襄公十九年（公元前554）筑城。

春秋鲁国武城故城长约2.5公里，城址西、南两面以曾子山、南城山为屏障，东、西依山势用夯土筑成不规则的半圆形城墙。城墙残墙现存，最高处9米，整个轮廓清晰可辨。城墙内外，满布圆孔，直径10～15厘米，圆孔内存有朽烂木炭，说明筑城时为加固城墙放进不少木棒，圆孔及木炭为木棒朽烂所致。城内地面文化层厚1—3米，出土过剑、戈、簇、弩机等青铜兵器。南城山又名石门山、开明山、透明崮，山腰上方北部有一形似城门的山洞，南部有宋代摩崖造像石刻，山顶上有明末清初农民起义军修筑的山寨、营房遗迹。

嘉祥县南武城故城　在县城南22.5公里满硐乡阿城村北500米处。故城遗址呈方形，南北长400米，东西宽370米，面积14.8万平方米。遗址东临崗山，西南有七日山，南面蔡河，隔河为鱼山（金乡县境）。残存的东城墙距地表1—1.5米处有夯土层和夯窝，夯土层中含有西周晚期和春秋时期陶片。

曾点墓　位于平邑县魏庄乡南武城村东1.5公里，现存封土高6.5米，直径20米。曾参以孝著称，但简葬其父，历代传为佳话。东

汉王符《潜夫论·浮侈》有“鄗、毕之郊，文、武之陵，南城之垒，曾皙之冢，周公非不忠也，曾子非不孝也”之语。此墓清乾隆二十五年(1760)重修。乾隆四十三年(1778)设奉祀生1名。先后由曾子69代、70代、71代孙袭任。嘉庆十三年(1808)，山东督粮道孙星衍、费县知县郭志清立墓碑1座，“文化大革命”中下落不明。1991年平邑县人民政府重立墓碑1座。

平邑县曾参墓　原墓位于平邑县魏庄乡土桥村，西距武城故城2公里。《费邑曾氏谱》载:“墓在武城之土桥。”清光绪二十二年(1896)《费县志》载:“莱芜侯既葬武城，曾参未闻他徙，亦葬武城。”清乾隆四十三年(1778)，礼部咨复山东巡抚国泰，准于此处设立宗圣曾子墓奉祀生1名，袭任与莱芜侯同。土桥曾参墓“文化大革命”中被毁为平地，1998年3月，魏庄乡政府在曾点墓东北30米处重修。

嘉祥县曾参墓　位于嘉祥县满硐乡南武山西南，曾子庙西约1公里处，始建于明成化三年(1467)。曾子墓高3米，围约15米。墓前立石，镌刻“郕国宗圣曾子之墓”八字。原墓前有飨堂三间，东配

山东嘉祥县曾子墓

斋房三间，西配更衣所三间。曾子墓所在地统称曾林。林院南北长117米，东西宽60米，占地10余亩。林门题曰“宗圣公之墓”。林门前神道两旁有石人、石马、石猪、石羊。现曾参墓前飨堂、配房、林门、门墙已毁，仅存遗迹。1985年，济宁市人民政府公布为市级文物保护单位。

琴堂　位于嘉祥县城东北隅，萌山南麓，当地传为曾参鼓琴处。始建年代不详，堂后篆文石刻铭记：重建于金章宗太和七年(1207)，苏恩忠修建。穴地三尺余，铺以大石，上砌石台，南面砌九级石阶，台上建堂，上圆下方，形制如亭。

琴堂前有甘泉清池，名曰“琴台坑”。现琴堂已倒塌，仅存石台，称“琴台”。

耘瓜台　嘉祥南武山之西有二台南北相望，南台占地约5亩，北台占地约2亩，台高均在两米以上，世传为曾参耘瓜受笞处，现已铲为平地。

第二章　纪念性建筑

第一节　祠　庙

一、费县三贤祠

位于费县西南关阳镇，西距曾子故里平邑县魏庄乡南武城 4 公里。原祀三贤，分别为孔子的三个著名弟子子游、曾参、澹台灭明。

三贤祠原名“子游祠”，明嘉靖二十三年（1544）山东河道巡抚周白川为纪念同乡子游为武城宰主持创建。明山东布政使王崇《子游祠碑记》载：“时太宰周白川公总漕济上……得古武城于费县之关阳，乃议建祠，祀子游氏。其制视漕上曾子祠，其费取道帑羡……甲辰二月令役，五月告成。”天启四年（1624），因大理寺少卿费县人王雅量作《曾子费人考实》，遂并祀曾子，“子游祠”易名“二贤祠”，并附祀澹台灭明于东偏殿。费县令马文祯、滕县尹李自藩、费县白彦镇（今属平邑县）人徐勋捐资置祭田并在该处附设义学。清乾隆三十一年（1766），费县关阳镇巡检胡世祚升澹台灭明于正殿，遂更名“三贤祠”。此后至民国初，三贤祠曾多次整修，盛时祭田、学田近百亩。当地春秋奉祀，相沿勿替。该祠现已不存。

二、沂州宗圣祠

位于今临沂市驻地南关，始建于明朝嘉靖年间(1522—1566)。明万历二十四年(1596)《兖州府志》载："在(沂)州城南五里，奉祀曾子，以子元、申、华，孙西，门人公明仪、公明高、公明宣、阳肤、子襄、沈犹行附享，皆武城人也。别室毓贤祠以奉其先子皙，知州何格有记。"该祠今已无存。

三、济宁宗圣祠

位于济宁西南隅。明嘉靖年间初由正学祠改为三省书院，内供奉宗圣曾子。隆庆三年(1569)，该处改为兖州运河同知公署。清雍正三年(1725)，又改为宗圣祠。方苞作《雍正别建曾子祠记》，王澍书碑，时称二绝。道光、光绪年间，曾子后裔曾毓梅、曾毓枫、署济宁州事蹇念猷等分别捐资、集资对宗圣祠进行过维修。祠西不远处，为明清时期济宁西城楼，因隆庆三年改建兖州运河同知公署时迁宗圣神位于其上，又名曾子楼。此宗圣祠与曾子楼现均已不存。

四、嘉祥曾庙

曾庙，又名宗圣庙，位于嘉祥县城南18公里南武山南麓。始建年代不详。明正统九年(1444)，建正殿3间，寝殿3间，东西庑和戟门各3间。次年，于庙右建莱芜侯祠。经明弘治十八年(1505)至正德九年(1514年)陆续扩修，已具有当时孔庙、孟庙的规模。明嘉靖、隆庆间，曾庙两次毁于火。万历七年(1579)，曾子62代孙世袭翰林院五经博士曾承业奏请重修，奠定了现在的规模和格局。后又多次进行扩修。

曾庙建筑群南北长230米，东西宽90余米，占地30余亩。整座建筑以宗圣坊、宗圣门、戟门、宗圣殿、寝殿为中轴线，构成左右对称、错落有致、三进三连五院的建筑布局。其中，庙门外分立4柱

山东嘉祥县宗圣庙

3楹的石坊3座，中题“宗圣庙”，左题“三省自治”，右题“一贯心传”。曾庙大门称“宗圣门”，长12.08米，宽8.06米，高7.5米，门扉6扇，楣饰阀阅。入“宗圣门”为第一进院落，由此再经二大门“戟门”，即进入曾庙的第二进院落——中心院落。坐落于该院落正中后部石砌高台上的宗圣殿，是曾庙的主体建筑，7楹5间，面阔34米，进深18.85米，重檐九脊歇山顶，通高15.35米。大殿飞檐挑角，彩绘斗拱。四周廊间22根水磨石柱，门前2根平雕云龙，其余平雕莲菊，技术精湛，不落俗套。24扇门窗，均饰以透雕梅花，秀丽玲珑。殿门上方有一木匾，上书“道传一贯”，系清世宗胤禛手笔。殿内透雕龙凤的木龛中，为曾参的彩色塑像，冠冕衮服，手执圭，神态自若；两侧为子思及孟子的塑像。龛两侧红漆圆柱有一副对联：“执中精允列圣渊源约言之统于一贯故从往者法绍唐虞，止善明德诸贤授受广推之衍作十章则开来者道传思孟。”殿内红漆梁柱，彩绘望板，八角盘龙藻井，龙口含珠，其势欲腾。殿前东西两庑，均为5间歇山式建筑，相向而列。在西跨院内与宗圣殿平行的是曾子之父莱芜侯祠。殿后为祀曾参及其夫人公羊氏的寝殿，1966年倒圮。殿前方有清高宗弘历《宗圣曾子赞》御碑1座，原有碑亭，现已毁。在戟门左前方有明万历碑，详记1579年重修曾子庙经过。庙内另有历代石碑、涌泉井、斋宿所、崇德祠等。

新中国成立以来，多次对曾庙投资维修。1992年6月20日，山东省人民政府公布其为全省重点文物保护单位。

五、嘉祥曾氏家庙

位于嘉祥县城，始建于明万历四十年(1612)，清乾隆年间重修。原有正殿5间，额曰“影堂”；大门3间，立“曾氏中兴”匾；影壁1座，二门3间，东便门1座。此庙原为曾氏世袭翰林院五经博士即曾氏大宗之家庙，内祀始受封曾子59代孙曾质粹及在任翰林院五经博士之高、曾、祖、父四代神位。

第二节　书院及其他

一、南武山宗圣书院

位于今嘉祥县南18公里南武山之阳曾子庙东，始建年代不详，相传原为曾子读书处，明万历二十四年(1596)《兖州府志》载：“岁久遗址不存。”

二、磨山曾子书院

位于今苍山县磨山镇华岩寺村。该处元时属临沂县，北距临沂县城35公里。元顺帝至元三年(1337)，副提举管文通创建曾子书院，亦名“一贯书院”、“琴声书院”，同时在该处创建宗圣祠。江西庐陵人刘铣有《曾子书院序》，记述创建该曾子书院始末：“于是山

东临沂遂起曾子书院，举秦、汉、唐、宋以来千七百年未有之旷典，何其盛哉！……曾子有功于圣门如此，而临沂为生圣贤之地。……倡是举者，前副提举管文通独以为己任，和而起者凡十人有奇。……上下合志，不日而成。得请于朝，著以'曾子书院'为额。"明代该处改属郯城县，明成化四年(1468)，郯城县知县李楷主持移建于郯城县治之西。嘉靖二十三年(1544)，知县郎湘复移建于郯城北门之内。1902年，改为郯城县立小学堂。

三、嘉祥大学书院

位于嘉祥县城中萌山之阳，始建于明万历二十六年(1598)，曾子62代孙世袭翰林院五经博士曾承业主持修建，万历三十年(1602)建成。建有正殿5间，内设曾子像以祀。四周围以院墙。清康熙、雍正、乾隆年间多次重修，现已不存。

四、曲阜四氏学宫

孔颜曾孟四氏学原为孔氏庙学，始建于曹魏黄初二年(221)，时魏文帝诏修孔子庙，并于庙外"扩建屋宇，以居学者"。元仁宗延祐年间，添入颜、孟二氏子孙，且划拨学田，以其收入充生员膳食之用。明太祖洪武元年(1368)，改庙学为"三氏子孙教授司"。明宪宗成化元年(1465)，定名"三氏学"，并颁给三氏学官印。明神宗万历十五年(1587)，增入曾氏子孙，改名"四氏学"，并改铸四氏学官印信。

四氏学校址在曲阜，明万历十年(1582)迁于古泮池北，万历四十二年(1614)又迁建于孔庙西观德门外，即清代四氏学宫(现曲阜一中所在地)，占地4.79亩。

清代四氏学宫建制为中间明伦堂5间，左右厢二斋各5间，东名"启蒙"，西名"养正"，后为尊经阁，阁左为教授署，阁右为学录

署，外辟重间，门外为泮池，池上有桥，桥前为状元坊，并立有四氏学历代考取进士题名碑。

五、嘉祥曾氏翰博府

曾氏翰博府即御赐曾氏世袭翰林院五经博士府第，位于嘉祥县城南部，北面隔街与原嘉祥县衙相对，占地10余亩。始建于明嘉靖十八年(1539)，后经屡次重修、续修，至清光绪十六年(1890)尚有大堂五间，中悬御书“省身念祖”额，雍正三年(1725)世宗宪皇帝赐翰林院五经博士曾尚溶匾也。抱厦三间，前坊一座，左右皆垂竹门。东西厢房各三间，影壁一座，二门三间，左右二角门，门外东西房各三间。堂东书“近圣居”，西书“墨轩”。左穿廊，右暖房，西南亭一座。堂后为宅门，内宅。今已不存。

附录

一、轶闻传说

曾参杀人

昔者曾子处费，费人有与曾子同名族者而杀人，人告其母曰：“曾参杀人。”曾子之母曰：“吾子不杀人。”织自若。有顷焉，人又曰：“曾参杀人。”其母尚织自若也。顷之，一人又告之曰：“曾参杀人。”其母惧，投杼逾墙而走。（《战国策·秦策二·秦武王谓甘茂》）

卫将军文子见曾子

卫将军文子见曾子，曾子不起而延于坐席，正身见于奥。文子谓其御曰：“曾子愚人也哉！以我为君子也，君子安可毋敬也？以我为暴人也，暴人安可侮也？曾子不僇命也。”（《韩非子·说林下》）

曾子听瑟

昔者孔子鼓瑟，曾子、子贡侧门而听。曲终，曾子曰：“嗟乎！夫子瑟声殆有贪狼之志、邪僻之行，何其不仁趋利之甚？”子贡以为然，不对而入。夫子望见子贡有谏过之色，应难之状，释瑟而待之。子贡以曾子之言告。子曰：“嗟乎！夫参，天下贤人也，其习知音矣。向者丘鼓瑟，有鼠出游，狸见于屋，循梁微行造焉而避，厌目曲脊，求而不

得，丘以瑟淫其音。参以丘为贪狼邪僻，不亦宜乎？《诗》曰：鼓钟于宫，声闻于外。"（《韩诗外传》卷七）

曾子将行

曾子将行，晏子送之曰："君子赠人以轩不若以言，吾请以言之、以轩乎？"曾子曰："请以言。"晏子曰："今夫车轮，山之直木也，良匠揉之，其圆中规；虽有槁暴，不复嬴矣。故君子慎隐揉。和氏之璧，井里之困也，良工修之则为存国之宝，故君子慎所修。今夫兰本三年而成，湛之苦酒，则君子不近，庶人不佩；湛之麋醢，而贾匹马矣。非兰本美也，所湛然也。愿子之必求所湛。婴闻之：君子居必择邻，游必就士。择居所以求士，求士所以辟患也。婴闻汩常移质，习俗移性，不可不慎也。"（《晏子春秋·杂说上》）

曾子吊黔娄先生

鲁黔娄先生之妻也。先生死，曾子与门人往吊之。其妻出户，曾子吊之。上堂，见先生之尸在牖下，枕墼席稿，缊袍不表，覆以布被，首足不尽敛：覆头则足见，覆足则头见。曾子曰："斜引其被则敛矣。"其妻曰："斜而有余，不如正而不足也。先生以不斜之故能至于此。生时不斜，死而斜之，非先生意也。"曾子不能应，遂哭之曰："嗟乎！先生之终也，何以为谥？"其妻曰："以康为谥。"曾子曰："先生在时，食不充腹，衣不盖形，死则手足不敛，旁无酒肉。生不得其美，死不得其荣，何乐于此而谥为康乎？"其妻曰："昔先生，君尝欲授之政以为国相，辞而不为，是有余贵也；君尝赐之粟三千钟，先生辞而不受，是有余富也。彼先生者，甘天下之淡味、安天下之卑位，不戚戚于贫贱，不欣欣于富贵，求仁而得仁，求义而得义，其谥为康，不亦

宜乎!"曾子曰:"惟斯人也而有斯妇。"(《列女传·贤明传》)

曾子倚山而吟

曾子倚山而吟,山鸟下翔;师旷鼓琴,百兽率舞;未有善而不合、诚而不应者也。(《盐铁论·相刺》)

莒有曾子讲堂

孟子游于莒,有曾子讲堂焉。孟子登堂弹琴而歌,二三子和之。莒父老曰:"久矣夫不闻此音也。圣人之徒也。"(《孟子外书·性善辨》)

曾子珠衡犀角

孔子应矩,是谓仪古;颜渊山庭日角,曾子珠衡犀角。(《论语·摘辅象》)

残形操

《残形操》者,曾子所作也。曾子鼓琴,墨子立外而听之。曲终,"善哉!鼓琴身已成矣。而曾未得其首也"。曾子曰:"吾昼卧见一狸,见其身而不见其头,起而为之弦,因而残形。"(《琴操》卷上)

曾子归耕

《曾子归耕》者,曾子所作也。曾子事孔子十有余年,晨觉眷然。念二亲年衰,养之不备,于是援琴而鼓之曰:"往而不返者,年也;不可以再事者,亲也。歔欷归耕,来日安所耕,历山盘兮嵚崟。"(《琴操》卷下)

梁山操

《梁山操》者，曾子之所作也。曾子幼少，慈仁质孝，在孔子门有令誉。居贫无业，以事父母。躬耕力作，随五土之利。四时惟宜，以进甘脆。尝耕泰山之下，遭天霖泽，雨雪寒冻，旬月不得归。思其父母，乃作忧思之歌。（《琴操》卷下）

曾子出薪

曾子之孝，与母同气。曾子出薪于野，有客至而欲去，曾母曰："愿留，参方到。"即以右手扼左臂。曾子左臂立痛，即驰至问母："臂何故痛?"母曰："今客者来欲去，吾扼臂以呼汝耳。"（《论衡·感虚》）

在楚心动

曾子从仲尼在楚而心动，辞归问母。母曰："思尔啮指。"孔子曰："曾参之孝，精感万里。"（《搜神记·曾子》）

采薪在野

乐正者，曾参门人也，来候参。参采薪在野，母啮右指，旋顷走归。见正不语，入跪问母："何患?"曰："无。"参曰："负薪右臂痛，薪堕地，何谓无?"母曰："向者客来，无所使，故啮指呼汝耳。"参乃悲然。（《孝子传》）

鹤衔明月珠

曾参养母至孝。曾有玄鹤为戈人所射，穷而归参。收养疗治，疮愈放之。后鹤夜到门外，参秉烛视之，鹤雌雄双至，各衔明月珠报

焉。(《搜神记》)

曾子抱《河》、《洛》

孔子作《春秋》,制《孝经》。既成,使七十二弟子向北辰磬折而立,使曾子抱《河》、《洛》事北向。孔子斋戒,簪缥笔,衣绛单衣,向北辰而拜,告备于天曰:《孝经》四卷,《春秋》、《河》、《洛》凡八十一卷,谨已备。天乃洪郁,起白雾摩地,赤虹自上下,化为黄玉,长三尺。上有刻文,孔子跪受而读之曰:"宝文出,刘季握。卯金刀,在轸北。字禾子,天下服。"(《孝经·援神契》)

曾子从孔子于齐

曾子从孔子于齐,齐景公以下卿之礼聘曾子,曾子固辞。将行,晏子送之曰:"吾闻君子遗人以财,不若善言。今夫兰之本三年,湛之以鹿酳,既成啖之,则易之匹马。非兰之本性也,所以湛者美矣。愿子详其所湛者。夫君子居必择处,游必择方,仕必择君。择君所以求仕,择方所以修道。迁风移俗者,嗜欲移性,可不慎乎!"孔子闻之曰:"晏子之言,君子哉!依贤者固不困,依友者固不穷。马蚿斩足而复行,何也?以其辅之者众也。"(《孔子家语·六本》)

曾参锄瓜

曾参锄瓜,三足乌来集其冠。(《伏侯古今注》)

曾参居曲阜

曾参居曲阜,枭不入郭。(《水经·泗水注》)

曾子沉水

曾子孝于亲而沉乎水。(《宋书·文九王传》)

枯井生泉

曾子行孝,枯井生泉。(《太平御览》引《孝子传》)

二、曾子故里考文论选

曾子故里[1]

明·孔承业

嘉靖十二年，吏部侍郎顾鼎臣奏求曾氏嫡派，得质粹于永丰县，迁居嘉祥。至十八年，授以翰林院五经博士，世袭以奉祀事云。按，成化元年，山东守臣上言：嘉祥南武山西南玄寨山之东麓有渔者陷入一穴中，得悬棺，其前有石碣，镌“曾参之墓”，奉诏封树丘陵。墓在嘉祥始此。

魏王肃曰：“武城，鲁邑。有两武城，故称‘南’以别之。”《索引》曰：“当时更有北武城，故言南”。《兖州志》曰：“今费县西南八十里有南成山，其阿有武城城，武城寺断碑尚存。春秋时曾子居武城，即此。”又，《说苑》云：“鲁人攻费，曾子辞于费君曰：‘请出，姑无使狗豕入吾舍。’”又，《战国策》甘茂之言曰：“曾子居费之武城。”又，后汉王符《论》“曾子葬父南成山。” 章怀太子注云：“南城在费县西南。”合此观之，则曾子费人也。

《兖州志》又曰：“今嘉祥县南四十五里有南武山，山南有曾子墓，山东南三里许有南武城，即子游为宰处，后改为阿城。遗址尚存。”又，《嘉祥县志》曰：“南武城即今本县遂山社地也。”又，嘉祥知

[1] 录自《阙里志》卷十三《宗圣曾子》，题目系编者所加。

县马应龙曰:“按:武城有南北,北属东昌府,南即今嘉祥,属兖州。今观南武山、澹台山与澹台河俱在嘉祥境内,则嘉祥为南武城益明矣。”合此观之,则曾子嘉祥人也。未知孰是,两存之。

武城考

明·马应龙

南武城,在今兖之嘉祥南武山东南三里许,有遗址焉。初,武城人拘鄫人之沤菅者曰:“何故使吾水滋?”及吴师至,拘者导之以伐武城,克之。(见《左传》)按:《孟子》谓“曾子居武城”,《史记》“曾参南武城人”,《语》谓“子游为武城宰,有澹台灭明者……”今去县南二里许有山与河,俱名澹台,乡人相传以为子羽所居云。

马生曰:今按武城有南北。北属临清,隶济;南属嘉祥,隶鲁。史称曾子南武城人,《语》称“子游为武城宰,得人有澹台灭明者”,朱子注谓“鲁下邑”。今南武城与南武山、澹台山与澹台河俱在于此,则知三贤之武城本南武城而非北武城,明矣。今北武城亦启子游祠奉祀,是徒泥其邑之名而不察其实者也。何者?姑以灭明言之:若是北武城人,当唐、宋时配享孔庭,始进爵而为侯,然何附近者之不封而特于金乡与?盖当时南武久废,城属金乡,故就而封之耳。嘉祥重建起自金时,即古南武也。使其时已复是邑,吾知亦不封金乡而直以嘉祥封之矣。以理论事,以事观迹,初岂舍本邑而封他邑,又岂舍近邑而封远邑哉?按金乡距北武,水陆约七百余里,郡县约七八余城,齐、鲁之不相淆,风马牛之不相及也。若以隶济之人而封鲁,受鲁之封而祀齐,则又理之尤不通者也。观此则知灭明非北武城人,知灭明非北武城人,则知子游非北武宰也,亦明矣。岂有出宰北武而得人至南武者哉?今以北武人而祀南武宰,谓之秉懿好德之心则

可，谓之本乡名宦则不可；为北武人士者，盍知之哉？（明万历元年修《兖州府志》卷八《圣贤部》）

曾子费人考实（摘录）

明·王雅量

迁《史》作《仲尼弟子列传》，于“曾参”下著曰“南武城人”，于“澹台灭明”下著曰“武城人”，而缺一“南”字，遂启后人以南武城与武城为二邑。

于“曾参”下著一“南”字者，以左冯翊有西武城，清河郡有东武城，而费之武城在泰山之南，故别之曰“南武城”。杜预曰：“泰山郡南武城县，即费关阳也。”汉晋相仍，原不少“南”字。然迁《史》于澹台灭明不著“南”字者，因此二传相连省文耳，非谓曾参与灭明两处人也。盖表灭明之里，亦可以称南武城人，称曾子而省文，亦直曰“曾子居武城”而已。语出《孟子》，确然明白，童子皆知。但圣贤故地，人所艳谈，率相假借，不特曾参之武城。迁《史》著有“南”字者，可以南武山夺之，即灭明之不著“南”字者，亦得以纷纷武城之名窃之矣。

……

按《左传·哀公八年》“吴伐我，子泄率师”。子泄者，公山不狃，鲁人也。“故道险，从武城。初，武城人或有因于吴竟田焉，拘鄫人之沤菅者，曰：‘何故使吾水滋？’及吴师至，拘者导之，以伐武城，克之。王犯尝为武城宰，澹台子羽之父好焉，国人惧。懿子谓景伯：‘若之何？’对曰：‘吴师来，斯与之战，何患焉？且召之而至，又何求焉？’吴师克东阳而进，舍于五梧，明日舍于蚕室……明日，舍于庚宗，遂次于泗上。”夫吴伐鲁，而子泄故导之由险地，险莫甚焉。此其证一。

所称鄫人者，沂州境鄫城也，与关阳接壤，故熟知险道。此其证二。《传》称吴师克东阳而进，舍于五梧、蚕室、庚宗，遂次于泗上。今五梧等处不可考矣。东阳村在关阳北二十里，又八十里则泗水县，正泗上也。此其证三。《传》称“王犯尝为武城宰，澹台子羽之父好焉”，以此知澹台灭明其父即居武城，世为关阳之武城无疑，而子游所宰者的系关阳之武城亦无疑矣。此其证四。

曰：“然则何以证曾子所居之武城即关阳之武城也?”按：曾子，鄫之后也。莒人灭鄫，后人遂去其“鄫”字之傍以氏焉。今鄫城既在沂州境，去关阳不过八十里，曾氏自鄫城而徙居之，亦甚便也。此其证一。后汉王符《论侈葬》曰：“鄗毕之陵，周公非不忠；南城之墓，曾子非不孝。”而唐章怀太子贤注曰：“南城在今沂州费县西南。”今曾点墓不可考矣，而唐章怀太子去春秋未远，当时古迹必有存者，其所注书，大率门客所考，必有亲见其迹而非漫称者。此其证二。又按《史记》“秦武王二年，欲以甘茂伐宜阳，甘茂托讽以对曰：‘昔者曾参处费，费有杀人者与曾参同名，有人三告其母曾参杀人，其母投杼而走’”。如曰曾子居武城为宾师之地耳，非其家也，胡以其母皆在而且织也？此其证三。或曰曾子至孝，为宾师而必将其母。乃《曾子杂篇》载：“鲁人攻费，人责其罪。曾子谓费君曰：‘请出避，姑无使狗豕入吾宅也。’费君曰：‘寡人之为先生厚矣，今寡人见攻，而先生去之，安能为先生守宅也？’曾子不答而出。及鲁攻费，责费之罪者十，而曾子所陈者九。费人后修曾子之舍而复迎之。”夫所居不曰“馆”而曰“宅”，则武城果寄迹之地耶？既称“居武城”，又曰“居费”，则史迁所谓武城人者其为费之武城无疑矣。夫武城可以混窃，而古今以费名者无二地，费不可混也。此其证四。(《费邑古迹考》卷三)

曾子故里①

明·于慎行

成化初年，山东守臣上言：嘉祥南武山西南玄寨山之东麓，有渔者陷入一穴中，得悬棺，其前有石碣，镌“曾参之墓”。奉诏封树丘陵，筑建飨堂神路，傍树松柏，缭以周垣，墓在嘉祥始此。嘉靖九年，更正孔庙祀典，改郕国公号，称宗圣曾子，恢崇庙祀。是年，令天下学校别立启圣祠，以曾子父点与颜路、孔鲤、孟孙氏配。嘉靖十八年，诏访求曾子后裔，得五十九世孙质粹于江西永丰县，以为世袭翰林院五经博士，徙居嘉祥奉祀。万历十七年，礼臣于慎行奏给宗圣祭田三十顷。又以山东抚按李戴、毛在奏，改三氏学为孔、颜、曾、孟四氏学，以待曾氏子孙之受业者。

《费志·武城考》云：“武城，鲁邑也。《春秋·襄公十九年》：齐及晋盟于大隧，故穆叔会范宣子于柯。穆叔见叔向，赋《载驰》之四章。叔向曰：‘肸敢不承命。’穆叔归，曰：‘齐犹未也，不可以不惧。’乃城武城城。”今费县西北（按：据考证应为“西南”）七十里锦川乡弦歌里有武城城，是也。《孟子》曰：“曾子居武城，有越寇。或曰：‘寇至盍去诸?’曰：‘无寓人于我室，毁伤其薪木。’寇退则曰：‘修我堂屋，我将反。’寇退，曾子反。”今费县武城北曾子山，即曾子居也。《曾子书》曰：“鲁人攻费，费君曰：‘寡人见攻而先生去之，安能为先生守宅也。’曾子不答而出。鲁责费之罪者十而曾子所陈者九。费君复修曾子之舍而后迎之。”二事语意相近，可见武城近费明矣。《史记》甘茂曰：“曾子居费之武城，其母方织，有告曾参杀人者三，母乃投杼逾墙而走。”王符《论》曰：“南城之墓，曾子非不孝。”西汉改武城

①此为《兖州府志》卷七《圣里志》之《四配世家·曾子》的一部分，题目系编者所加。

为南成县，今南成山有曾点墓是也。向使曾子不家武城，胡其母之织于此而葬其父于南成也耶？据《春秋》、《论语》、《曾子书》、《孟子》、《史记》、《王符论》，曾子为费武城人的矣！

《史记·孔子弟子列传》曰："曾参，南武城人。"此据汉人之称也。《地理志》曰："定襄有武城、清河有武城，故此云南武城。"是也。今相传武城在费县之北、泰山之南，故东汉以南成即武城，属泰山郡，晋亦因之。杜预注《春秋》"城武城"下曰"泰山南武城邑"，此南字即史迁南武城之南字，以别于定襄、清河之武城也。汉清河郡东武城县即今东昌府武城县，建始西汉。今亦以为子游所宰之邑，立子游祠，何其谬哉。又，今嘉祥县，《禹贡》"大野之地"，汉、晋、隋、唐为巨野县地，宋为麟州，金皇统中始于巨野山口镇置嘉祥县。其地有南武山，上有阿城，亦名南武城，乃今附会为费之武城、子游所宰之邑、曾子所居之武城，其谬甚矣！今费县西北七十里有武城城，嘉祥县南四十里南武山有南武城，二县二城，名迹各异。谓费之武城即嘉祥之南武城可哉？假借《史记》"南武城"之"南"字，而不考杜预注、《地理志》、《括地志》、诸儒辨证诸书，讹矣!故今详加考订，为先贤正首丘也。（明万历二十四年《兖州府志》卷七）

曾子南武城人

清·顾炎武

《史记·仲尼弟子列传》：曾参南武城人，澹台灭明武城人。同一武城，而曾子独加"南"字。南武城故城在今费县西南八十里石门山下。《正义》曰："《地理志》，定襄有武城，清河有武城，故此云南武城。"《春秋》："襄公十九年，城武城。"杜[1]氏注云"泰山南武城县"。然《汉书》泰山郡无南武城，而有南成县，属东海郡。《后汉书》作南

[1]"杜"字原作"左"，显误，故改之。

城，属泰山郡，至晋始为南武城，此后人之所以疑也。宋程大昌《澹台祠友教堂记》曰："武城有四：左冯翊、泰山、清河、定襄，皆以名县。"而清河特曰东武城者（《史记·平原君传》：封于东武城），以其与定襄皆隶赵，且定襄在西故也。若子游之所宰，其实鲁邑，而东武城者，鲁之北也，故汉儒又加"南"以别之。史迁之传曾参曰"南武城人"者，创加也。子羽传次曾子，省文但曰"武城"。而《水经注》引京相璠曰："今泰山南武城县有澹台子羽冢，县人也。"可以见武城之即为南武城也。《孟子》言："曾子居武城，有越寇。或曰：'寇至，盍去诸？'曰：'无寓人于我室，毁伤其薪木。'……《新序》则云："鲁人攻鄪（即费字），曾子辞于鄪君曰：'请出，寇罢而后复来，毋使狗豕入吾舍。'"（仁山金氏言《曾子书》有此事，作"鲁人攻费"。）《战国策》，甘茂亦言"曾子处费"。则曾子所居之武城，费邑也。哀公八年《传》："吴伐我，子洩率，故道险，从武城。"又曰："吴师克东阳而进，舍于五梧。"《后汉志》云："南城有东阳城。"引此为证（今费县西南70里关阳镇），又可以见南城之即为武城也。南城之名见于《史记》："齐威王曰：'吾臣有檀子者，使守南城，则楚人不敢为寇东取，泗上十二诸侯皆来朝。'"《汉书》但作"南成"。孝武封城阳共王子贞为南城侯。而后汉王符《潜夫论》云："鄗鄍之山，南城之冢。"章怀太子注："南城，曾子父所葬，在今沂州费县西南。"此又南成之即南城而在费之证也（《晋书》，南武城县属泰山郡，费县属琅琊郡）。成化中，或言嘉祥之南武山有曾子墓，有渔者陷入其穴，得石碣而封志之（疑周世未有石碣，科斗古文亦非今人所识）。嘉靖十二年，吏部侍郎顾鼎臣奏求曾氏后，得裔孙质粹于吉安之永丰，迁居嘉祥。十八年授翰林院五经博士，世袭。夫曹县之冉堌，为秦相穰侯魏冉之冢（《史记》"穰侯卒于陶，因葬焉。"《水经注》"济水又东，径秦相魏冉冢

南。”），而近人之撰志者以为仲弓，如此之类，盖难以尽信也。（《日知录》卷三十一）

考武城

清·顾炎武

《史记·仲尼弟子列传》：“曾参，南武城人。”“澹台灭明，武城人。”后人遂疑鲁有两武城，而谓子羽为今费县之武城，曾子则别一武城，在今之嘉祥县。其说全无所本。今考武城之见于《春秋》者，“襄公十九年，城武城”。注云：“泰山南武城县。”昭公二十三年，“邾人城翼，还，将自离姑。公孙钼曰：‘鲁将御我。’欲自武城还，循山而南。徐钼、丘弱、茅地曰：‘道下遇雨，将不出，是不归也。’遂自离姑。武城人塞其前，断其后之木而弗殊。邾师过之，乃推而蹶之，遂取邾师，获钼、弱、地。”哀公八年，“吴伐我，子泄率，故道险，从武城。初，武城人或有因于吴境田焉，拘鄫人之沤菅者，曰：‘何故使吾水滋？’及吴师至，拘者道之，以伐武城，克之。王犯尝为之宰，澹台子羽之父好焉，国人惧。吴师克东阳而进，舍于五梧。”十一年，“齐伐我，及清……冉有以武城人三百为己卒徒。”《孟子》亦云：“曾子居武城，有越寇。”夫与邾、鄫为邻而当吴越之路，邑山险而人勇悍，此今费县之武城也。且澹台子羽之武城即南武城，安得又有一武城更在其南而为曾子之所居乎？《史记正义》曰：“《地理志》：‘定襄有武城，清河有武城，故此云南武城。’”此说近是。又如《平原君传》云“封于东武城”，亦其例也。《齐乘》：“古武城，费西滕东两县之间，子游弦歌旧邑。”历考古书，鲁无两武城，故知其即一地矣。

《史记》两弟子皆武城人，独于“曾子”加一“南”字，而《汉书》泰山郡无南武城，止有南成县，属东海郡。《后汉书》作南城，属泰山郡。至晋，始为南武城。以此，生后人之疑。然《后汉志》云："南城有东阳城。"引《左传·哀公八年》"吴师克东阳"，是为今费之武城甚明。或曰："嘉祥之南武山有曾子墓，成化中有渔者陷入其穴，得石碣而封志之。" 夫曹县之冉堌为秦相穰侯魏冉之冢而今人以为仲弓，如此之类，盖难以尽信也。又按《史记·田敬仲完世家》："威王曰：'吾臣有檀子者，使守南城，则楚人不敢为寇东取，泗上十二诸侯皆来朝。'"此即泰山之南城也。（《山东考古录》）

曾子居武城

清·阎若璩

曾子居武城，即《仲尼弟子列传》之南武城，鲁边邑也。在今费县西南八十里石门山下。吴未灭，与吴为邻；吴既灭，与越邻。越王勾践尝徙治琅琊，起馆台。又尝与鲁泗东地，方百里，此岂待浮海入寇而后至武城耶?讲议为是说者，总缘《朱子集注》不详及地理耳。然考鲁哀公十三年，吴会于黄池，越亦曾遣舟师浮海入淮以邀之，由吴之壤隔绝也。今越既并吴，而鲁之间可以惟兵横行，寇之兴也，何尝之有?余因又悟《春秋》四书"谷"而一书"小谷"者，别于"谷"也，明其为管仲之邑也。《史记》加"南"于武城上者，别于鲁之北有东武城也，明曾子之为费邑人也。古人于地理无所苟而已。（《四书释地》）

曾子非武城人[1]

清·崔述

南武城者，鲁南境之邑，吴、越至鲁之冲，即子游为宰之地也。《孟子》载曾子居武城，有越寇而曾子去，孟子曰："曾子，师也，父兄

[1] 题目系编者所加。崔氏考《史记·仲尼弟子列传》之籍贯，认为司马迁所记多误，此为所考中之一部分。

也。”则曾子非武城人而明甚。司马氏盖见《孟子》书中有“居武城”之文,遂误以为武城人耳。(《洙泗考信余录》卷三)

曾子本邑在今嘉祥县[1]

清·孙志祖

《大戴礼记·卫将军文子》篇注云:“曾参鲁南武城人,澹台灭明鲁东武城人。”其为两判然。东武城亦单称武城,《左传》、《论语》、《孟子》所言皆是,在今费县;若曾子本邑之南武城,自在今嘉祥县,于曲阜为西南,与费县之在曲阜东北者不同,[2]故加南以别之。(原载孙氏所著《读书脞录》,未见,转引自日人泷川资言《史记会注考证》)

书《武城家乘》后

清·俞正燮

《续汉书·郡国志》云:“南城有东阳城。”按:《左氏春秋传》,哀公八年,吴师从武城克东阳,则春秋时武城确是东汉南城。《史记·仲尼弟子列传》云:“曾子南武城人。”《后汉书·王符传》浮侈篇云:“南城之冢,曾子非不孝。”以为爱父扬名显亲,无取于车马。是汉人亲见其墓制,不肯浮侈。章怀太子注云:“南城山,曾子父所葬,在今沂州费县西南。”至唐犹存也。《春秋·襄公十九年》云:“城武城。”杜预注云:“泰山南武城县。”是自晋县名之。晋又复武城名也。《仲尼弟子列传》又云:“澹台子羽武城人。”蒙上南武城言之。《水经注》引京相璠云:“今泰山南武城县,有澹台子羽冢,县人也。”则子游所宰及曾子、澹台子羽,为春秋武城,汉南城,晋南武城,今费县人无疑。知春秋武城必在今费者,即以曾氏事证之:《史记》既云:“曾子南武城人”,《战国策》则云:“昔者曾子处费,同姓名者杀人,曾子之

[1] 题目系编者所加。
[2] 费县之南武城,在曲阜之东南,谓“东北者”有误。

母织自若。"《孟子》云:"曾子居武城,有越寇。"《说苑·尊贤》则云:"鲁人攻鄪,曾子辞于鄪君。"盖越兵假鲁伐三家者。《檀弓》云:"季孙卒,曾点倚其门而歌。"以曾点在费故附会其事。又云:"曾子之席华而睆,曰季孙之所赐也。"曾子父母及身终始皆在费,然则,可因曾子证南武城在费。而后人反以武城改曾子于嘉祥,其为谬也甚矣!《武城家乘》云:"明宪宗成化初年,山东守臣上言嘉祥县南武山西南,元寨山之东麓,有渔者陷穴中得石碣,篆曰:'武城曾某之墓',未及圹,不敢动,鸣于有司,因即瘗碑而为之茔。"兹事学者重议之,碑又瘗。曾氏修谱者偶见《史记》言曾子南武城人,遂谓嘉祥即南武城,又妄与人争,是其识之愚也。曾子或以他故远葬今嘉祥,亦事之所有;必惑乱武城,颠倒是非,则古书具在,适取败之道也。《山东通志·古迹志》云:"嘉祥县南武城,在县南四十里。"《嘉祥县志》云:"南武山,县南四十五里,即古南武城,山南有宗圣庙墓。"又云:"南武城,子游宰处,一名阿城,阿、武声近。"《家乘》云:"南武山,俗音呼阿山。"《兖州府志》云:"宗圣墓在嘉祥县南四十里南武山之西。"《济宁直隶州志》云:"南武城在嘉祥县南四十里。"《嘉祥县志》云:"县有澹台山、澹台河、曾子耘瓜台。"凡此怪名,皆成化后臆造。今嘉祥城东门立数石,表之云"武城古邑",又云"言子为宰邑",又曰"曾子故里",又曰"澹台子故里",又曰"黔娄故里",鬼神有知,徒为先贤所恶。巨野、嘉祥两《县志·沿革论》,至谓费无武城。《巨野志》且云:"《史记》所言曾参南武城人,[1]子羽武城人,太史公自鼓舞其笔,不为实据。"《武城家乘》至云:"旧言曾子葬父于费县境内,宗圣'志在《孝经》',岂忍妥先灵于远地?"其言可谓憨谬。详检各书,足证武城为嘉祥者止有一篇。《嘉祥志·艺文》有济宁路教授赵思祖作《鲁秋胡庙记》云:"庙在嘉祥县南五十里。盖尝考《列国

[1] 曾参,原作曾皙,显误,故改之。

志》，秋胡子，鲁南武城人。至元元年，主簿夏清祷雨此庙，赵为清子兴作记刻石。"志不载年月。按之《职官表》，夏主簿，元先至元八年任，[1]岂得元年至庙祷雨？赵，则《济宁直隶州志·职官》有元教授赵衡正；云，见《嘉祥志》，检《嘉祥志》无之。《州志》云：赵至元时任，列元贞前，[2]是先至元，距元末百年。《县志》有知县倭什布《辨秋胡庙说》谓之明教授。反复求之皆不合。作伪者以为托于元时，则嘉祥为南武城非成化后人妄说。而所引《列国志》，则是衍义鄙书。《澧州志》有鲁家坪，鲁姓繁衍，皆秋胡之后。谓秋胡姓鲁，其说亦无据。按：《乐府诗集》引《西京杂记》云："鲁人秋胡。"又云："妻赴沂水而死。"是秋胡正是今费县东乡人，沂水不得至今嘉祥。不学过小，而造伪以乱真则妨先贤。且以袭嘉祥博士故而忍诋毁费县祖墓，又强徙武城于嘉祥，则是自著其伪。此与《建立伏氏博士始末》书中"伏墓考证"，用心颇同。闻其言者反唇，览其书者掩卷，心不悦而口隐忍之。安得一有力者告以曾氏博士不必在武城，伏氏博士不必庐墓，则先贤之真迹出，而博士禄位亦无恙，免使儒辞伪刻，流布远迩，为儒裔之玷也。(《癸巳类稿》卷十四)

《曲阜县志·阙疑》

前史谓曾子居武城，顾炎武谓即今费县，费人王雅量有辩更详。自明成化中，山东守臣上言，嘉祥县南武山西南，元寨山之东麓穴中得悬棺，碣曰"曾参之墓"，遂以曾子为今嘉祥人。盖以南武山为南武城也。

《嘉祥县方舆志论》

或问曰："子谓嘉祥古兖州之域，鲁之南武城耶？旧《志》何以直

❶元朝有两个"至元"年号，一为元世祖时，始于1264年，一为元顺帝时，始于1335年。"先至元"，指前一个。
❷元贞，元成宗年号，始于1295年。

系之徐州也?"余应之曰:"此泥《禹贡》'大野既潴'之文耳。"曰:"然则嘉祥非大野分地乎?"曰:"然。""然则何以非徐也?"曰:"以《周礼》与《春秋》知之。《周礼》职方氏掌天下之国,辨九州之域。河东之兖,则岱山、大野、河、济、潍、卢。《疏》曰:'今之兖于《禹贡》侵青徐之地,'则大野何以非鲁也?《春秋》隐公五年,公矢鱼于棠,棠今之鱼台也,不在嘉祥南乎?鲁何以越嘉祥而有鱼台也?故曰嘉祥古兖州之域,鲁之南武城也。以为徐州者,但知《禹贡》之兖,不知周之兖也。""然则,何以为南武城乎?"曰:"武城之为鲁邑也,《传》有之矣。曾子之生,子游之宰,皆是邑焉。""然则《通志》曷为系之费?今东昌之属又曰武城,何以称焉?"曰:"费在春秋为季氏私邑,但闻为费,不闻为武城也。汉始分费为南城、武阳二县,并属东海,晋始改南城为武城,与武阳并属琅邪。是费之为武城始于晋,非始于春秋之鲁也。东昌之武城在春秋属齐,为平原食邑,至汉始有东武城之号,是东昌之武城始于汉,非始于春秋之鲁也。以此考之,则曾子之生与子游之宰,同为春秋之南武城也,又曷疑乎?"曰:"子恶乎知之?"曰:"《通志》具载,彼第弗深考,自为矛盾耳。请述之,以质诸元览者。"

曾子南武城人

清·赵佑

《史记》:曾子南武城人,澹台子羽武城人。同言武城,而上独别之以"南",明是两地。曾子居武城,自即今费县之武城,为子游、子羽邑,而非即南武城为曾子本邑者。若其本邑也,则家室在焉,既云为师,亦徒党里塾之常所谓乡先生矣。一旦寇难之来,方效死,徙无出乡,相守望扶持之义,而徒以舍去鸣高,岂綮人情?嘉祥今于曲阜为西南,与钜野县皆古大野地,曾子祠墓存焉。质诸传记,或离或

合。要鲁有两武城,武城地险多事,故见经屡;南武城没,不见经。而曾子自为南武城人,非武城人。(《四书温故录》)

《济宁州志·南武城》

《汉书》泰山郡无南武城,而有南城县,至晋始为南武城。《水经注》引京相璠曰:"今泰山南武城有澹台子羽冢。"而《后汉志》云:"南城有东阳城。"即《左传》哀公八年"吴师克东阳而进"之名。合之王符《潜夫论》及章怀太子注,皆南城为南武城。近江南王鎏著《四书地理考》曰:"今按:嘉祥在东武城之南,则宜为南武城。"此亦可为嘉祥为南武城之证。

《兖州府志·武城》

张鹏翮按:《费志·武城考》辨论武城虽详,然今费县止有曾皙墓,并无曾子墓。今嘉祥县既有曾子墓可据,古人尽有父子异地而葬者,何必纷纷耶?《传》云:"有其举之,莫可废也。"从之而已。

费县沿革考(节录)①

清·叶圭绶

周鲁费邑、武城邑、台邑、东阳邑、邱舆邑、防邑。又,郑祊邑,后入鲁。又,颛臾国。武城后入齐,战国曰南城。东南当有鄫国地。《书·费誓》、《史记·鲁世家》作肸。徐广曰:"一作鲜,一作狝。"裴骃因按:"《尚书》作柴。"孔安国曰:"鲁东郊之地名也。"《书·纂言》云:"鄪即'费'字,传写不同。"《书传旁通》云:"春秋之初,费自为国。隐公元年费伯帅师城郎,后为鲁季氏邑。"然则伯禽时费决非鲁地。但鲁为方伯,费在属国之中。其时徐戎必寇费,故伯禽征之耳。按:费去曲

①因叶氏考证文字甚长,中间考中有考、注中有注,节录时尽量少加省略号,不失原意即可。

阜百余里，似非东郊地。周初或为鲁附庸，或竞党徐戎，征而灭之，遂为鲁地，皆未可知。若春秋初则已入于鲁，费伯帅师城郎，杜预以为鲁大夫，《传》书法皆法《经》文，其为鲁臣甚明，盖费，氏；伯，字；非费国伯爵也。《元和志》："费县，古费国。"吴氏当本诸此，古无明据，末敢从。战国时费盖自为小国，《孟子》有费惠公，《新序》"鲁人攻鄪，曾子辞于鄪君曰：'请出，寇罢复来'"，即曾子居武城事，其时武城分入鄪也。特越寇、鲁寇，传闻异耳。俨与鲁为敌国矣，即汉费县。

《春秋·襄公十九年》"城武城"。杜注："泰山南武城县。"自古迄明初无异说。明成化后，忽以嘉祥之后汉金乡县城当之，《前录》辨之已悉。明费人王雅量有《曾子费人考实》，见《通志·阙里志》辨驳尤详。《史记·田敬仲完世家》威王曰："使檀子守南城。"《元和志》以为即汉南城县。（《续山东考古录》卷二十）

阿城考（节录）[1]

清·叶圭绶

金乡县故城在南四十里今阿城村，《金乡志》作"何城"，明代忽名之为鲁武城者也。鲁武城之不在县境，《前录》考辨已悉，此等无稽之谈，稍知今古者必不为惑，但非考明此城为古何城，终无以执沿讹之口。考《水经注》"南济东过金乡县南。《郡国志》曰：'山阳有金乡县'，菏水迳其故城南，世谓之故县城。城北有金乡山也"。又，"黄水迳咸亭北，水南有金乡山，县之东界也。金乡数山皆空，中穴口谓之隧也。戴延之《西征记》曰焦氏山。山北数山，有汉司隶校尉鲁恭穿山得白蛇、白兔，不葬，更葬山南，凿而得金，故曰金乡山。焦氏山东即金乡山也。有冢谓之秦王陵，或曰是昌邑王冢。东南有范

[1] 题目系编者所加。

巨卿墓”。据此,是焦氏山以南、以东,古皆金乡山。今县东南十八里有焦氏山。此山以西,古皆焦氏山。《一统志图》金乡山在嘉祥焦氏山南,阿城正在金乡山之南,范巨卿墓之西。《晋地道记》曰:“金乡县多山。”《元和志》曰:“后汉于今任城县西南七十五里置金乡县。”此城在四山之中,东北至州七十里许,其为汉金乡县故城明明白白矣。今指巨野东南五六十里一小山为金乡山,东北去焦氏山、范巨卿墓皆甚远。如金乡城在其南,则去任城百数十里,其误易明。夫不知此为金乡故城可也,至谓之鲁武城不可解矣。《寰宇记》:“金乡山在巨野”,即今嘉祥焦氏山南诸山也。迨析入嘉祥,后人以巨野境内一山当之耳。

……

《县志》(乾隆四十二年修,知县倭什布)“沿革”不知阿城为金乡城无可怪,不知据焦氏山、范巨卿墓知为金乡县地,并不知隋唐以来之任城县地,是大可怪已。犹哓哓然持俗说断为鲁武城,以与古人辨,是何足与辨?《古迹》:南武城又名阿城,盖武、阿声相近之讹耳。按:俗名本无足深论,必欲为之解意者,秦皇冢相传以为始皇避暑宫,阿城或因此名耳。武氏为斯地巨族,有武斑、武梁、武开明碑可证。巨野有武平城、武安城,或皆因人氏城乎?县本巨野东界,传有武城或亦有自。(《续山东考古录》卷二十五)

武城考

清·汪之昌

武城名邑,据《左氏传》,晋、楚与鲁无异文。僖六年《传》:以见楚子于武城。注:楚地,在南阳宛县北。文八年,秦人伐晋,取武城。杜虽无注,而为晋邑可知。襄十九年《经》:城武城。注:泰山南武城。鲁之武城，并见《论语》、《孟子》，较晋、楚武城为著，与晋、楚武城为二。

据《日知录》则鲁武城诚非楚武城，而鲁要自有两武城。《史记·仲尼弟子传》：曾参，南武城人。澹台灭明，武城人。同一武城，而曾子独加南字。南武城故在今费县西南八十里石门山下。《正义》曰："《地理志》定襄有武城，清河有武城，故此云南武城。"历引《汉书》东海郡之南成县，《后汉书》泰山郡之南城，至晋始为南武城。宋程大昌《澹台祠友教堂记》：左冯翊、泰山、清河、定襄，县之以武城名者凡四。清河特曰东武城者，以与定襄皆隶赵，定襄在西故也。若子游所宰，其实鲁邑，而东武城者鲁之北也，故汉儒又加南以别之。并据《水经注》、《孟子》以及《潜夫论》所称武城，皆当在费，而为南武城之证。是《经》、《传》所称武城，莫非南武城，而鲁自别有一武城。《论语后录》：武城与南武城俱以武水得名。《左传》"城武城"，为惧齐故，然则武城近齐之邑也。《地理志》言南成，《郡国志》言南城，成与城同。不言武者，汉代郡县名之省。亦以南成、南城皆即南武城之省文，而南武城要非即目以武水命名之武城。《四书释地》：南武城，鲁边邑，在今费县西南八十里石门山下。吴未灭，与吴邻；吴既灭，与越邻。据此则南武城者，近齐而又近吴之邑也。按：谓与吴邻者，据哀八年《传》：吴伐我，子泄率，故道险，从武城。初，武城人或有因于吴竟田焉。足证地与吴接壤。其谓吴灭而与越邻者，则据《孟子·离娄》下篇"曾子居武城，有越寇"而言，确有所本。而赵佑氏《温故录》以《史记》曾参南武城人，澹台灭明武城人，同言武城，而上独别之以南，明是两地。曾子居武城，自即今费县之武城，为子游、子羽邑，而非即南武城为曾子本邑者。若其本邑，则家室丘墓俱在，即云为师，亦党庠里塾之常所谓"乡先生"。是一旦寇难，方将效死，徒无出乡，相守望扶持之义。而徒以舍去鸣高，岂綮人情？以曾子居武

城，当在今嘉祥县。《孟子正义》：嘉祥县有南武山，上有阿城，亦名南武城。后人目南武山之城，附会曾子所居，大谬。

《春秋大事表·列国地名考异》引程启生说，襄十九年《经》所书武城，在济宁州嘉祥县界。昭二十三年《传》云："邾人城翼，还自离姑，武城人塞其前"，与哀八年《传》所云武城，乃费县之武城。费县乃鲁与邾、吴相接界，非所当备齐之处。并申之云：余尝至嘉祥县，有弦歌台。此地与齐界相接，去费县尚远，启生谓非所当备齐处是也。按：如顾说，则昭二十三年、哀八年两《传》之武城为一地。孟子所云"尝有越寇"者，亦即此。见于襄十九年《经》之武城，与《论语》所纪之武城，又是一地。一近吴，一近齐，地望判然。考哀八年，"吴伐我，从武城"之役，《传》云：王犯为之宰，澹台子羽之父好焉。国人惧。是灭明为近吴之武城人，《左氏传》具有明文。夫子问子游以得人，当就所宰地言之，故子游即以有灭明对。安得强分子游所宰乃近齐之武城，决非灭明所居近吴之武城耶？夫以晋、楚之武城相例，诚未敢谓鲁必无二武城。而诸家之说鲁武城者，于费县则毫无异词，在嘉祥者未能确指所在。且原其创为二武城之说，不过因《史记》南武城之文，解者谓清河有东武城，故加南以别之。自据汉人之称，初非经传之旧，何可以断鲁邦属邑哉！（《青学斋集》卷九）

武城考

清·胡元玉

《史记·弟子列传》云：曾参，南武城人。澹台灭明，武城人。《正义》云：《地理志》定襄有武城，清河有武城，故此云南武城。《大戴礼·卫将军文子篇》注云：曾参，鲁南武城人。澹台灭明，鲁东武城人。即本《史记》。而于灭明下增东字，盖以《史记》之南武城、武城为两地也。后人承袭其说，莫不谓鲁有两武城，子游所宰者为东武城，曾子所居者为南武城。顾栋高《春秋大事表》定南武城在今嘉祥县，于曲阜为西南；东武城与邾、吴接壤，在费县，于曲阜为东南。

今考鲁止一武城，曾子所居，子游所宰，非有两地也。《阳货篇》：子之武城。孔注：子游为武城宰。郑注：武城，鲁之下邑。是子之所之，即子游之所宰，澹台灭明即此邑人也。《太平御览》一百六十引《论语》此文注云：武城，今在费县。（此注不知谁氏，宋于庭定为亦郑注。）《说苑·尊贤篇》有鲁人攻鄪，曾子辞于鄪君之事，与《孟子》曾子居武城事相类，鲁盖即越字之讹。《国策》甘茂亦言曾子处鄪。《后汉书·王符传》：南城之冢。注云：南城山（山字衍文也），曾子父所葬，在今沂州费县西南，则曾子所居，与子游所宰，同一武城又明矣。又考春秋及战国地名，武城者凡六。僖六年《传》：蔡穆侯将许僖公以见楚子于武城。注：楚地，在南阳宛县北。此一武城也，今在南阳府北，亦名武延城，俗呼西成者即是。《一统志》信阳州东北二十五里有武城，江永以为即定四年《传》武城黑之邑，此又一武城也，皆楚地也。《汉志》冯翊有武城，师古云：即《左氏传》所云秦伐晋取武城者也。（见文六年《传》）此又一武城也，当在今同州府境，晋地也。《赵策》：赵王封孟尝君以武城。注云：属清河，即下东武城。按下文云：秦攻赵，章君无复军杀将之功，而封以东武城。此又一武城也，春秋时属卫，战国时属赵，今尚为武城县，属临清州。《汉志》定襄郡有武城，此又一武城也，今朔平府平鲁县西北塞外归化城东南有汉武城故城（平鲁县即汉中陵县，属雁门郡，后汉改属定襄郡，皆战国时赵地也），当即其地，皆赵地也。

赵人因赵有两武城，因名在清河者为东武城，乃就赵地言之，非因鲁有南武城而云然也。若鲁，则仅有一武城而已。而《汉志》自

冯翊之武城、清河之东武城、定襄之武城外,亦不闻复有武城。

不仅南武城之名不见于《汉志》也,惟费与南成均属东海郡,据《王符传》及注观之,则鲁之武城,在汉改名南成,故《汉志》无之。后汉改属泰山郡,《续汉志》、宋、齐、隋《志》皆作南城。城、成,通假字也。《左传》哀十四年《传》注:泰山南城县西北有舆城。《续汉志》引《左传》襄十九年城武城,注亦作南城县。(今本杜注作泰山南武城县,误。)唯《晋志》作南武城,然考之列传中,亦但有南城,无南武城。此必因泰山郡又有南武阳,相涉误衍。《水经注》二十二引京相璠曰:今泰山南武城县,有澹台子羽冢,县人也。此武字必传写人沿《晋志》之误妄增之,与襄十九年杜注同矣。参互考校,曾子、子羽既是同邑人,隋以前又无南武城,则《史记》南字、《大戴记》注之南字、东字,皆非其旧可知。盖知人据误本《晋志》增《史记》,而加之未尽,灭明下尚作武城。后又据误本《史记》,疑鲁有两武城,因及妄增东字于灭明下也。岂知东武城固赵地,非鲁地哉!

至嘉祥县之南武城,乃因其县有南武山,山上有阿城,土人亦名为南武城,后之浅人不知城名由山得,误以为即《晋志》之南武城,于是或附会为曾子所居,伪为曾子祠墓;或附会为子游所宰,立弦歌乡之名;其谬妄更不足置辨矣。

赵佑《温故录》谓曾子居武城,即今费城之武城,为子游、子羽邑,而非南武城;曾子本邑则自为南武城,非武城人。调停两可,窃所不取。(《璧沼集》卷三)

武城城

清·李敬修

《春秋·襄公十九年》"城武城。"杜注:泰山南武城县。《舆地志》："南武城县，子游为宰者也。"《四书释地》："今费县，曾皙父子、澹台灭明，皆此地人。"

按：鲁邑只名武城，《史记》作"南武城"者，以定襄有武城，清河有东武城，故以"南"别之。然《汉书·地理志》只曰南成属东海郡。《后汉志》曰南城，属泰山郡。晋曰南武城（晋初犹曰南城，见《羊祜传》），属泰山郡。刘宋因之。元魏曰南城，属东泰山郡。永安中属北徐州郡（《南北朝舆地表》即以为治南城）。北齐时，北徐州郡废，南城入费。此武城始末也。《寰宇记》南城、武城并见。据杜注当时自是一城。然今关阳社境有城遗址者三：极西一城，南、西两面据山，北、东两面俱有遗址，传是古武城，所据山即南城山。《府志》谓"在县治西南八十里南城山阿"，即此也。迤东尚有二城。三城相较，此特大。魏永安中置北徐州郡，治南城，此城规模抑或即郡治欤？（《费县志·古迹》）

曾子故里

清·杨佑廷

曾子故里在古武城。《孟子》有"曾子居武城，有越寇"事。《战国策》有"曾子处鄪，其母投杼"事。《说苑》有"鲁人攻鄪，曾子辞鄪君"事。按：武城鲁地，曾子，武城人。"处费"云者，春秋后费自为国，武城或改属于费，居费仍居武城也。今故武城境，古名思圣乡，有曾子山，山上有曝书台，明邑人王司农雅量有《曾子费人考实》，文录于后（此略）。（《费邑古迹考》卷三）

曾参南武城人

钱穆

崔述云："南武城者，鲁南境之邑，吴、越至鲁之冲，即子游为宰之地也。《孟子》书载曾子居武城，有越寇而曾子去，孟子曰：'曾子师也，父兄也。'则曾子非武城人明甚。司马氏盖见《孟子》书中有'居武城'之文，而遂误以为武城人耳。"今按：曾子果武城人，未必不可避寇而去。(雷学淇亦以曾子之去，证武城非祖宗邱墓之乡，其说实迂。)孟子称曾子师也，父兄也，亦未必见其即非武城之人。崔氏乃谓非武城人明甚，殊嫌速断，不足信。武城在费县。《秦策》"曾子处鄚，鄚人有与曾子同名族者"。《梁氏志疑》引《西京杂记》云："昔鲁有两曾参，南曾参杀人，见捕，人以告北曾参母"云云，即与《秦策》同述一事。梁氏据之谓"曾子为北武城人。南武城为鲁边邑，在今费县西南。鲁之北有东武城，故云北武城也"。余意《西京杂记》乃晚出伪书，未可尽据。即谓遗闻轶事，不无采撷，南北之辨，未必非同居一城，而指其城南城北言之，何必强说以居北武城而谓北曾参哉？《列传》明云"曾参南武城人"，澹台灭明云"武城人"，并无北武城之说。《日知录》谓："子羽、曾子同一武城，子羽传次曾子，省文。"其说甚是。《大戴礼记·卫将军文子》篇注："曾子南武城人，澹台灭明东武城人"，疑误。《水经注》引京相璠曰："今泰山南武城县有澹台子羽冢，县人也。"则子羽实南武城人。哀公八年，吴伐鲁，从武城。《传》云："王犯尝为之宰，澹台子羽之父好焉。"是子羽为近吴之南武城人，确有明证。故子游之所宰，曾子之所居，即子羽之邑，为近吴之武城，亦曰南武城。《史记》所载，本甚明白。今必曰曾子非南武城人，而别寻一地以说之，皆非也。（周柄中《四书典故辨正》，亦谓“曾子所居，即费县之武城，非有二地。《史记》云南武城者，因清河有东武城，在鲁之北，故加南以别之，据汉人之称耳”。此说得之。雷学淇介庵《经说》以在南者曰武城，近吴，在东者曰南武城，近费而邻齐。与诸家以子羽邑为近费者不同，其说疑误。复有以曾子武城在嘉祥者，顾氏《日知录》，俞氏《癸巳类稿》均辨之，孙志祖《读书脞录》复据《大戴礼记》注驳顾说，亦误。参读考辨第三五。另参考《先秦诸子系年·先秦诸子系年考辨》第二九。

曾子故里考析

王瑞功

曾子故里武城在于何地，现有两说，即在今平邑与在今嘉祥（平邑旧属费县，引文中称武城在费县者即指今平邑——编者）。在这两说之中，“平邑说”理由较为充分，兹考析如下：

（一）鲁国只有一个武城

春秋时的鲁国武城邑，先秦文献如《论语》、《春秋经》、《左氏传》及《孟子》中都多次出现过。《春秋经》中襄公十九年（公元前554）“城武城”，这是第一次，晋朝杜预注曰“泰山南城县”。《左传》昭公二十三年（公元前519），邾国人修筑翼城，返回时路经武城，被武城人打败，俘获了邾国将领徐钽、丘弱、茅地；《左传》哀公八年（公元前487）：“三月，吴伐我，子泄率，故道险，从武城。初，武城人或有因于吴境田焉，拘鄫人之沤菅者，曰：‘何故使吾水滋？’及吴师至，拘者导之以伐武城，克之。王犯尝为之宰，澹台子羽之父好焉，国人惧。……吴师克东阳而进……遂次于泗上。”这两次所言之武城，诸家注释一般都认为是费县的武城，澹台子羽的故里。《论语·

雍也》载:“子游为武城宰。子曰:‘汝得人焉耳?’曰:‘有澹台灭明者,行不由径,非公事,未尝至于偃之室也。’”《阳货篇》又有“子之武城,闻弦歌之声”的事。《太平御览》卷一六〇《沂州》引《论语·阳货》之文,下注曰:“武城在今费县。”《孟子·离娄下》记“曾子居武城,有越寇”而曾子与弟子离去之事,曾子所居之武城,学界亦认为是费县的武城。

襄公十九年所城之武城,即今平邑县南武城(晋朝时为南城县治所),与子游所宰,曾子、澹台灭明故里为一地,其他未见另有一武城。清人顾栋高《春秋大事表·列国地名考异》引程启生说;襄十九年《经》所书武城,在济宁州嘉祥县界;昭二十三年《传》“邾人城翼,还自离姑,武城人塞其前,与哀公八年《传》所云武城,乃费县之武城。费县乃鲁与邾、吴相接界,非所当备齐之处”。考:襄公十九年“城武城”,《左传》曰:“穆叔归,曰:‘齐犹未也,不可以不惧。’乃城武城。”查《春秋经》及《左传》,自襄公十五年至二十年,齐、鲁、邾之间有下列大事:襄公十五年《经》:“齐侯伐我北鄙,围成。”“邾人伐我南鄙。”襄公十六年《经》:“齐侯伐我北鄙。”“秋,齐侯伐我北鄙,围成。”《左传》:“(晋)平公即位……以我故,执邾宣公、莒犁比公,且曰‘通齐、楚之使。’”襄公十七年《经》:“秋,齐侯伐我北鄙,围桃。高厚率师伐我北鄙,围防。……冬,邾人伐我南鄙。杜注:齐未得志于鲁,故邾助之。”《左传》:“冬,邾人伐我南鄙,为齐故也。”襄公十八年《经》:“秋,齐师伐我北鄙。”《左传》详述此役鲁在晋援助下大败齐师过程。襄公十九年《经》:“春王正月,诸侯盟于祝柯。晋人执邾子。”“取邾田,自漷水。”“城武城。”襄公二十年《经》:“仲孙速率师伐邾。”《传》曰:“二十年春,及莒平。……夏,盟于澶渊,齐成故也。邾人骤至,以诸侯之事弗能报也。秋,孟庄子伐邾以报之。”由上列大事看出，齐伐鲁，都是“伐我北鄙”，设若鲁有两武城，则直接防齐之武城应在鲁国北部边界；唐人司马贞为《史记》作《索引》称“武城属鲁。当时鲁更有北武城，故言南也”，或许就是据此推论。但既未指地望，后人亦未曾言及，故难作根据。而邾国当时与齐国友好，虽与晋、鲁会盟，并于十八年参与伐齐之役，系为晋所迫；其私与齐国通使，说明邾国实际上是站在齐国一边的。自襄公十五年至十七年邾国两次伐鲁，且十七年之“邾人伐我南鄙”，《传》言“为齐故也”。费之武城为鲁南鄙，与邾北境相邻，“城武城”防邾亦即防齐，并不矛盾。再说，襄十九年“城武城”，二十年即伐邾，也可视为在防御工事上加强之后的行动。查《左传》所记齐伐鲁所经之路线，未有在今嘉祥附近者；故又一武城在今嘉祥之说难以成立。鲁国在春秋时见于记载者只一武城。“两武城”之说原因复杂，下详论之。

（二）南城即武城

南城之名，最早见于《史记·田敬仲完世家》，齐威王说：“吾臣有檀子者，使守南城，则楚以不敢为寇东取，泗上十二诸侯皆来朝。”《史记》“三家注”未说明南城之地望所在，于“泗上十二诸侯”，《索隐》曰：“邾、莒、宋、鲁之比。”顾炎武认为此“南城”即武城。《汉书·地理志》东海郡有“南成县”，《后汉书·郡国志》泰山郡有“南城县”，并说明“故属东海，有东阳城。”可证西汉之“南成”即东汉之“南城”。“东阳城”，唐章怀太子李贤注曰：“《左传》哀八年‘克东阳’。襄十九年‘城武城’，杜预曰南城县。”东阳故城，清人顾祖禹《读史方舆纪要》认为是费县的关阳镇（在今平邑县南武城东四公里处），今人杨伯峻《春秋左传注》认为“此说可疑”，提出“今费县西北平邑县南数里有东阳镇，不知是否即此”之说。不管哪一种说法，东阳城都在今平邑县境。这个南城县，旧本《晋书·地理志》作“南武

城县”，是不对的。查《晋书》之《羊祜传》、《景献羊皇后传》、《惠羊皇后传》，介绍籍贯时都称“泰山南城人”；《羊祜传》曰：“其后，诏以泰山之南武阳、牟、南城、梁父、平阳五县为南城郡，封祜为南城侯。”清代史学家钱大昕指出致误的原因“乃因下文有南武阳而衍一武字”是可信的。中华书局校点本已经改正。同样，杜预注《左传》于襄公十九年“城武城”条曰“泰山南武城县”，是其书在流传中误增一“武”字，由上引唐代李贤注引杜预之说即为“南城县”而非“南武城县”可知。

《隋书·地理志下》于琅邪郡记有费县、颛臾县等。在“颛臾县”下作了如是说明：“旧曰南武阳，开皇十八年改名焉。又有南城县，后齐废，有开明山。”按：开明山，亦曰石门山，在南城山西侧，东面即武城。此山自南而北，石脊中断，像是门户。太阳沉西时，山谷已暗，只有石门中一线阳光犹存，当地人呼为“漏明崮”。清人阎若璩《四书释地》谓“武城在(费)县西南八十里石门山下”，即此。可见，南城即春秋时鲁国之武城邑。

(三)曾子与澹台灭明俱为武城人

《后汉书·王符传》引王符所著《潜夫论·浮侈》，其中有“案鄗、毕之陵、南城之冢，周公非不忠，曾子非不孝”之语。唐人李贤注曰：“南城山，曾子父所葬，在今沂州费县西南也。”后汉之南城县，北齐废，其地入南武阳县；隋开皇十八年改称颛臾县；唐贞观元年，省颛臾县入费县。曾子葬父之地，即其故里春秋之武城。对于曾子葬父之所，即便是倾向于南武城在今嘉祥县的明代人包大爟，在其所著《兖州府志》(明万历元年刊本)卷五《世德·曾子父母考》中亦曰曾子将其父曾皙“葬于费县西南成山”，所据即李贤之注。只有明代从江西永丰迁于山东嘉祥奉祀曾子庙墓的曾质粹后裔、曾子69代孙世袭翰博曾毓墫在《武城家乘》中否定：“旧言曾子葬父于费县境内，宗圣‘志在《孝经》’，岂忍委先灵于远地？”俞正燮评曰“其言可谓憨谬”，是很恰切的。

前引《左传》等书，已知澹台灭明（字子羽）是武城人。郦道元《水经注》引京相璠说：“今泰山南武城县有澹台子羽冢，县人也。”此言更加明确。（按：此说中之“南武城县”，亦当作“南城县”。）

（四）“两武城说”之由来及其演变

“两武城说”源于《史记》。其《仲尼弟子列传》称曾参“南武城人”，而澹台灭明则为“武城人”。在《曾参传》中，唐代司马贞《索引》称鲁有南北二武城，即是为此。张守节《正义》另有解释：“《括地志》云：‘南武城在兖州，子游为宰者。’《地理志》云：‘定襄有武城，清河有武城，故此云南武城也。’”是否定鲁有两武城之说。在《澹台灭明传》中，《正义》引《括地志》云：“亦在兖州。”《言偃传》：“子游既已受业，为武城宰。”《正义》对“武城”的注释是：“《括地志》云：‘在兖州，即南城也。’《舆地志》云：‘南武城县，鲁武城邑，子游为宰者也，在泰山郡。’”《括地志》是唐初魏王李泰组织门客所修，成书于贞观十六年。据《旧唐书·地理志》载：兖州上都督府，贞观十四年置，管兖、泰、沂三州。时费县属沂州。故《括地志》所云“南武城在兖州”，“在兖州，即南城也”之“兖州”皆是指兖州上都督府而言。曾参与澹台灭明，都是春秋时鲁国武城人，为什么司马迁称曾参“南武城人”、澹台灭明“武城人”，学者们做了各种探讨。明代姚庭槐首先提出了“加‘南’于曾而不加‘南’于澹台者，蒙上言之耳”的看法（见明万历元年《兖州府志》卷八《曾子南武城考》），明人王雅量、清人顾炎武等从其说。清代胡元玉《武城考》一文在考证了《晋书·地理志》之“南武城”其中“武”字为衍文后作结论说：“参互考校，曾子、子羽既是同邑人，隋以前又无南武城，则《史记》南字，《大戴记》注之南字、

东字，皆非其旧可知。盖后人据误本《晋志》增《史记》，而加之未尽，灭明下尚作武城。后又据误本《史记》，疑鲁有两武城，因及妄增东字于灭明下也。”（《璧沼集》卷三，转引自谭其骧主编《清人文集》之《地理类汇编》）亦可备一说。古书在流传、抄写过程中，误增、误删、误改、遗漏等错讹，所在多有。即如《史记》“曾参南武城人”之“南”字，也许是因春秋时鲁国之武城邑成为西汉时之“南成县”，在传抄中误增，亦不无可能。作为一个学术问题，今后仍应予以研究。

不论《史记》称曾参“南武城人”也好，澹台灭明“武城人”也好，宋代以前的各种注释，都明确肯定曾参之故里武城为汉至北魏的南城县，即今之平邑县魏庄乡南武城。但自明代成化初年“山东守臣上言”说在今嘉祥县南武山发现了“碣曰‘曾参之墓’”的“悬棺”，之后，曾子故里出现了“嘉祥说”，鲁国“两武城”还是“一武城”则都围绕着曾子故里是在费县抑或嘉祥而展开。明清时期所修之《嘉祥县志》也认为春秋时鲁国只有一个武城，在嘉祥南武山之阿城，费县没有武城，“费在春秋为季氏私邑，但闻为费，不闻为武城也”。俞正燮《书（武城家乘）后》记曰：“今嘉祥城东门立数石，表之云‘武城古邑’，又云‘言子为宰邑’，又曰‘曾子故里’，又曰‘澹台子故里’，又曰‘黔娄故里’。”对此现象，俞氏称“鬼神有知，徒为先贤所恶”。学者中持“两武城说”者，除就《史记》中《曾参传》加“南”字、《澹台灭明传》无“南”字而肯定“明是两地”外，再一主要论据是《孟子》中“曾子居武城，有越寇”而曾子率其弟子离开一事，认为不合情理：“若其本邑也，则家室在焉；既云为师，亦徒党里塾之常所谓乡先生矣；一旦寇难之来，方效死，徙无出乡，相守望扶持之义，而徒以舍去鸣高，岂紧人情。”否定了费县之武城为曾子故里，就转向嘉祥了：“嘉祥于今曲阜为西南，与巨野县皆古大野地，曾子祠墓存焉。”

(赵佑《四书温故录》,转引自王定安《宗圣志》)但这种说法仅系推论,于史无徵,所以赵佑只好假设:"要鲁有两武城。武城地险多事,故见《经》屡;南武城没,不见《经》。而曾子自为南武城人,非武城人。"(出处同上)汪之昌《武城考》承认:"而诸家说鲁武城者,于费县则毫无异词,在嘉祥者未能确指所在。"(《青学斋集》卷九)可以作这样一种设想:如果不是成化初年的"曾子悬棺"出现,曾子故里之在嘉祥一说,大概除了《嘉祥县志》或《巨野县志》以外,是不会引起学者注意的。

(五)几则值得注意的史料

俞正燮《书〈武城家乘〉后》指出:"足证武城为嘉祥者止有一篇:《嘉祥志·艺文》有济宁路教授赵思祖作《鲁秋胡庙记》云,庙在嘉祥县南五十里……"(详参本志附录二《曾子故里考文选》所录此文)俞氏考证后说:"作伪者以为托于元时,则嘉祥为南武城非成化后人妄说。"类似的材料,从成化初年"山东守臣上言"中亦可看出:渔人能认识蝌蚪文,确属奇闻;而除了这"渔人"之外,"鸣于有司,因即瘗碑而为之茔",到底是什么样的"悬棺"和墓碣,似乎谁也不知道,神龙见首不见尾,别的史料都未记载,即如《明实录》,一字也未涉及。万历年间包大爔纂修的《兖州府志》卷八关于"琴堂"的碑文,说是署为金太和七年正月上元日苏思忠立。题为《重建琴堂记》,"乡人相传以为昔曾子尝弦歌于此,后人因作堂以识之,或曰乃子游弦歌处也"。则时间更早,模糊其词,真假难定。

明代万历年间任过礼部尚书的于慎行系东阿人。在其家居期间,对万历元年包大爔所修的《兖州府志》做了修订,万历二十四年刊行。卷七《圣里志中·四配世家·曾子》,除介绍曾子生平及历代赠封外,全文引《费县志·武城考》,论证曾子为费县人。卷二十三《陵

墓志》,于嘉祥“宗圣公墓”称:“在县南四十里南武山西,墓前有祠。详见祠庙圣里,有辨。”“辨”即指《费县志·武城考》。“鲁秋胡墓”条曰:“在县南五十五里平山之下。居民有邵氏者,称秋胡妻邵氏之后,为立庙山巅云。费县亦有秋胡墓,于理为近。”于费县“曾点墓”下记曰:“在县西南八十里南成山。《王符论》所谓‘南城之墓,曾子非不孝’是也。《史记》‘曾子南武城人’,南武城者,汉泰山郡南城,即今之费也。《县志》记曾点墓在磨山故县之墟,于理为近。今祀于嘉祥,误矣。”卷二十四《祠庙志》,于费县“子游祠”条曰:“在费县西南八十里,武城东关阳川。”“澹台祠”“在县西南七十里。”再阅《兖州府志》卷首《府境州县图考》,《嘉祥县图》在南武山之南有曾子墓、曾庙,《费县图》则在南成山北画上武城。更值得重视的是于慎行在卷二十四《祠庙志》末所写的《论》:“兖之秩祀备是矣。其间有典礼甚重而传信失真,有遗迹可凭而肇禋未举者,是不可不知也。夫尧葬谷林,在济阴城阳,今曹州之境也,而祀于东平;曾子家于武城,今费县之境也,而祀于嘉祥;此当厘正者矣。舜耕于历山,渔于雷泽,陶于河滨,就时于负夏,皆郡境也,而祀于平阳;商之北亳与有侁之国,在曹之蒙城,亦若有据,而祀于偃师;此当核实者矣。国家景仰前王,敬共明祀,不爱圭璧牲帛;奔走奉祠之臣跋涉致享而至于失其真迹,祝史陈信胡以辞焉。姑记于此,以告后之正礼典者。”

在此之前,孔子 65 代孙,即知曲阜县事孔承业于嘉靖三十一年(1552)编纂《阙里志》,于“曾子故里”,先列“费县说”,次列“嘉祥说”;两说所引资料的权威性及可信性的差别,一目了然,(详见本志末附录二)故清人叶圭绶《续山东考古录》誉之“辩驳尤详”。嘉靖三十一年距曾质粹迁徙嘉祥才 17 年,而孔氏为“孔、颜、曾、孟”四族之首，对嘉祥说并无确认之意；于慎行于万历十七年任礼部尚书时曾奏请拨给宗圣祭田30顷，是对曾子的尊重。他长期在礼部，任过礼部右侍郎、左侍郎直至尚书，对于曾子有关的赠封及朝廷章奏、诏书应该是熟悉的。设若成化初年“山东守臣上言”的内容凿凿可据，于慎行起码会承认曾子“悬棺”的真实性，而不会在《兖州府志》中全面否定“嘉祥说”，且指出是“此当厘正者”了。

清代的张鹏翮所修《兖州府志》，关于“曾子故里”及葬所问题加按语说：“《费志·武城考》辨论武城虽详，然今费县止有曾晳墓，并无曾子墓。今嘉祥既有曾子墓可据，古人尽有父子异地而葬者，何必纷纷耶？《传》云：‘有其举之，莫可废也。’从之而已。”王定安在《宗圣志》中称赞此语“最为通论”。诚然，如果确有“曾子死葬嘉祥”的根据，张氏之言是很可取的；问题在于，不仅没有确据，而且“嘉祥说”也是以“武城在嘉祥”为依托的，也就是说曾子故里与其墓葬之所为一地。

对于曾子之墓在嘉祥南武山，曾子70代孙曾国藩去祭祖时，在《日记》中写道：“缘宗圣公墓久已佚亡，不知所在。明成化初，山东守臣奏：嘉祥南武山有渔者陷入一穴中，得悬棺，有镌‘曾参之墓’。弘治十八年，山东巡抚金洪奏请建享堂、石坊，即今林也。余观山石顽犷，地势散漫，不似葬圣贤者，殊以为疑。”曾国藩的“疑”仅就局部而言，亦应引起重视；而孔承业、于慎行等人这些距“悬棺”一事发生时间较近而对曾子问题有研究的人的观点似更值得思考，以期得出恰切的结论。

曾子故里考

沈效敏

曾子故里在嘉祥，早在明代成化初年就有定论。万历年间费人王雅量撰文提出曾子故里在费县武城（今属平邑，为行文方便称东武城），遂有争论。为此，我们查阅古籍资料，考证文物古迹，问津曾氏族谱，求教专家学者，得出的结论仍然是，曾子故里在嘉祥，不可更改。

一、从古籍有关记载看曾子故里南武城在嘉祥

司马迁《史记·仲尼弟子列传》载有两武城。文中分别介绍说："曾参，南武城人，字子舆。少孔子四十六岁。""澹台灭明，武城人，字子羽。少孔子三十九岁。"同一文中，一说南武城，一说武城，显然是两地。有人说，澹台灭明不称南武城人，是连书省略之故。众所周知，司马迁写《史记》是严谨的，决不会为省一字而让后人产生异义。况且，虽一文而分别传二人，前后人、事、义都毫不相连，也毫不相关，根本没有连书省略的语言环境。三国魏王肃《孔子家语注》讲的更明确："鲁邑有两武城，故称南以别之。"有人说，任何先秦古籍都没有鲁有两武城的直接记载。其实，任何先秦古籍同样也没有鲁有两郓、两郎、两费的直接记载，难道也可以以此否定两郓、两郎、两费的存在吗?

其实，《春秋·襄公十九年》"冬城武城"，就是指的嘉祥南武城。《春秋·襄公十九年》冬，城西郛、城武城，《左传》解释说："城西郛，惧齐也。""穆叔归，曰，齐犹未也，不可不惧，乃城武城。"可见城武

城的目的是为了防备齐人的侵略。东武城"乃鲁与莒、邾、吴所接界,非备齐之处",应是另一武城。查城武城之前,齐、楚、莒、邾没有什么结盟的记载,倒是有争战的记载。如:《春秋·成公九年》,楚公子婴齐帅师伐莒,《春秋·襄公十八年》公会晋侯宋公卫侯郑伯曹伯莒子邾子滕子薛伯杞伯小邾子同围齐。《春秋·襄公二十三年》齐侯袭莒。因齐邾不接壤,才没有直接发生边境之战。

嘉祥南武城与备齐非常吻合。当时齐、鲁两国在鲁国北部和西北边境连年发生战争。据《春秋》和《左传》记载,从襄公十五年到襄公十八年,四年中齐国六次南侵,四次围鲁城邑。在敌强我弱的情况下,鲁国只有一方面筑城坚守和筑城备战,一方面西去晋国求援。《春秋·宣公元年》有"齐人取济西田"的记载,说明嘉祥南武城距齐国边界不远。《春秋·襄公十五年》城成郛,《春秋·襄公十九年》城西郛,接下来城武城,从北到西形成备齐的防御线,正符合常规的战略部署。再看当时的具体情形,"叔孙豹会晋士匄于柯"(《春秋》语)。柯在鲁国的西边,叔孙豹回国要经过嘉祥的北部,北看是齐国刚刚侵犯过的成、桃,南望是一片旷野,真是不可不惧,于是他建议在这片旷野有山险要处筑城以备齐。

据《春秋》和《左传》记载,鄫太子巫避难于鲁,最合适的地方也是嘉祥南武城。鄫国常受周围邾、莒等国的欺负。襄公四年邾人莒人伐鄫。襄公六年秋,莒人灭鄫。鄫灭之后,复国的最大隐患在于太子巫,莒、邾必除之而后快。太子巫避难于鲁,最好是远离邾、莒。《公羊传》指出:"叔孙豹为太子巫舅所出。"太子巫与叔孙豹为表兄弟关系,此时叔孙豹已成为太子巫最好的依靠。鲁西是叔孙氏的势力范围,嘉祥南武城四面环山,交通闭塞,又距莒、邾较远,是太子巫隐居的理想之地。

二、从有关曾子和南武城的古迹看曾子故里在嘉祥

嘉祥县境内有关曾子的古迹，有人说是明成化年后才有的，其实不然。这里仅举几例为证。

（一）南武城

嘉祥南武城，直呼其名，直认其地，从现在见到的历史资料看，早在北宋就已有确凿材料。北宋初昭文馆大学士曾公亮所作《曾氏族谱序》有“曾西祷于南武山”之语。北宋国史馆编修晁补之《金乡张氏重修园亭记》中有“下马牛岭，北望南武，七日诸山……”一段。曾参之孙鲁西祷于南武山证明曾子之家位于南武山下，南武山因南武城而得名。晁补之所记金乡张氏园，居嘉祥之南，北望南武山，显然是嘉祥的南武山。由此看来，早在北宋初年人们就认定曾子故里南武城，在今山东嘉祥县。

嘉祥南武城之南，平山之上有秋胡庙。庙中立有鲁秋胡庙碑。济宁路教授赵思祖为庙碑撰文。碑文中有“盖尝考《列国志》，秋胡子，鲁南武城人”之句，指认此地为南武城。山下有秋胡墓。山南金乡柳园村，多姓邵，有贞姑庙供奉秋胡妻邵氏，自认是秋胡妻邵氏族裔。明万历于慎行《兖州府志·祠庙志》也有记载：“秋胡庙在县南五十里许，平山之上，其来甚久。至元八年主簿夏清因祈雨有感而重修之。”《济宁直隶州志·艺文志》载有唐王勃《平山庙》一诗：“一跻平山庙，恍恋洁夫人。……”

嘉祥南武城，群众呼为阿城。查《韵会小补》曰：“阿又音屋。”“阿”、“武”古音相近，阿城即武城。对南武城遗址，文物部门进行过多次考证，发现城墙中含有具有春秋时代特征的棍夯窝，夯土中陶片最晚到春秋早期，地层陶片从西周到汉皆很多，断定此城最晚不会晚于春秋早期。

（二）曾庙

曾庙历史久远，初称忠孝祠。唐贞观三年《重修武城谱系》卷一38页载《曾子故里古迹考》云："曾参家武城……西北有忠孝祠，始建于周考王十五年乙卯岁二月十五日……"[①]东武城西面、西北面皆环山作墙，城西只有悬崖。唯嘉祥南武山之阳地理地貌与此相合。此忠孝祠是曾氏最早的家祠，类似孔子死后以所居之室"因以为庙"。

曾庙后称"郕国宗圣公庙"，重修于明正统甲子（1444，比成化元年早21年）。曾庙内现存明正统十三年（1448）创建莱芜侯曾点庙碑云："武城在嘉祥之南，金乡之北，界二邑之治，相距各四十五里，而曾氏庙在焉。大明正统甲子……以郕国宗圣公庙宇倾坏，奏请修理。……丙寅春二月落成。"天顺四年（1460）重建郕国宗圣公庙碑也有同样的记载。

（三）曾子墓

唐、宋、明《曾氏族谱》皆载明南武城西有曾子墓。明天顺四年重建郕国宗圣公庙碑也有"庙（指曾子庙）东南有耘瓜台，西南有曾子墓"的记载。

历史上关于曾子墓方位的记载是明确的，只是由于年代久远，迷失其具体位置。但遗迹还是有的，如明吕兆祥《宗圣志》记载："石虾蟆状如伏虎，今在宗圣故里吴氏园中，乡人相传，以为曾家物，恐亦先茔中苍麟白羊类耳。"

曾子墓具体位置的认定，见于《明史·曾质粹传》："成化初，山东守臣上言：'嘉祥县南武山西南，元寨山之东麓，有渔者陷入穴中，得悬棺，碣曰曾参之墓。'诏加修筑。"《宗圣志》、《兖州府志》亦有大体相同的记载。有人说，所谓发现曾子墓是作伪之举。理由是，悬棺非中原葬法，墓碣始于西汉。这是把悬棺与悬棺葬法混为了一谈。造成悬棺有多种原因。嘉祥山区就常出现因山洪冲击棺墓悬于

① 资料由曾氏大成通谱委员会江西分会主修处、江西省赣县田村镇杨梅村曾传将提供。

山洞壁上的现象。关于碑碣的问题，后人给前人立碑碣的现象更是常见。“渔者陷于穴中得悬棺”，是《明史》记载的考古发现，是实证。在没有新的考古发现的情况下，不是任何人凭想象推理就可以推翻的。

(四)其他古迹

耘瓜台。位于嘉祥南武山之东，南武城北郊，传为曾子耘瓜，误断其根处。明于慎行《兖州府志·古迹志》载：“耘瓜台，在南武山之阳，相传即曾子耘瓜误断其根处也。后人因名其地曰：耘瓜台。”《宗圣志·邑里》载：“其台有二，高仞许，南北相峙，南台约五亩，北台约三亩。”

元曾子书院。嘉祥南武山之阳有曾子书院。明于慎行《兖州府志·学校志》：“曾子书院，在县南南武山下，相传曾子读书处。考元时吴氏墓碑有东至曾子书院之文，岁久遗址不存。”

金代琴堂。在嘉祥县治东，萌山之阳，传曾子鼓琴处。金太和七年苏思忠重建。明嘉靖九年嘉祥知县王时佐，取石修泮石桥，其堂遂毁。旁有甘泉清列，后称琴堂坑。

曲阜有鲁城遗址、孔子墓、孔子庙可证孔子故里在曲阜。同理，嘉祥既有曾子墓、曾子庙，又有南武城遗址，可以证明曾子故里在嘉祥。

三、曾氏族谱指认曾子故里在嘉祥

曾氏族谱关于曾子故里的记载是一致的，指认曾子故里在嘉祥。

唐贞观三年《重修武城谱系》，左丞相杜如晦为之作序。卷一，38页载《曾子故里古迹考》云：“曾参家武城……西有曾参之墓，西北有忠孝祠……”

北宋嘉祐元年《曾氏重修族谱》,苏东坡为之作序。卷一,203页载:"曾子故里在武城……西有曾参墓,西北有忠孝祠,鲁哀公十四年夫子西狩获麟亦在于此。不知何代改为阿城。"

南宋德祐元年《曾氏重修族谱》,丞相文天祥为之作序。总一,197页同唐贞观三年《重修武城谱系》记载。

明隆庆《曾氏大成宗谱》,有宋、元、明诸序。卷二《历代迁徙考》记有:"鲁襄公六年,莒人灭鄫,鄫太子巫仕鲁去邑为曾,是受姓之始。巫公生夭,夭公生阜,徙嘉祥。"《附先代源流》载:"一世巫:周简王十四年世子巫仕鲁去邑为曾,是受姓之始,居南武城。葬武城东山。……三世阜:为叔孙氏家臣,一子点,徙济宁州嘉祥县。……五世参:字子舆,孔门高弟,封郕国公。葬嘉祥南四十里。"

明万历十二年《曾氏大成族谱》,总一,107页载:"曾子故里在南武城,今嘉祥阿城,西有宗圣公坟,西北有曾子庙,古曰:忠孝祠。"

明万历《武城曾氏族谱》载,春秋鲁哀公二十年,曾点卒,同妻上官氏葬于嘉祥南四十里南武山。鲁悼公三十二年,曾参卒,葬于嘉祥南武山西南元武山下。

清乾隆十九年曾子宗主博士曾兴烈创修一届通谱,由县丞曾衍枢领存嘉祥案。卷一,196页《曾子故里武城古迹考》载:武城鲁之下邑也,春秋子游为宰处,称:乡音呼阿城,西有宗圣公坟,西北有曾子庙。

以上诸谱皆明确记载曾子故里在嘉祥。

四、曾子处费之地为近嘉祥之西费

《战国策》和《说苑》等古籍都有曾子处费的记载。鲁有两费,曾子所处之费是哪一个?

西费为国，姒姓，近嘉祥南武城。《竹书纪年》有“夏启二年，费侯伯益出就国”。《史记·夏本纪》载：“禹，姒姓。其后分封，用国为姓，故有夏后氏……费氏……”春秋时，费为鲁附庸国。《左传》记载：隐公元年，费伯帅师城郎，不书，非公命也；隐公二年，司空无骇入极，费庈父胜之。费庈父应与郳仪父一样，是对小国之君的称呼。战国时，《孟子·万章下》载有费惠公，并称小国之君。《史记·楚世家》载顷襄王十八年楚猎人答顷襄王问，把费列为十二诸侯（秦、魏、燕、赵、齐、鲁、韩、卫、邹、费、郯、邳）之一。从以上记载可以看出，从夏至战国西费一直为国。关于费国的姓氏，1972 年邹城峄山后钓鱼台遗址出土了一件春秋铜鼎，有铭文为“费敏父作孟姒□媵鼎，其眉寿万年永宝用”。此消息见于《文物》1974 年第 1 期，王言京《山东邹县春秋邾国故城附近发现一件铜鼎》。文章说：“根据铭文，此鼎是费国的敏父为其大女儿陪嫁而作的。费，姒姓……鼎为春秋时器。文献记载，费为小国，后入鲁。”费敏父之女称孟姒，其为姒姓无疑。关于费国的方位《读史方舆纪要》载“废鱼台县西有费亭，即费庈父食邑处”。鱼台之西，与嘉祥南武城为邻。

东费为季氏食邑，位于今山东费县西北 25 里上冶镇。其最早见于史籍是《左传·僖公元年》“公赐季友汶阳之田及费”。此费作为“三桓”之首季氏的食邑，多次见诸先秦史籍，使姒姓费国较之黯然失色。以致有人认为“春秋末战国初，季氏曾据费为国”。事实上曾子整个在世期间季氏并没有建立费国。哀公及哀公之前，季氏没有独立建国，这一点《史记·鲁周公世家》有明确记载。哀公之后，“悼公之时，三桓胜，鲁如小侯，卑于三桓之家”（亦见《史记·鲁周公世家》），“悼公之丧，季昭子问于孟敬子……”（《礼记·檀弓下》），直到悼公死，季氏也没建国。这里需指出的是，曾子已于悼公三十二年

(公元前436)去世。《竹书纪年》及《水经·济水注》均有鲁元公八年“鲁季孙会晋幽公于楚丘”的记载,说明季孙氏仍没独立。《汉书·张敞传》:“臣闻公子季友有功于鲁,大夫赵衰有功于晋,大夫田完有功于齐,皆畴其庸,延及子孙,终后田氏篡齐,赵氏分晋,季氏颛鲁。”由此可见,季氏终后仅是颛鲁并没分鲁建国。

曾子所处之费为姒姓费国。《说苑·尊贤》“鲁人攻费”中有“曾子辞于费君”,“费君曰:寡人之于先生也,人无不闻”之句。费有“君”且又自称“寡人”,可见此“费”是一个国家而不是一个城邑。当时,费国只有一个,就是姒姓费国。也就是说,曾子所处之费就是姒姓费国。关于“曾母投杼”的故事,曾与费同姓,既有宗亲关系又有文化上的渊源。嘉祥南武城与费国毗邻,曾子全家就近居住在同姓国以求庇护,正合情理。

有人把“曾子居武城,有越寇”与“曾子处费”、“鲁人攻费”混为一谈。目的是想用越国靠近季氏费邑,来证明曾子所处为季氏之费。其实,曾子居武城不是家在武城。同文中就有“子思居于卫”,难道可以以此推断子思是卫国人吗?况且,明明一个是越寇武城,一个是鲁人攻费,一个是越寇,一个是鲁攻,一个是武城,一个是费,主动者不同,被动者不同,地点也不相同。怎么能把这两件完全不同的事说成一回事呢?有人以“《檀弓》云:季氏卒,曾皙依门而歌……又云,曾子之席华而睆,曰季氏之所赐也”证之“曾子父母及身终始皆在费”。那是连季孙氏几代为鲁宗卿,居住都城,执国政,并不住费都不知道。《史记·仲尼弟子列传》说曾子“死于鲁”,曾子死时季孙氏赐箦,恰恰说明此时季孙氏并没有据费为国,“鲁人攻费”之费根本不是“季氏之费”。

五、南城不是东武城

第一,南城没有叫过南武城。

“南城县”之名始于东汉,是由西汉“南成县”演变而来,历晋、南朝宋、北朝魏,北齐时并入武阳县。《后汉书·郡国志》泰山郡南城县。《晋书·后妃传》景献羊皇后,泰山南城人;惠羊皇后,泰山南城人。《晋书·羊祜传》羊祜字叔之,泰山南城人。《宋书·州郡志》南泰山郡、泰山郡均有南城县。《宋书·羊欣传》羊欣字敬元,泰山南城人。《魏书·地形志》东泰山郡南城县。《隋书·地理志》琅邪郡“颛臾”下有:“又有南城县,后齐废”。从以上史书记载可知:南城在晋朝前后皆称南城,均没有“武”字;《晋书》多次出现的也是南城,也没有“武”字。只有《晋书·地理志》一处称“南武城”,与前后和当时的记载皆不合,明显有误。《晋书》(中华书局版)的编注者看出了问题,在正文中把“南武城”更正为“南城”,并作注说:惟《晋志》多一“武”字,殆因下文有“南武阳”而衍一“武”字。只因衍这一“武”字,才出现有人把南城认作南武城的错误。

《春秋·襄公十九年》城武城,所注“泰山南武城县”,不是杜预原注,其中“武”字是后人错加上去的。景献羊皇后稍早于杜预,羊祜与杜预同朝为官且为好友,惠羊皇后稍晚于杜预,而三人里籍皆称泰山南城人,证明杜预整个在世期间,泰山南城始终是泰山南城,并不存在什么“泰山南武城县”。因此,杜预根本不可能有什么“泰山南武城县”之注。南朝梁时人刘昭所补注的《后汉书·郡国志》引用了杜预的原注:“南城,故属东海……襄公十九年‘城武城’,杜预曰‘南城县’”。杜预把襄公十九年城武城,错注在南城县,但其中并无“武”字。

第二,“南城之冢”的南城是南武城的省文。

东汉王符《潜夫论·浮侈篇》:“鄗毕之陵,南城之冢,周公非不忠,曾子非不孝。”这里说的南城不是东汉南城,而是嘉祥南武城的省文。理由有二:一是鄗、毕皆是周时地名,并不是东汉时的地名,与之相对应,南城也应是古时地名,不应是东汉时地名。春秋时鲁国没有南城,只能是南武城。二是王符是东汉末年的作家,在汉赋的影响下,行文语言讲究整饰,讲究对仗,如上边引用的一段话,全用的是对仗句。“鄗毕”是两个字,“南武城”是三个字,无法使之对仗,只好省一字为“南城”。同样情况在汉武梁碑中也有体现:“选择名石,南山之阳。”(见洪适《隶释》)其中的“南山”就是南武山之省。至于章怀太子所注“南城山,曾子父所葬,在今沂州费县西南”,是把“南城之冢”中的南城误认为东汉南城而推断出来的,并没实据。明王雅量以同样的思路,认为到南城一定能找到曾皙墓,结果却是一切“杳不可问矣”。王雅量时曾皙墓就“杳不可问”,现今东武城忽然冒出个曾皙墓来,让人费解。

三、碑记选录

创建莱芜侯曾点庙记

武城在嘉祥之南，金乡之北，界二邑之治，相距各四十五里，而曾氏庙在焉。轲书所谓曾子居武城，即其故地也。盖曾氏实家于此。当杏坛设教，木铎声扬之日，立孔氏之庭者三千，陪洙泗之席者七十，而道统之传独得其宗者，惟曾氏焉。其嘉言善行，皎若日星，昭如云汉，光于前圣，训□后学，视万亿年犹一日也。建庙庭，崇祀典以享天下，后世无穷之报也宜矣。奈何世系既远，庙貌倾摧，虽累朝葺治，而兴替不能无也。大明正统甲子，皇帝勅天下所司修治应祀神庙。嘉祥儒学教谕温良，以郕国宗圣公庙宇倾坏，奏请修理之，上允其请，乃以正统乙丑秋八月兴工，越明年，丙寅春二月落成。于时山东提刑按察司宪佥江右肖公启总督其事，暨兖州府太守焦公福，嘉祥县知县宋善，主簿张景昭、典史赵宗、教谕吕仕华、训导卜溥同心协力，阅半载而庙成，涂塈黝垩之完美，装塑相貌之俨雅。曾父曾母位于寝殿之中，宗圣公、曾元并坐于左右，而各以夫人配焉。曾申、曾西侍坐于两傍，而东西向焉。位次配附盖因其旧而厝之也。又明年，山东承宣布政使右参议和阳马公谅，按临二邑，躬亲谒庙，睹之席次，乃曰："嗟夫!天叙之典未正，人心有所不惬。天秩之礼未明，神灵有所不安。"遂给为畐捐□□。命兖州府同姚公昱领其事,金乡县主簿方君伯辉督其成。复于宗圣公庙之东创建莱芜侯庙,东西两廊。经始于卯冬,鸠以工匠,抡以材木,陶以砖瓦,量期以役之,计工以庸之,捐俸米具饔飧,以供饲之,出镪幣设酒肴以犒劳之。由是工各效能,人各效力,以岁戊辰正月癸卯既望,越四日丙午立焉。不日而庙貌之峨也,暨盖之新也,丹雘之涂也。独置宗圣公同夫人像于寝殿不动,而曾西侍焉。曾父、曾母移之新庙中,坐而南向焉。曾元、曾申位于两郎,而东西向焉。然后父子之伦灿然而尊卑定,夫妇之别肃然而内外分。古今尊崇遐迩,瞻仰吾道增光,斯文出色。吁,非大参马公之卓识,则典礼无以明;非府同姚公之赞襄,县簿方君之效勤,则庙宇无以成。庙宇既成,典礼以明,人情允惬,神灵安妥,非惟当时之幸,实天下后世人伦大幸也愚也,忝与斯文,恐久而磨灭,谨述其实及劳,拜手书于碑石之右云。

大明正统十三年岁次,戊辰春三月吉日立石。

朝议大夫山东等处承宣布使司右参议和阳马谅。

奉议大夫兖州府同知姚昱。

承事郎金乡县知县沈义、迪公郎县丞文理、将士良主簿方伯辉、武宗是,典史万北辰。

承事郎嘉祥县知县宋善、将士郎主簿张景昭、典史赵宗、儒学教谕吕仕华、训导卜溥。

重建郕国宗圣公庙记

郕国宗圣公自有封谥以来,载在《祀典》,春秋配享孔子庙庭,血食天下;后世者在在有之。而此庙则在故里南武城也。南武城旧

为县，即子游作宰处。在今兖州之西，嘉祥、金乡县界，庙南北去县各四十五里，南武山之阳。里人以义起之，不知所始，历岁滋久，风雨震陵。而兴废补敝者，不知其几也。正统甲子，今上皇帝在御，特饬天下有司修治应祀神庙，而嘉祥教谕温良乃以兹庙倾圮，奏请修葺，诏赐俞允。时山东佥宪肖公启命兖郡太守焦公福督两县吏民并工重建。经始于乙丑之秋八月，落成于丙寅之春二月。栋宇翚飞一新营建大不特斫而已，有节□之□焉，垒□特圬之而已，有丹垩之饰焉。庙既成，像宗圣公于前殿，以莱芜侯及夫人于寝殿，而宗圣公、曾元并坐于左右，各以夫人配之。又明年丁卯，山东大参、今户部侍郎马公谅进谒是庙，观位次失序，心所未安，遂绘为图，出俸金，命兖郡同知姚公昱、金乡主簿方伯辉，即其庙左创建新庙，迁莱芜侯夫妇像而祀之。曾元、曾申位于两庑，东西相向，各以夫人配焉。宗圣公独居旧庙。天理民彝于是正，父子、夫妇于是乎安矣。今年春，兖郡节推范公雯造谒其庙，读所记石刻乃金乡教谕卢与龄所作《莱芜侯庙记》，而宗圣公庙记则缺如也。归语太守郭公鉴，曰："宗圣公契一贯之奥旨，道德之心传天下后世，仰而尊之，不可尚已，今庙既立，岂可无文以彰之。"于是二公乃以记属予，且道其详，曰："正殿三间，中设宗圣公像，东西则列其门人子思、阳夫、沈犹行、公明高、子襄、公明仪、乐正子春、公明宣之数子配侍焉。寝殿三间，公偕夫人，而旁以曾西侍之。至两庑、中门戟门，各以三间，而规模则甚宏远也。"

予按：《史记·孔门弟子列传》称："曾子名参，字子舆，南武城人，少孔子四十六岁。孔子以为能孝，故授之业，作《孝经》十八章。"今庙东南有曾子"耘瓜台"，西南曾子墓，其家世南武城也明矣。当时以北有武城，故云南尔。当夫杏坛设教，木铎振文，从游者三千，束肖者□□□，道统之传得其宗，惟曾氏焉。其嘉惠天下后世者，昭如日月，千万年犹一日也，岂浅学所敢议其万一哉！特以二公之命不可辞。天顺四年岁庚辰岁冬十月吉，礼部侍郎许彬记。

兖州府同知王必选、王恭，通判田懋、黄文、刘善、薛彰，嘉祥县知县刘賛，儒学教谕张庆立石。石匠满行夏能镌。

窝庄曾氏谱碑碑记

吾始祖宗圣曾子费人也，迄今二千余年矣。五十世以前荒远难稽，五十五世始自关阳武城徙居于邑治东北乡汶水之阳，置田择茔，名曰曾家村。六十三世祖有宏观公者，生子二：长曰闻智，次曰闻魁。闻魁公仍附葬祖茔，闻智公又卜新茔于兹，为吾窝庄一支之始祖，越至于今已历八世，丁口日众，门户各立。虽不及嘉祥、木塘、吉安、永丰、秦、晋、黔、蜀、冀、青、扶风数支之盛，而聚族而居亦不乏人。脱无谱以纪之，不惟吾家世本源惧湮没而不彰，即族人支派后世亦难考稽。于是合族公议，爰立谱碑于茔前，庶世系炯然，永传不混云。

大清道光元年岁次辛巳仲春吉旦

注：此窝庄曾氏谱碑上自六十三代曾宏观，下至七十一代曾纪周。按此谱碑碑文记载，该村曾氏六十四代曾闻智，由曾家村迁窝庄，为窝庄曾氏一支始祖。曾闻智系曾家村曾宏观长子，居窝庄后已历八世。传六十五代贞传。六十六代尚芳。六十七代衍润。六十八代兴仁。六十九代毓溪，行一。毓池，行二，字青川，咨部奉祀，生

于乾隆四十六年十二月初十日子时，卒于嘉庆二十年十月初三日酉时，娶孙氏邑庠生之女。毓沼，行三，字汝潜，咨部奉祀，生于乾隆四十九年十一月二十四日酉时，卒于嘉庆二十二年四月初一日戌时，妻芦氏。毓溶，行四。毓銮，行五，字殿华，咨部奉祀，生于乾隆五十六年正月初十日戌时，妻杜氏。七十代传一。七十一代纪周。

辉泉曾兴仁墓碑碑记

公讳兴仁，字伯厚，兴伦公之伯兄，衍成公之长子，尚锡公之次孙，宗圣六十八代孙也。世居费西南之武城，即古武城也，先贤曾皙墓在焉。自时厥后，守先人之坟墓，故居之也特久。寻由武城徙居邑治西北之灰泉村，多历年所。其后世类皆寒素自守，以孝谨闻，不堕宗圣家风。公之子一，讳毓麟，已逝。忠厚传家，□□里党，至今以长□称之。媳潘氏淑德可风，职勤内助，家渐裕焉。公之孙名传道，身列成均，曾孙元□□济济一堂。悉勤耕德厚，家声之振，当必自矣焉者矣。然则公之积善于家而天之所以报施之者，岂□□□□哉!故特致之为曾氏远祖，为之有厚望焉。

大清道光贰拾陆年岁次丙午仲夏谷旦

窝庄曾氏续修谱碑序

鄫氏之先出自夏禹，数传至少康，少康生次子曲列，始封于鄫。国历夏、商、周，世守其业。鲁襄公六年，莒灭鄫，鄫世子巫公去邑而为曾。此曾氏得姓之始也，遂以鲁下邑武城为家焉。巫公生夭，夭生阜，阜生点，点生参，字子舆，受业孔门，资质笃实，力学纯固，独得圣教之宗。后人故以曾子为始祖,世居武城,未闻他适。世代年远,支派繁衍,有谱存贮,历历可述。至五十五世祖彬公由武城迁于费之东北乡曾家村,至六十四世祖闻智公、闻魁公兄弟析居,闻智公分居窝庄,是为窝庄一支。子孙日盛,户口愈繁,使无谱以记之,不唯吾家支派难溯,即先人之茔地坟墓亦难考矣。于是阖族共议,将林树变卖百余缗,立石以志之。倘后之子孙勉勉焉,追远以成仁,睦族以尽义,岂非先人之灵呵护于万世乎?故勒诸石,永垂不朽云。

中华民国八年岁次己未清和月上浣之吉

辉泉曾毓麟墓碑碑记

公讳毓麟,字振卿,宗圣六十九代孙也。父兴仁公、祖衍成公。公之轶事及生卒之年月日,父老鲜能言之者,盖去民国时代已百有余年矣。考公前代碑纪,其先世居费西南之武城,即古武城也,曾鄫之墓在焉。曾氏之子孙居者守其坟墓也,亦宜后世又迁居此辉泉。按宗圣葬于嘉祥县在兖州之钜野,非此武城明矣,兹不具论。惟其碑纪载公之行事曰忠厚特甚,闻诸父老,曾氏自迁居辉泉村起家立业自公始。夫木之枝叶茂盛者,何其本固也;水之支分派别者,何其源长也。公之崛起兴业,土田倍增,子孙众多,固宗圣之德泽流长,亦由公之忠厚传家远也。德配潘氏系潘家村潘公之女,子讳传道,身列成均,足徵公之教育矣。女一,适仲沟村李门。今岁冬,公之玄孙昭宣等为公立石表墓,愚以公为宗圣贤裔,因略为之记。

邑廪生友山氏英书台谨识

从九品焕亭氏彭维新敬书

民国十一年岁次壬戌嘉平月谷旦

辉泉曾传道墓碑碑记

公讳传道，字一轩，兴仁公孙，毓麟公子。毓麟公少贫乏，勤俭务农，家以富有。公承借先业，乐施舍，好宾客，无华侈骄矜之习，以故文人豪士多与之交，酬酢往来，终身不厌，有晏平仲久敬之风焉。乡里有不能婚嫁者资助之，交游困乏者贷以金，不思偿。宗主曾纪琏以兄弟相争，让以位，坚不就，且邀族众为和解之。识者高其意，以善人目之。咸、同间，盗贼蜂起，众举公为资邱社团长，贼至相戒，不入其乡。呜呼！非盛德之感人，曷克臻此，即拟之王彦方、郑康成又何多让焉。德配高氏儒家女，知礼让，治内有法，公不问家人生产，而家业丕振者，所赖内助尤多。生子六。女一，适石栏村胡丕基。公性和平，见子弟煦煦笑语，卑幼辈亦乐与之处。晚岁好植花木、畜鱼鸟以自娱，享年八十一岁。孺人七十二岁，孙十四人，曾孙四十人，玄孙近百人。福寿之隆，子孙之多，蒙阳无如公者。信乎！盛德之所致也。壬戌冬，其孙等以墓表故略述梗概，以昭来兹。

清廪监生民国单县教员姻眷晚路少文撰

邑增生姻眷□□冉斌书丹

民国十一年岁次壬戌嘉平月上浣之吉

参考书目

《论语注疏》，晋代何晏集解，宋代邢昺疏。中华书局 1980 年 10 月第 1 版影印清人阮元校刻之《十三经注疏》本。

《孝经注疏》，宋代邢昺疏解。版本同上。

《礼记正义》，汉代郑玄注，唐代孔颖达疏，版本同上。

《春秋左传注》，杨伯峻著，中华书局 1981 年 3 月第 1 版。

《孟子译注》，杨伯峻著，中华书局 1960 年 1 月第 1 版。

《大戴礼记解诂》，清代王聘珍著，中华书局 1983 年 3 月第 1版。

《晏子春秋译注》，孙彦林等著，齐鲁书社 1991 年 11 月第 1 版。

《曾子十篇》，清代阮元注释，中华书局《丛书集成初编》本。

《孝经刊误》，宋代朱熹撰，上海古籍出版社影印文渊阁《四库全书》本。

《孝经义疏补》，清代阮福撰，《丛书集成》本。

《孝经疑问》，明代姚舜牧撰，版本同上。

《孝经或问》，明代吕维祺撰，版本同上。

《四书章句集注》，宋代朱熹撰，齐鲁书社 1992 年 4 月第 1 版。

《庄子集释》，清代郭庆藩撰，中华书局《诸子集成》本。

《韩非子集解》，清人王先慎撰，《诸子集成》本。

《吕氏春秋》，战国吕不韦著。《诸子集成》本。

《荀子译注》,张觉撰,上海古籍出版社 1995 年 12 月第 1 版。

《淮南子》,西汉刘安撰,《诸子集成》本。

《盐铁论》,西汉桓宽撰,版本同上。

《新语》,西汉陆贾撰,版本同上。

《韩诗外传》,西汉韩婴撰,《四库全书》本。

《说苑》,西汉刘向撰,《四库全书》本。

《古列女传》,西汉刘向撰,版本同上。

《论衡》,东汉王充撰,《诸子集成》本。

《孔子家语》,三国王肃撰,《四库全书》本。

《搜神记》,晋代干宝撰,版本同上。

《高士传》,晋代皇甫谧撰,版本同上。

《水经注》,北魏郦道元撰,版本同上。

《颜氏家训》,北齐颜之推撰,版本同上。

《史记》,西汉司马迁撰,中华书局 1959 年 9 月第 1 版。

《汉书》,东汉班固撰,中华书局 1962 年 6 月第 1 版。

《后汉书》,南朝宋代范晔撰,中华书局 1965 年 5 月第 1 版。

《隋书》,唐代魏征等撰,中华书局 1973 年 8 月第 1 版。

《旧唐书》,后晋刘昫等撰,中华书局 1975 年 5 月第 1 版。

《新唐书》,宋代欧阳修、宋祁等撰,中华书局 1975 年 2 月第 1 版。

《宋史》,元代脱脱等撰,上海古籍出版社、上海书店 1986 年 12 月第 1 版影印《二十五史》本。

《明史》,清代张廷玉等撰,中华书局 1974 年 4 月第 1 版。

《清史稿》,民国赵尔巽等撰,影印《二十五史》本。

《补元史艺文志》,清代钱大昕撰,《丛书集成》本。

《补辽金元艺文志》,清代倪灿撰,《丛书集成》本。

《昌黎先生文集》，唐代韩愈撰，上海商务印书馆 1926 年影印《四部丛刊初编》本。

《唐柳先生集》，唐代柳宗元撰，版本同上。

《宋景文笔记》，宋代宋祁撰，《四库全书》本。

《古史》，宋代苏辙撰，版本同上。

《困学纪闻》，宋代王应麟撰，版本同上。

《郡斋读书志》，宋代晁公武撰，《丛书集成》本。

《直斋书录解题》，宋代陈振孙撰，版本同上。

《二程遗书》，宋代朱熹编，《四库全书》本。

《朱子语类》，宋代黎靖德编，版本同上。

《曾子全书》，宋代汪晫辑，版本同上。

《史学佔毕》，宋代史绳祖撰，版本同上。

《阙里志》，明代孔承业撰，明嘉靖三十一年刻本。

《圣门通考》，明代包大爟撰，明万历十五年书林清心堂刻本。

《兖州府志》，明代包大爟撰，明万历元年刻本，上海书店影印《天一阁明代方志选刊》续编本。

《曾志》，明代李天植撰，万历二十三年武城刻本。

《兖州府志》，明代于慎行撰，万历二十四年刻本。

《宗圣志》，清代王定安编辑，清光绪十六年刻本。

《曾子家语》，清代王定安辑，光绪十六年刻本。

《圣门十六子书》，清代冯云鹓辑，道光十四年崇川冯氏刻本。

《崔东壁遗书》，清代崔述著，今人顾颉刚编订，上海古籍出版社1983 年 6 月第 1 版。

《史记志疑》，清代梁玉绳著，中华书局《二十四史研究资料丛刊》本。

《史记会注考证》,日人泷川资言著,上海古籍出版社 1986 年 4 月第 1 版。

《群书治要》,唐代魏征等纂,江苏古籍出版社影印清代阮元《宛委别藏》本。

《山东考古录》,清代顾炎武著,清道光三十年刻本。

《续山东考古录》,清代叶圭绶著,清道光三十年刻本。

《日知录》,清代顾炎武著,《四库全书》本。

《魏源集》,清代魏源撰,中华书局 1976 年 3 月第 1 版《中国近代人物文集丛书》本。

《全唐文》,清代董诰等辑,上海古籍出版社 1990 年 12 月第 1 版缩印本。

《太平御览》,宋代李昉等辑撰,中华书局重印上海涵芬楼影宋本。

《费县志》,清代李敬修等撰,光绪二十二年刻本。

《武城曾氏重修族谱》,近代曾昭海撰。

《曾纪泽遗集》,清代曾纪泽著,岳麓书社 1983 年 7 月第 1 版。

《诸子通考》,蒋伯潜著,浙江古籍出版社 1985 年 2 月第 1 版。

《先秦诸子系年》,钱穆著,中华书局 1985 年 10 月第 1 版。

《中国历代人物年谱考录》,谢巍撰,中华书局 1992 年 11 月第 1 版。

《孔子·孔子弟子》,高专诚著,山西人民出版社 1991 年 7 月第 1 版。

《曾子校释》,贾庆超主编,山东大学出版社 1993 年 7 月第 1 版。

《曾子家世》,济宁市政协等编,齐鲁书社 1997 年 12 月第 1 版。

《孔子弟子资料汇编》,李启谦、王式伦等编纂,山东友谊出版社 1991 年 7 月第 1 版《孔子文化大全》本。

《曾氏名人录》，曾祥茂、曾传录等编，内部印刷。

《宁都曾氏源流人文志》，曾材编，内部印刷。

《费邑古迹考》，清代杨佑廷撰，光绪二十二年刻本。

《文宪集》，明代宋濂撰，《四库全书》本。

《尚史》，清代李锴撰，《四库全书》本。

《阙里文献考》，清代孔继汾撰，乾隆二十七年刻本。

《阙里述闻》，清代郑晓如撰，同治七年广州西湖街华文堂刻本。

《圣门志》，明代吕元善撰，天启四年《盐邑志林》本。

《古今伪书考》，清代姚际恒撰，《丛书集成》本。

《癸巳类稿》，清代俞正燮撰，道光十三年求日益斋本。

《习学记言》，宋代叶适撰，《四库全书》本。

《战国策》，西汉刘向编订，上海古籍出版社 1985 年 3 月第 2版。

《清人文集·地理类汇编》，谭其骧主编，浙江人民出版社 1986 年 4 月第 1 版。

《宗圣曾子》，临沂市政协文史和学习委员会、平邑县政协文史委员会编，齐鲁书社 2000 年 12 月第 1 版。

编后记

《曾子志》编纂工作始于 1997 年 1 月，平邑县人民政府受山东省地方史志编纂委员会委托组织承编。

中共平邑县委、平邑县人民政府对《曾子志》编纂工作十分重视，成立了平邑县《曾子志》编纂委员会，县长李福山、祖卫东先后任主任，副县长季成全、刘庆玺、刘克贵分别任副主任。编委会下设办公室，具体负责资料征集、志稿撰写等工作。主编与办公室诸同仁研究界定了《曾子志》的内涵及入志资料范围，拟定篇目，征集资料，组织有关人员到北京、济南、曲阜、临沂等地高校、图书馆查阅历史文献，向有关专家学者、曾子后裔发函征求意见，进行实地调查。经过认真讨论协商，先后四易篇目，三易其稿，于 1998 年 3 月完成初稿。

《曾子志》初稿由平邑县志办公室李常松、李洪廷分工编写：李洪廷编写了《家世生平》和《曾氏家族》（总纂调整为《历代崇颂》、《曾子后裔》）以及《附录》中的《轶闻传说》；李常松编写了《著作》、《思想学说》、《影响与研究》、《遗址、遗迹与纪念性建筑》；李常松、李洪廷辑录了《附录》中《曾子故里考文论选》。然后由主编王瑞功进行加工润色，修改完成。平邑县志办公室李有仕、李智信、廉仁臻、王昭伦、王莉等参与了资料征集和有关问题的讨论。李洪廷又增录了《附录》中的《碑记选录》。

1998年6月,平邑县人民政府主持在平邑县召开评稿会。中国大百科全书编辑部编审左步青、《历史研究》杂志社编审王和、山东大学教授丁冠之、齐鲁书社编审赵捷、临沂市出版办公室编审辛鸿义、曲阜师范大学孔子文化学院副院长李景明教授等出席会议。临沂师范学院王汝涛教授作录音发言。临沂市史志办、济宁市史志办、济宁市文物局及嘉祥县史志科的相关人员列席会议。到会专家各抒己见,畅所欲言,对志稿的成功及不足提出了看法。山东省地方史志办公室作总结性发言,对修订工作提出了要求。责成主编进行修改,编委会办公室协助查阅资料。经7个半月时间,从篇目到内容都作了相应的调整和改写。1999年完成送审稿。

在《曾子志》编撰过程中,有关领导、专家学者给予了大力支持。山东平邑县曾宪生,江西德安县曾祥茂、吉安曾宪行、宁都曾材,福建晋江市曾国强,广西北流市曾昭济,重庆大足曾子方,香港新界曾祥发等曾氏后裔提供了资料或线索;国家图书馆、北京大学图书馆、清华大学图书馆、北京师范大学图书馆、山东省图书馆、山东大学图书馆、山东师范大学图书馆、曲阜师范大学孔子文化学院、临沂师范学院图书馆、沂蒙历史人物研究所、郯城县新村乡党委和政府等单位为查阅资料与志稿修撰提供了方便。嘉祥县史志科提供了部分资料和图片。在此,一并表示衷心的感谢。

2008年,山东人民出版社组织出版《齐鲁诸子名家志丛书》,《曾子志》被列为丛书之一,因原主编王瑞功先生已去世,副主编李常松、李洪廷对书稿进行了校审。

由于编者水平所限,错误之处恐属难免,企盼方家不吝赐正。

编　者

2009年3月

图书在版编目(CIP)数据

曾子志/王瑞功主编．—济南：山东人民出版社，2009.4
(2011.4重印)
(齐鲁诸子名家志/王兆成，刘秋增总主编)
ISBN 978-7-209-04760-9

Ⅰ．曾… Ⅱ．王… Ⅲ．曾子(前505～前436)—人物研究 Ⅳ．B222.35

中国版本图书馆CIP数据核字(2009)第041010号

责任编辑：王海玲
装帧设计：蔡立国　武　斌
制　　作：侯地霞

曾子志
王瑞功　主编

山东出版集团
山东人民出版社出版发行
社　址：济南市经九路胜利大街39号　邮　编：250001
网　址：http://www.sd-book.com.cn
发行部：(0531)82098027　82098028
新华书店经销
山东新华印刷厂印装
规　格　16开(184mm×260mm)
印　张　19
字　数　133千字　插页 10
版　次　2009年4月第1版
印　次　2011年4月第2次
ISBN　978-7-209-04760-9
定　价　96.00元

如有质量问题，请与印刷厂调换。电话：(0531)82079112